21世纪体育系列教材●西南区体育教材教法研究会教材编审委员会审定

网 球
WANG QIU

主 编 高 徐 张向乐 冉孟刚

副主编 张海民 华 新

参 编 李煜桦 田 广 赵 鑫 么广会 郭朝廷 彭丽英

图片摄影 黄晓强

北京师范大学出版集团
BEIJING NORMAL UNIVERSITY PUBLISHING GROUP
北京师范大学出版社

图书在版编目（CIP）数据

网球/高徐，张向乐，冉孟刚主编. —北京：北京师范大学
出版社，2013.6（2023.7重印）
ISBN 978-7-303-16096-9

Ⅰ.①网… Ⅱ.①高… ②张… ③冉… Ⅲ.①网球运动—
基本知识 Ⅳ.①G845

中国版本图书馆 CIP 数据核字（2013）第 053914 号

教材意见反馈：gaozhifk@bnupg.com 010-58805079
营销中心电话：010-58802755 58800035

出版发行：北京师范大学出版社 www.bnupg.com
　　　　　北京市西城区新街口外大街 12-3 号
　　　　　邮政编码：100088
印　　刷：北京虎彩文化传播有限公司
经　　销：全国新华书店
开　　本：730 mm×980 mm 1/16
印　　张：15.25
字　　数：256 千字
版　　次：2013 年 6 月第 1 版
印　　次：2023 年 7 月第 3 次印刷
定　　价：32.80 元

策划编辑：周光明　　　　　　　　责任编辑：周光明
美术编辑：高　霞　　　　　　　　装帧设计：华鲁印联
责任校对：陈　民　　　　　　　　责任印制：马　洁

于贵和（贵州大学）

邱　勇（贵州大学）

谭　黔（遵义师范学院）

李建荣（毕节学院）

雷　斌（贵州电子职院）

周　跃（云南昭通师专）

肖谋远（西南民族大学）

王　平（铜仁学院）

黄平波（凯里学院）

党云辉（思茅师专）

李　黔（六盘水师专）

张　龙（六盘水师专）

杨庆辞（保山师专）

薛　斌（云南师范大学商学院）

左文泉（云南师范大学）

余　斌（贵州财经学院）

张兴毅（兴义民族师范学院）

李　英（西藏民族学院）

何德超（遵义师范学院）

颜　庆（遵义师范学院）

教材编审委员会

主　任　孟　刚（兼）（贵州师范大学）

副主任　王洪祥（兼）（昆明学院）

　　　　郭　颂（兼）（贵州民族学院）

　　　　姚　鑫（兼）（贵州师范大学）

　　　　陈雪红（兼）（楚雄师范学院）

　　　　吕金江（兼）（曲靖师范学院）

　　　　于贵和（兼）（贵州大学）

　　　　梁　健（兼）（红河学院）

前言

　　随着社会与经济的发展，人民生活质量的提高，越来越多的人开始追求新的生活方式。网球集健身性、娱乐性、观赏性为一体，作为当今世界的热门的体育运动项目，深受广大体育爱好者青睐。近年来网球运动在全世界范围内迅速崛起，成为当今体坛国际化、职业化和商业化程度最高的体育项目之一。它凭借本身的特点与魅力深入人们的生活当中，逐渐成为时尚运动界的宠儿，也备受人们的推崇。

　　党的二十大报告中提出，要广泛开展全民健身活动，加强青少年体育工作，促进群众体育和竞技体育全面发展，加快建设体育强国。本书以习近平新时代中国特色社会主义思想为指导，落实立德树人根本任务。本书始终坚持"以学生为本、健康第一"的指导思想，通过网球理论、技术和训练为主线，力求做到既符合现行网球运动发展的特点与要求，又充分考虑当代大学生的爱好、兴趣与需求，并贯彻"因材施教"教学的原则，以满足新形势下网球运动参与者的需求与自我实现。在结构与内容上予以突破，将知识与技能、行为与文化、运动与训练相结合，以达到教会学生基本网球技战术、规则及伤病预防的目的，从而促进学生身心和谐健康发展。

　　本书注重理论与实践相结合的原则，教学内容的选择上力求符合当代学生的身心特点与运动需求，融合健身性与文化性、选择性与实效性、传统性与现代性、科学性与实施性为一体。本书共十一章，包括运动概况、技术、战术、教学、训练、规则裁判法和运动损伤；全书内容结构合理、图文并茂、内容广泛。本书除可作为高等学校网球教学用书之外，也适合初、中级阶段自主学习、锻炼者的指导性用书或教师教学的参考用书。

　　本书由高徐统稿，参加资料收集、整理、编写、图片摄像、文字校对的工作人员有张向乐、冉孟刚、华新、张海民、田广、李煜桦、赵鑫、郭朝廷、么广会、彭丽英、黄晓强。本书的编写是个艰辛的探索过程，在此过程中我们得到各方面的热情的支持、鼓励和帮助。北京师范大学出版社的编辑人员为此也付出了艰辛的劳动，在此，我们一并表示衷心的感谢。对于在本教材中未一一标明的被引用者的姓名和论著的出处，我们在此表示歉意，并同样表示感谢！

限于作者水平与时间仓促，书中难免有疏漏和错误之处，请广大教师和读者不吝指正。

编者

网
·
球

目录 Contents

网

·

球

目　录

第一章　网球运动概况

第一节　网球运动的起源与发展

一、网球运动的起源

网球运动最早起源于十二三世纪法国传教士在教堂回廊里用手掌击球的一种游戏，后来成为宫廷里的一种室内消遣娱乐活动。也有人认为，网球运动的起源应追溯到"百年战争"（1337—1453 年英法战争）以前，在法国民间流传的一种名叫海欧·德·巴乌麦的球类游戏。据说这种游戏是两个人进行的，每人各执一个球拍，球场的周围筑有围墙，球撞到墙上后被弹回去，而后过网。因此，无论从使用的场地和器具上，还是从进行游戏的方法上，它与现代网球运动有许多相似之处，所以有人把它看作是网球运动的原初形态。

到了 14 世纪中叶，法国的一位诗人把这种球类游戏介绍到法国宫廷，作为皇室贵族男女的消遣。当时玩这种游戏的场地是宫廷内的大厅，没有网也没有球拍，球是用布卷成圆形后用绳子绑成的。场地中间架起一条绳子为界，利用两手做球拍，把球从绳上丢来丢去，法语叫作"Tennez"，英语叫作"take it! play"，意即："抓住！丢过去"，今天"网球（Tennis）"一语即来源于此。不久，木板的球拍被用来代替两手拍球。16 世纪初，这项球类游戏被法国国民发现，出于好奇心而开始仿效，并很快地传播到各大城市，同时改良了用具。球制造得比较耐用，拍子由木板改为羊皮纸板，拍面面积扩大，握把的柄也加长。场地中间的绳子，则绑上无数短绳子向地面垂下，使球从绳子下面经过时，可以明显地被发觉。17 世纪初，场地中间不再用绳帘，而改用小方格网子，网比绳帘的效果更好，拍子改用穿线的网拍，富有弹性而且轻巧方便。

现代网球运动是从 1873 年开始的。那年，英国人沃尔特·克洛普顿·温菲尔德将早期的网球打法加以改进，使之成为夏天在草坪上进行的一种体育活动，并取名"草地网球"。同年还出版了一本以《草地网球》为题的小册子，对这种活动进行宣传和推广。所以温菲尔德被称为"近代网球的创始人"。此后网球成为一项室内、户外都能进行的体育项目。1875 年建立了全英网球运动俱乐部。这个俱乐部建造了世界上第一个网球场地，并于 1877 年举办了全英草地网球男子单打锦标赛，即后来闻名于世的温布尔顿网球赛。

1874 年，在百慕大度假的美国女士玛丽·奥特布里奇在观看了英国军官的网球比赛后，对这项体育活动颇感兴趣，于是将网球规则、网拍和网球带到纽约。在美国，网球运动最初是在东部各学校中开展的，不久就传到中部、西部，进而在全美得到普及。此时网球运动已经由草地上演变到可以在沙土地上、水泥地上、柏油地上举行比赛，于是"网球"（Tennis）的名称就慢慢替代了"草地网球"（Lawn Tennis）的名称，这是我们今天网球（Tennis）名称的由来。

1878 年，第一次男子双打锦标赛在英格兰举行。1879 年，第一次女子单打和混合双打比赛在爱尔兰举行。1884 年，温布尔顿增加了女子单打和男子双打锦标赛。1913 年又增加了女双和混双锦标赛。1881 年，世界上出现了第一个全国性的网球协会，即美国全国草地网球协会（"全国"两字于 1920 年取消）。该会于 1920 年 8 月 31 日至 9 月 3 日，在罗得岛纽波特港举行第一届美国草地网球男子单打和男子双打锦标赛，采用了温布尔顿的比赛规则，参加比赛的有 26 人。

总之，网球运动的由来和发展可以用四句话来概括：孕育在法国，诞生在英国，开始普及和形成高潮在美国，现在盛行全世界，现被称为世界第二大球类运动。

二、网球运动的发展现状和趋势

（一）世界网球运动的发展现状

1. 世界体坛的热门

自 19 世纪末温布尔顿网球锦标赛拉开现代网球运动的帷幕，网球运动一直以它特有的魅力吸引着越来越多的参加者。尽管这项运动对场地器材条件要求较高，迄今网球已经成为一项世界性的热门运动。如在美国、法国、英国、德国、瑞典、澳大利亚、西班牙等一些网球运动强国中，人们对网球运动的热情仍是与日俱增。据统计，早在 1983 的时候，美国经常打网球的已有 4000 多万人，其中青少年占 2000 多万人；意大利有 3000 多个网球俱乐部，会员达 100 万人；法国打网球的人更多，仅俱乐部的会员就有 150 万人。至于网球场地，据美国 1960 年统计，仅加利福尼亚州的 21 所大学就有 452 片。另外 11 所美国大学有 492 片（包括室内 65 片），平均每所大学有 40 多片；人口只有 600 多万的瑞士，1971 年有 1384 片网球场，到 1980 年增加到 2589 片。在亚洲地区，网球运动的开展虽比不上欧美，但仅从几个统计数字，亦可窥见网球在人们心目中的突出位置。近两年，随着网球运动的进一步普及和优秀青少年网球选手的不断涌现以及他们在国际大赛中所产生的巨大影响，一个世界性的网球热已经形成。

2. 比赛频繁活跃

1968 年规定职业和业余网球运动员均可参加同一比赛以后，网球比赛的次数和名目更加增多起来，有锦标赛、大奖赛、挑战赛、巡回赛、卫星赛等比赛，在世界范围内，几乎每周都有这种大型的国际网球赛。在国际性的网球大赛中，影响大、水平高，久负盛名的重大比赛为：温布尔顿网球锦标赛、美国网球公开赛、法国网球公开赛、澳大利亚网球公开赛和戴维斯杯赛、联合会杯赛。如果有一名（单打）或两名（双打）运动员，能在同一年内连获"四大网球赛公开赛"的冠军，即为"大满贯"锦标得主，它被视为国际网坛的一种最高荣誉。戴维斯杯赛和联合会杯赛分别是男女团体比赛。这两个比赛被公认为是最重大的国际团体锦标赛。上述 6 个比赛都得到国际网联的正式承认，每年举行一次。"四大网球赛"以个人名义参加，设高额奖金；戴维斯杯赛和联合会杯赛以国家或地区为单位参加。为确保参加这两个比赛最后决赛阶段的队必须是世界最高水平的队，比赛之前，各赛区都进行相应的选拔赛，如亚洲的加法尔杯网球赛、欧洲的男子团体杯赛等。

3. 奖金数额惊人

网球运动之所以成为当今世界的热门项目，除了网球运动本身特有的魅力之外，另一个重要因素是，国际网球比赛大都设有高额奖金。特别自允许职业网球选手参加各种比赛以来，其奖金数额更是逐年升级。而这些球星在球场之外的收入则更令人瞠目，如伦德尔签下了一项使用日本美津浓网球拍为期 6 年的广告合同，其广告费就为 1500 万美元。而贝克尔与彪马公司签订了一项 6 年的广告合同，获得 2000 多万美元。这种数额惊人的奖金和球星们的丰厚收入，自然会吸引更多人的关注，这项运动也必然在世界产生巨大的反响。

4. 组织机构高效

国际网球联合会是网球运动的最高机构，任务是制定、修改和实施网球规则，在各级水平上促进全世界网球运动的发展，在国际上维护网球运动的利益，促进和鼓励网球的教学，为国际赛事制定和实施规则，裁定国际网联认可的正式网球锦标赛，增强协会会员的影响力，维护联合会的独立，确定运动员的资格，管理业余、职业及业余—职业混和型比赛，合理使用联合会的资金，维护网球界的团结及监督这些规则的实行等。该会是由国际网联、"网职协"和竞赛大会代表三方面共 9 人组成的一个执法实体，商议并制定一系列规章制度，审核有关部门、地区或单位有无实力与资格举办职业性比赛，以及运动员的参赛资格等，统辖全年约 90 多项由职业选手参加的各种大小型国际性比赛，该会在 20 世纪 80 年代拥有绝对权威。

当今世界体坛上，网球比赛能如此活跃，奖金数额能如此惊人，著名职业球星能获得如此巨额收入，显然与这些国际网球组织根据形势的发展与需求，互相配合、协作，同时又充分发挥各自的作用与效能有着直接的关系。

5. 新人崛起，群雄争霸

现代网球运动在 100 多年的发展进程中，曾涌现了许多杰出的选手，他们都以自己的天才、勤奋及创造精神，为网球运动技战术的进步与发展，做出了卓越的贡献；以其超群的技艺与竞技能力赢得了比赛胜利，一次又一次地登上了世界冠军的领奖台，成为世人仰慕的璀璨球星。特别是进入 21 世纪，世界网坛的竞技场上出现了一种新趋势，并形成了一种新格局，即随着网球运动的普及，新秀在不断地崛起，随着一个个网球明星的升腾，老将、球王面临着日趋严峻的考验和猛烈的冲击。球王的霸主时代在缩短，一人长期雄踞网坛霸主地位一统天下的局面被打破。

（二）世界网球发展趋势

1. 底线型打法成为主流

当今的网球比赛中，运动员的各方面技术都有长足的进步，尤以接发球技术最为突出。比赛中主要的得失是在相持阶段，运动员利用精湛的底线技术和对手打拉锯战，从容化解对手的截击，并打出漂亮的穿越球，给上网选手造成一定的压力，一场比赛两名选手在底线对抗 3 小时以上的拉锯战已属常见。所以，底线型打法已经成为目前网坛打法的主流，特别是在女子比赛中更为明显。

2. 技术精细、战术多变

在比赛中，运动员之间的攻防经常转换，主动与被动经常交替。为了适应这种制约与反制约的需要，运动员必须力求技术全面。技术向精细化发展，是网球技术发展的一大趋势。当今运动员更注重发球技术的精细化，将球的旋转变化和发球角度很好地结合在一起。另外，击球回合不断增加，运动员更多地通过提早击球时间，打更精准的落点和极佳的球速以占得先机。这些以上旋球为主的全面型球员正凭着出色的接发球、网前截击、穿越球、放小球以及滑步等精细、全面的技、战术主宰网坛。

3. 步法灵活、体能充沛

随着底线型打法逐渐占据网坛的主导地位，步法和体能在比赛中就显得尤为重要，成为取得胜利的重要保障。快速灵活的步法一方面可使运动员及时、准确地找到最佳击球点，提高回球质量，还能救起许多令对手认为是制胜球的来球。从而在技术和心理上不断给对手增加心理压力。

4. 心理稳定、意志顽强

随着现代网球运动的高速发展，运动员职业化进程不断加快，各国教练员运用了大量科学手段最大限度地挖掘运动员各方面的潜能。运动员在身体、技术等方面都十分相近的情况下，心理因素对比赛的影响很大。尤其是高水平选手之间的较量是心理素质、意志品质的较量，稳定的心理素质和顽强的意志品质是获胜的关键。

5. 女子技术男子化发展

女子网坛一个比较明显的趋势就是力量型选手占主导地位，技术动作男性化。世界女子职业网球协会排名前几位的选手，无一不是力量型选手的杰出代表，像美国的大威廉姆斯的发球速度令许多男子选手望尘莫及，达到每小时 200 千米以上。女子技术动作男性化是女子网球运动的发展趋势。我们说当今女子网坛力量型打法占主导地位，并不否认技术的重要性，像美国的威廉姆斯姐妹、海宁等人不仅力量占优势，而且底线技术几乎与那些技术型选手一样出色，再加上灵活的步法和充沛的体能，必然获得优异成绩。

第二节　网球组织机构及重要赛事介绍

一、国际网球组织机构与重要赛事

（一）国际网球联合会（ITF）

ITF 是国际网球联合会（International Tennis Federation）的英文缩写，简称国际网联。ITF 是最早的国际网球组织，成立于 1913 年 3 月 1 日。它是世界网球组织的最高权力机构，其重要职责是：负责有关网球比赛的一切事务；负责制定网球规则；为发展中国家的网球教练开设培训班；推进各国网球协会搞好本地区网球运动的普及；提高人们对网球的兴趣，吸纳更多的人参与网球运动，促进世界网球运动的发展。

国际网联不仅负责组织和管理一年一度的戴维斯杯世界男子网球团体赛、联合会杯世界女子网球团体赛和每年的澳大利亚、温布尔顿、法国和美国四大网球公开赛，而且，还负责奥林匹克网球比赛最后阶段的比赛事务，诸如 16 岁以下的国际男、女青年网球团体赛——世界青年杯赛、世界少年杯赛、世界老年网球锦标赛，女子巡回赛，发展巡回赛，卫星巡回赛，挑战赛等 200 多项赛事。

国际网联管理委员会是国际网联的最高权力机构。管理委员会每年选举一次，除执行主席和执行副主席外，其他委员均为名誉身份。管理委员会中必须有大满贯赛所在国的代表，并且，至少有一名来自亚洲、南非、巴拿马运河以北的国家代表和两名来自欧洲和一名来自非洲的代表。

（二）世界男子职业网球协会（ATP）

ATP是世界男子职业网球协会（Association Tennis Professionals）的英文缩写，成立于1972年，是世界男子职业网球运动员的"自治机构"。其任务是协调职业运动员和赛事之间的伙伴关系，并负责组织和管理职业选手的积分排名、奖金分配，以及制定比赛和给予或取消选手的参赛资格等工作。

世界男子职业网球协会每年所举办的主要大赛有：四大公开赛、大师赛（前身为"超级九项赛事"）、锦标系列赛、挑战赛等80项左右的赛事，分别在6大洲34个国家举办。其中最著名的大师赛事为：利普顿锦标赛、新闻周刊杯赛、蒙特卡罗公开赛、松下德国公开赛、罗马公开赛、大美银行保险杯锦标赛、杜·莫里公开赛、欧洲公开赛和巴黎公开赛。为了保证赛事质量，ATP与排名前10名的选手都签订了合同。合同规定这些球员必须准时参加以上赛事，不能在同时间参加其他低级别的比赛。每年的11月15日在德国法兰克福由8名世界顶尖高手参加的IBM/ATP世界锦标赛总决赛和11月22日在南非约翰内斯堡举行的世界男子双打锦标赛，这两项比赛将决定谁是本年度的单打头号种子和双打头号种子。

1990年，ATP首先采用"最佳14项比赛体系"的电脑排名制度，后来，WTA也采用了与此类似的计分方法。ITF没有自己的排名，但它承认ATP和WTA的排名是最具权威性的网球选手排名。

"最佳14项比赛体系"的电脑排名方法，只计算运动员在52周内成绩最佳的14项赛事的分数，加上击败排名较高选手的奖励分，以其总分数为排名基数。它规定每位选手在参加一定级别的比赛后根据其成绩得到相应的分数，该分数存入电脑52周之后自行消失。如果运动员参赛次数超过14项，只计算最好的14项，如果参赛次数少于14项，则把其所有参赛场次分数相加，这样做，参赛次数少于14项的选手就会吃亏。运动员参加的比赛等级越高，进入的轮次越高，得分就越高。这项排名制度是为了鼓励选手多参加比赛，击败排名较高选手以获取奖励分，并激励一般选手向高水平选手发起冲击。但其弊端是过于复杂，年终排名积分带入下一年的规定，又导致有些选手吃上一年的"老本"。

ATP规定，职业选手每年要参加21个比赛，才能保住或提高自己的ATP排名。成绩好的选手能从他们参加的比赛中挣到上百万美元的收入。如美国网球公开赛的总奖金达到1900万美元，ATP巡回赛全年奖金总额高过上亿美元。

（三）国际女子职业网球协会（WTA）

WTA是世界女子职业网球协会（Women's Tennis Association）的英文

缩写，成立于 1973 年，它是世界女子职业网球选手的自治组织，其主要任务是组织由职业选手参加的各种比赛。WTA 负责的比赛有：WTA 的年终总决赛、各项公开赛、巡回赛等，如意大利公开赛、德国汉堡公开赛、法国斯特拉斯堡公开赛等全年 60 个左右的赛事。WTA 管理职业选手的积分、排名、奖金分配，负责协调与赞助商、赛事主办者之间的关系等与选手有关的一切事务。

WTA 年终排名，由在美国纽约举行的 WTA 世界锦标赛最终确定，世界上只有 16 位选手有资格参加。

二、网球重大赛事

（一）男子比赛

1. "大满贯"

1923 年，国际网球联合会（ITF）将澳大利亚网球公开赛、法国网球公开赛、温布尔顿网球公开赛和美国网球公开赛定为四大世界性公开赛，俗称"四大满贯赛"。

（1）澳大利亚网球公开赛（Australian Open）

澳大利亚网球公开赛始创于 1905 年，是四大公开赛中最迟创建的赛事，但是每年却最早开赛，于 1 月底至 2 月初在墨尔本举行。男子赛始于 1905 年，女子赛始于 1922 年，刚开始是使用草地网球场，到 1988 年才改为硬地网球场。1968 年，国际网球职业化后它被列为四大公开赛之一。打法全面的选手在硬地上比赛最占优势。但是墨尔本酷热气候使球员体力消耗大，发挥不稳定，影响比赛的圆满结束。

（2）法国网球公开赛（French Open）

法国网球公开赛始创于 1891 年，比温布尔顿网球锦标赛晚 14 年，通常在每年的 5 月至 6 月举行。法国网球公开赛开始只限于本国人参加，1925 年以后对外开放，成为公开赛。法国网球公开赛的场地设在巴黎西部的罗兰加洛斯的大型体育场内。球场属慢速红土球场，每场比赛采用 5 盘 3 胜淘汰制，一场比赛打上 4 个小时是习以为常的事。在这样的球场上要获取优胜是不易的，球员要有超人的技术和惊人的毅力。

（3）温布尔顿网球锦标赛（Wimbledon Tennis Championships）

温布尔顿网球锦标赛也称"全英草地网球锦标赛"，创办于 1877 年 7 月，是现代网球史上最早举办的比赛。每年 6 月底至 7 月初举行比赛。这项网球赛初创时只有男子单打一个项目，1879 年增设男子双打，1884 年始有女子单打，以后又增加了女子双打，到 1913 年又最后增设了男女混合双打。温布尔顿网球锦标赛初始只限英国人参加，1901 年起允许英联邦各国派代表参加比赛，从 1905 年开始扩大为国际性的球赛。

（4）美国网球公开赛（U. S. Open）

美国网球公开赛，其历史仅次于温布尔顿网球锦标赛，它始创于 1881 年，为硬地场地。美国公开赛的首届比赛于 1881 年在罗得岛新港举行，当时只是国内赛事，而且只有男子单打。以后每年一届。女子比赛始于 1887 年。每年的 8 月底至 9 月初，在美国纽约举行比赛。1968 年被列为四大公开赛之一，设有 5 个单项的比赛，是每年四大公开赛中最后举行的大赛。美国网球公开赛在"四大网球赛"中，以奖金最多而闻名，2009 年奖金总额高达 2160 多万美元，其中男、女单打冠军奖金也破纪录地达到 160 万元。

2. 大师赛

由 ATP 主办的最高水平的 9 项网球大师赛，级别仅次于"大满贯"，冠军可获得 500 的排名积分。分别是印第安纳威尔斯站、迈阿密站、蒙特卡罗站、罗马站、汉堡站、多伦多站/蒙特利尔站、辛辛纳提站、马稳里站、巴黎站。

3. 大师杯介绍

网球大师杯赛是 ATP（男子职业网球协会）设立的年终总决赛，只有当年排名前八的网坛顶尖好手才有资格参加这项奖金总额高达近 500 万美元的赛事。ATP 年终排名，于每年正月在德国的汉诺威举行的 ATP 世界锦标赛最后确定，对这 8 名选手来说，能有资格参加这项赛事本身就是一种荣誉。ATP 双打排名，由在美国哈特福德举行的 ATP 双打锦标赛最后确定。

WTA 年终排名，由美国纽约举行的 WTA 世界锦标赛最终确定。

4. 黄金巡回赛

由 ATP 主办的较高水平的网球赛事，级别次于"大满贯"和大师赛，自身按奖金和排名积分分为两个级别。冠军可获得 300 排名积分，赛事是迪拜、巴塞罗那。冠军可获得 250 排名积分的赛事鹿特丹、孟菲斯、阿卡普尔科、斯图加特、基茨布赫、东京、维也纳。

5. 国际巡回赛

由 ATP 主办的普通级别的网球赛事，级别低于"大满贯"，大师赛和黄金巡回赛，自身按奖金和排名积分分为四个级别。冠军可获得 250 排名积分，赛事为多哈、维也纳、莫斯科、巴塞尔、圣彼得堡；冠军可获得 225 排名积分赛事为伦敦、哈勒、斯德哥尔库、里昂；冠军可获得 200 排名积分赛事马赛、埃斯托利尔、华盛顿、纽黑文；冠军可获得 175 排名积分赛事阿德莱德、清奈、奥克兰、悉尼、维纳德马尔、德尔雷海滩、巴西赛、圣何塞、布宜诺斯艾利斯、萨格勒布、拉斯维加斯、瓦伦西亚、休斯敦、慕尼黑、波特查赫、卡萨布兰卡、索波特、赫特根伯什、诺丁汉、格斯塔德、纽波特、巴斯塔德、阿默斯福特、印第安纳波利斯、乌马格、洛杉矶、布加勒斯特、孟买、北京、曼谷、梅斯。

6. 戴维斯杯赛

戴维斯杯网球赛是每年一度的世界男子网球团体赛，也是世界网坛层次最高，影响最大的国际性团体赛，由国际网球联合会主办，是除奥林匹克网球比赛外历史最长的网球比赛。戴维斯杯是采用单败淘汰制的网球男子团体"世界联赛"，戴维斯杯赛构成类似"金字塔"，最顶级为16支世界组参赛队伍，紧接着第二层为美洲区第一组、亚太区第一组和欧非区第一组，其下分别为美洲区、亚太区、欧非区的第二组、第三组和第四组。其中，第四组获胜的球队下一年升入第三组，而第三组除了产生下一年升级到第二组的球队之外，其排名最后的球队还要降入第四组。依此类推，最终产生8支第二年参加世界组资格赛的球队，其中美洲区和亚太区第一组各有两个出线名额，而欧非区第一组则有四个出线机会。上一年在各区出线的8支球队，将与世界组第一轮比赛失利的8支球队争夺下一年参加世界组比赛的资格。而在世界组第一轮比赛中获胜的8支球队，除了保住来年参加世界组比赛的资格之外，还有机会争夺最后的冠军。

（二）女子比赛

1. "大满贯"

由ITF（国际网球联合会）主办的四大网球赛事，级别最高，奖金总额超过2000万美金，冠军可以获得1000的排名积分。

赛事名称：澳大利亚网球公开赛、法国网球公开赛、温布尔顿网球赛、美国网球公开赛。

2. WTA年终总决赛介绍

WTA年终总决赛诞生于1972年，是女子网坛最顶尖水平的赛事。刚开始时WTA总决赛采取16人的淘汰赛制，但从1977年起改为8人的小组循环赛制。进入20世纪90年代后曾经再度改为淘汰赛制，直到2003年这项横跨欧美大陆的赛事又恢复到了类似于大师杯的小组循环赛制。

3. 一级赛

由WTA主办的最高水平的网球赛事按奖金和排名积分分为三个级别。

（1）冠军可获得500排名积分

赛事地点：迈阿密（美国）；

（2）冠军可获得465排名积分。

赛事地点：印第安纳维尔斯（美国）。

（3）冠军可获得 430 排名积分。

赛事地点：多哈、查尔斯顿、柏林、罗马、蒙特利尔、东京、莫斯科。

4. 二级赛

由 WTA 主办的较高水平的网球赛事，自身按奖金和排名积分分为两个级别。

（1）冠军可获得 300 排名积分

赛事地点：迪拜、斯因加特。

（2）冠军可获得 275 排名积分。

费事地点：悉尼、巴黎、安特卫普、班加罗尔、阿美利亚岛、伊斯特本、斯坦福、洛杉矶、纽黑文、北京、苏黎世、林茨。

5. 三级赛

由 WTA 主办的一般水平的网球赛事，自身按奖金和排名积分分为两个级别。

（1）冠军可获得 165 排名积分。

赛事地点：巴厘岛、卢森堡。

（2）冠军可获得 140 排名积分。

赛事地点：澳大利亚黄金海岸、维纳德马尔、波哥大、阿卡普尔科、孟菲斯、伊斯坦布尔、斯特拉斯堡、伯明翰、巴塞罗那、赫根特伯什、布达佩斯、巴德加斯特恩、波特洛兹、辛辛那提、广州、东京、加尔各答。

6. 四级赛

由 WTA 主办的较低水平的网球赛事，冠军排名积分为 115 分。

赛事地点：奥克兰、霍巴特、芭堤雅、埃斯托利尔、费斯、布拉格、帕勒莫、斯德哥尔摩、森林山、首尔、塔什干、魁北克。

7. 联合会杯网球团体赛

联合会杯网球赛是 1963 年为庆祝国际网联成立 50 周年，而创办的每年一度的世界最高水平的女子网球团体赛，是衡量一个国家（地区）女子网球整体水平的重要比赛。联合会杯女子网球赛是和戴维斯杯男子网球赛齐名的团体赛事，第一届联合会杯比赛是在伦敦的女子俱乐部进行的，共有 16 支代表队参加。联合会杯赛每年进行一次，至 2012 年已进行了 50 届。随着女子网球运动的不断普及，参加联合会杯赛的国家也慢慢地增加起来。

联合会杯网球赛自从 1995 年起仿效戴维斯杯赛的比赛办法，由上年联合会杯赛四分之一决赛的 8 个队组成世界组，其余 8 个队成为 A 组。这两组的比赛采用一次主场和一次客场的比赛方法。在世界组中，第一轮获胜的 4 个队进行半决赛，第一轮失败的 4 个队，与 A 组中获胜的 4 个队进行比赛，比赛中获胜的队进入下一年的世界组。A组中第一轮失败的队，同各区中获胜的队进行比赛，然后由4支获胜的队进入下一年度A组比赛。4支失败的队则参加下一年度的区级比赛。其中世界组和A组的比赛采用5场3胜制，第一天进行两场单打，第二天进行两场单打和一场双打。其双打放在最后进行。而其余各大洲的预选赛等则采取3场2胜制。

目前联合会杯世界组每年有三大"比赛日"，一般在四月份进行水平最高的世界组的四分之一决赛，而其余组则进行各大区的预选赛，并决出晋级升组赛或降组赛。之后7月中旬进行世界组附加赛（决定升组队伍）以及世界组的半决赛；随后9月将进行最高水平的世界组决赛。2008年的联合会杯赛上，由郑洁、晏紫、李娜、孙甜甜组成的中国队创造历史地进入了世界组四强。

第三节　中国网球运动

一、网球运动在中国的发展

网球运动是在19世纪后期随着西方近代体育的传播而进入我国的。19世纪中叶，中国陆续开放了一些沿海通商口岸，西方的官员、商人、传教士和驻军络绎不绝，网球运动由他们带进中国。1843年，上海被辟为商埠对外开放，西方人士纷至沓来。1860年，英法联军侵华，英军占领天津紫竹林做练兵场，随后逐渐增设田径场、足球场及网球场，这是中国建立网球场的最早记载。1876年，上海以外侨为主的网球总会建造了两个草地网球场，这两个草地球场是上海最早的标准网球场。

在中国传播网球运动得力于基督教会。19世纪后叶，英法等国先后在上海、北京、天津、广州、香港等地创办教会学校，在全国大中城市建立基督教青年会。许多传教士和外籍教师喜欢打网球，他们的工作对象是青年学生，体育又是青年会的主要活动内容，网球运动因此在中国兴起，甚至有些县城也建起了网球场。19世纪末20世纪初，中国的一些大学都拥有了网球场，如上海的圣约翰大学、沪江大学、震旦大学，北京的燕京大学、协和医科大学，广东岭南大学，广州夏葛医科大学，苏州东吴大学，长沙雅礼大学，山东齐鲁大学，四川华西协和大学，浙江大学等。到了20世纪20年代，网球运动已在全国各地开展起来，一些公共体育场所都拥有了网球设施。1929年，国民政府公布《国民体育法》，要求"各自治之村、乡、镇、市必须设置公共体育场"，并规定球类项目场地其中包括网球场。安徽等省明令要求：县公共体育场内网球场至少两个。这对推动网球运动在中国的开展起到了良好的作用。

历史资料表明，国民政府时期，除边远地区外，中国各省市都有一些县城建有网球场并开展活动，其中以学生和教师居多。还有外侨及当地社会上层人士。

1910年在南京举行的旧中国第一届全国运动会，共4项比赛，网球就是其中之一，另外三项是足球、篮球、田径。从第三届开始又增加了女子网球项目。1924年到1946年，中国选手共参加了6次戴维斯杯网球赛。

网球运动在中国兴起后，各大城市相继出现网球会和俱乐部组织，这是由一些社会团体和网球爱好者自发组成的。这种组织的分布，上海和北京最多，天津、青岛、太原、南京、武汉、广州、重庆、昆明、成都等城市也拥有一些。1931年，中华全国体育促进会组织成立中华网球会，开展活动，参与比赛。19世纪30年代，上海网球运动开展得十分活跃，但仍以外侨为主。那时的外国球会有日本网球会、花旗总会、葡萄牙总会、法商总会、斜桥总会等。还有许多华人网球会，如万国、友谊、华光、中央、青年会等，以及银行、海关、邮局的网球组织。中华网球会由于有了邱飞海、林宝华等高手，屡屡战胜外国球员，多次夺得团体和单、双打冠军。

末代皇帝溥仪也是网球运动的爱好者之一，1927年他从北京迁居天津后的第一件事，就是让手下人为他修建网球场。爱国将领张学良在西安事变发生后，被国民党当局秘密软禁在浙江奉化雪窦山。在这种特定的环境下，张学良由夫人陪同天天练习网球，锻炼身体。在旧中国举行的第一届全运会上，男子网球被列为正式比赛项目。从第三届全运会开始，又增加了女子网球比赛项目，并一直延续到1948年的第七届全运会。旧中国的网球界和国际网坛的交往是从20世纪初开始的。男子网球队参加了1915年的第二届至1934年的第十届远东运动会，女子队则参加了第六届至第十届的远东运动会网球表演赛。1925—1946年，中国选手共参加了6次戴维斯杯网球赛。那时最为著名的网球选手有林宝华、邱飞海、许承基等人。其中邱飞海是第一个参加温布尔顿网球赛的中国运动员，1924年曾进入第二轮比赛。随后许承基也参加了温布尔顿网球赛，他的最好成绩是打进第四轮，并于1938年被列为世界网球第8号种子选手。许承基曾蝉联1938年和1939年英国硬地网球锦标赛的单打冠军，林宝华和邱飞海则登上第八届远东运动会的冠军领奖台。

中华人民共和国成立以后，网球运动得到了进一步的发展。1953年成立了中国网球协会，并在天津市举办了新中国的首次全国网球表演赛。此后，除"文化大革命"期间曾中断过五六年外，每年都要举办不同形式的全国网球比赛。在历年的全国比赛中，涌现了不少著名的选手。

图 1-1 张学良及其夫人等在其住所网球场上的合影

20 世纪 60 年代初期，由于国家经济困难，全国性的网球比赛一度停顿。直到 1964 年才举办网球比赛，但在 1966 年后的几年间，网球比赛和活动都被取消。1972 年才逐渐恢复开展活动，国家安排了一些网球比赛，但参与人数少，水平低。改革开放后，中国网球运动飞速发展。90 年代初引进了国际大赛，举办全国巡回赛。1993 年开始尝试走职业化道路，1998 年建立了具有中国特色的职业化网球俱乐部，并举办网球俱乐部联赛，1999 年有 8 支队伍参加，现在有近 20 支队伍。

这个时期，有一个大家很容易记住的名字：李芳，第一位参加四大网球公开赛的中国选手；唯一闯入世界排名前 50 位的选手；唯一走出国门，靠自己打球来养活自己的职业运动员。1992 年，李芳进入澳网第三轮，这个中国选手征战大满贯赛的最好战绩，保持了 12 年之久；1994 年，李芳进入法网第二轮，这是中国选手多年来征战法网的最好战绩，也保持了 10 年之久。

新中国网球运动的国际交往是在 1956 年开始的，第一个访问我国的是印度尼西亚队，我国第一次派网球队出访是 1957 年去斯里兰卡。以后，中国网球运动员曾先后同 30 多个国家和地区交往，参加过不少大型的国际比赛，并取得了较好成绩。如 1959 年新中国的第一代网球选手朱振华和梅福基，在波兰索波特国际网球赛中首次赢得男子双打冠军；1965 年，又有戚风锦和徐润珍分别获得索波特国际网球赛的女子赛单打冠军和亚军。1980 年中国网球协会被国际网联接纳为正式会员。此后，我国的网球运动员又获得了一些令人鼓舞的成绩：1980 年 10 月余丽桥在东京女子网球公开赛上获单打冠军；1981年 1 月，李心意和胡娜获美国白宫杯少年网球锦标赛女子双打冠军；1983 年中国男子网球队在吉隆坡摘取了亚洲最高水平的男子团体赛的桂冠——加法尔杯赛冠军；1986 年中国女子网球队又在第十届亚洲运动会的团体赛中夺冠，从此结束了中国在亚运会上无网球金牌的历史。1990 年和 1994 年，潘兵蝉联

图 1-2 李婷和孙甜甜获 2004 雅典奥运会女子网球双打冠军

两届亚运会男单冠军；1995 年 1 月，李芳则闯进了世界排名的前 50 名大关。

2004 年 8 月 22 日，雅典奥运会的网球比赛已经进入了最后一天，结果在女子双打的决赛中，中国网球运动新的一页终于打开。中国一号女双组合李婷和孙甜甜，经过 1 小时 29 分钟的激战，以两个 6∶3 战胜了二号种子西班牙名将帕斯库尔和马丁内兹组合，获得中国奥运会史上第一块网球金牌。在奥林匹克的网球馆里，历史性地升起五星红旗，奏响了中国国歌。

同时，在中国网球发展史上，大家将永远铭记这一刻：2006 年 1 月 27 日，中国选手郑洁、晏紫在澳大利亚墨尔本公园击败澳网头号种子雷蒙德/斯托瑟（美国/澳大利亚），夺得中国网球界在四大满贯赛成年组双打比赛中的第一个冠军。

很少有一项体育运动像网球这样记录中国发展变迁的轨迹；清末侵华英军将其引入，传教士将其推广，很长一段时间它是"洋人"的游戏；此后又

图 1-3 郑洁、晏紫获 2006 年澳网冠军

成为达官贵人的消遣。新中国成立后，网球是运动员的专利；改革开放后，网球成为高收入者的新宠；20世纪90年代后，网球已褪下"贵族运动"的外衣，走入寻常百姓家。近十年来，尤其是90年代后期，我国部分省市相继引进一些高水平的国际赛事，尤其是2002年年底开始的上海网球大师杯赛、ATP巡回赛等高水平网球赛事，有力地推动了网球运动在中国的普及与发展。

在单打方面，李娜改写我国甚至亚洲多项纪录，是第一个获得巡回赛单打冠军的中国人，2008年北京奥运会四强。2011年获得法国网球公开赛女单冠军，成为中国乃至亚洲在网球四大满贯赛事上夺得的第一个单打冠军，世界排名追至第4位，追平日本选手伊达公子创造的前亚洲女子网球最高排名。2012年7月24日，李娜位列伦敦奥运会网球项目女单10号种子，是唯一获得种子席位的中国女单选手。但在伦敦奥运会网球比赛中惨遭淘汰。

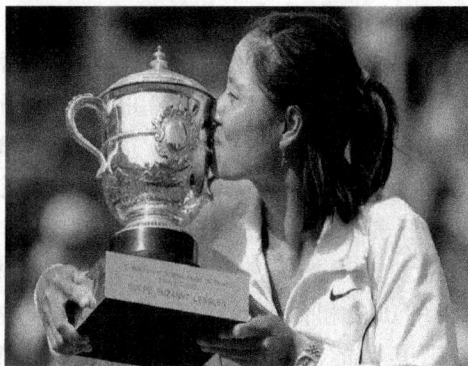

图 1-4　李娜 2011 年法网夺冠

二、中国举办的重大国际赛事

1. 上海大师杯赛

上海大师杯赛的前身是ATP锦标赛，由国际网球联合会和大满贯委员会联合主办。是ATP巡回赛的总决赛，只有当年排名世界前八的选手才能获得参赛资格。2002年11月在上海举行，总奖金为370万美元。2005年、2006年都举办过大师杯赛，上海方面和ATP的合同2008年结束，接着，2009年的大师杯在伦敦举办。大师杯移走之后，上海将开始承办ATP大师系列赛上海站比赛，上海也将成为亚洲首个ATP大师系列赛的举办城市。在上海设立顶级的ATP赛事之外，WTA也在北京设立一个一级赛事（现中国公开赛女子比赛是属于WTA二级赛事）。

2. 上海 ATP1000 大师赛/上海劳力士大师赛

上海劳力士大师赛（Shanghai Rolex Masters）是ATP（男子职业网球协

会）世界巡回赛的八站"ATP1000大师赛"之一，设有单打、双打项目，属ATP世界巡回赛最高级别赛事。每年10月中旬举行，举办地点为上海旗忠森林体育城网球中心，场地为室外硬地。上海劳力士大师赛设立于2009年，原名"上海ATP1000大师赛"，2010年改为"上海劳力士大师赛"，时间上位于北京中国网球公开赛、东京日本网球公开赛之后。上海劳力士大师赛正选赛56签位。赛程共9天，包括1天预选赛、8天正选赛；比赛数量为21场单打预选赛＋55场单打正选赛＋23场双打，共99场比赛。2009年冠军由俄罗斯运动员达维登科获得，英国籍穆雷摘得2010年、2011年冠军，男子双打冠军2009年特松加/贝内特乌（法国），2010年梅尔泽/佩斯（奥地利/印度），2011年米尔尼/内斯特（白俄罗斯/加拿大）。

3. 中国网球公开赛

中国网球公开赛（英文简称：China Open）是国际网球协会批准自2004年每年一届在中国举办的大型国际网球比赛。比赛项目有ATP男子单打、双打，WTA女子单打、双打和国际青少年组比赛。由于北京的国际地位逐年提高，所以吸取了众多国际知名球员的青睐。2009年全面升级，男子赛事为仅次于四大满贯和九站"1000分赛事"的十站"500分赛事"之一，女子赛事则为仅次于四大满贯赛的四个钻石皇冠赛事之一（即皇冠赛A9赛事）。男子赛事为总奖金达到200万美元的"500分赛事"，女子赛事的总奖金至少为400万美元。这样，从世界范围来看，中网男女赛事的整体实力将仅次于四大满贯赛事，与有着悠久的历史和传统的印第安纳维尔斯赛、迈阿密赛和新增的马德里赛同级，名副其实的升级为仅次于四大满贯赛事的"超级赛事"之一。

近年来，随着影响力的扩大，吸引了萨芬、纳达尔、莎拉波娃、小威廉姆斯、达文波特、毛瑞斯莫、辛吉斯等全世界最顶尖的选手先后前来参赛。2012年中国网球公开赛前夕，中网组委会就接连发布重磅消息，宣布纳达尔、特松加和费雷尔这三名目前世界排名前六位的男子选手均已确认2012中国网球公开赛的参赛资格。中国网球公开赛赛事总监张军慧先生在接受采访时说："纳达尔和费雷尔确定参赛资格对于赛事和球迷来说都是一个好消息。纳达尔是2005年的赛事冠军，和中网有着极深的渊源，我们很期待他重返北京。费雷尔一直是ATP的顶尖选手，今年在法网的表现尤其让人感到兴奋，希望他回到中网也能有上佳发挥。2012年，我们将努力为球迷打造完美的球员阵容。"相信会有越来越多世界顶级高手参加中网，中国公开赛将更加快速地发展。对我国网球运动发展有着极大的激励和鼓舞。

第四节　网球运动常识

一、球拍与球

任何运动项目都必须不断发展才能具有强大的生命力，其发展既包含训练方法、训练理念等的变化，也包含运动项目的商业化进程。但是，呈现于观众面前也最能吸引观众的最直接表现即是运动项目的观赏性不断加强，而运动项目观赏性的强弱很大程度上依赖于运动技术与打法的不断发展。网球运动作为一项运动员在训练与比赛过程中必须借助于特殊的载体——球拍才能进行的运动，其技术与打法的发展与球拍的发展是密不可分的。可以说网球拍的发展对网球运动的发展起到了推波助澜的作用。运动员凭借高科技研制的球拍既可以发出时速200千米以上的球，也可以让我们欣赏到底线凌厉的抽杀和网前变幻莫测的截击技术的魅力。可以说网球球拍的变迁见证了网球技术和打法的变化与发展。

网球运动中"球拍就是手的延伸，是运动员身体的一部分"，用一把好拍子无异于为自己添了只好手。所以，如果有条件的话，初学者从最初学握拍起就应该用一把好拍子，因为拍子越好，与手的亲和力就越强，而这种亲和力有时几乎决定着初学者掌握技术和提高水平的速度。好拍子的另一个优点是可以对运动员的身体起到一些保护作用，特别对于初学者种种不适，发力的不规范及动作的不合理会给身体特别是手臂造成某种不适，而一把好拍子则可利用其良好的弹性及力的传导性形成明显的减震效果，从而把这种不适降到最低程度。

球拍根据其材料的性质可分为高强度球拍及软质球拍。其中高强度球拍的控球能力相当强，适用于上网型或非常强调球的旋转的选手，但这种球拍由于柔韧性欠佳，所以不能利用球拍本身的弹性给球以很好的推进速度，手感比较僵硬。软质球拍的弹性非常好，手感比较灵活，能够给球以很大的推进速度，但是其控球的能力稍逊。球拍的重量及拍头与拍柄重量的平衡要根据运动员驾驭球拍的能力及个人的偏好而定，有人喜欢拍头比拍柄重，相反，有人喜欢拍头比拍柄轻。一般来说头重的拍子在感觉上能给球以更大的惯性及速度，柄重的拍子在控制球时可以感觉比较省力，而总体上比较轻的拍子可以更容易操纵一些，但对肘部的压力也大一些。拍面的大小可根据拍框上的数字来确定，大拍面、中拍面及普通拍面相对应的尺寸分别为110平方英寸、100平方英寸、90~95平方英寸，目前已经出现了124平方英寸的超大拍面。

（一）网球拍

1. 网球拍及其材料的发展和演变史

网球拍的发展大致经历了木质—铝合金—碳纤维—玻璃纤维及高级航天、航空材料特制的球拍这一历史过程。在 20 世纪 60 年代以前，木质球拍几乎占据了所有的网球拍市场。到了 70 年代，金属球拍取代了多数的木质球拍。时至今日，复合材料球拍成为球拍的主流，如碳纤维、玻璃纤维、克维拉纤维、高张力碳纤维、超刚性碳纤维等材料单独使用或混合使用。这些材料与木或者铝比起来更轻、更硬、更耐用也更能吸收震荡与震动。这些材料同时也让制造商在球拍的硬度、球感、击球性能的设计上有更大的发展空间。

随着科学技术的发展，现代网球拍制造业中已使用了接近宇航工业和军事工业产品的材质。这些新材料和新技术的应用，不仅是商业产品激烈竞争所致，更是网球运动飞速进步的需要。目前各种复合材料已大量使用到网球拍的制造中，越来越坚硬的网球拍不断地被制造出来。但是，坚硬的球拍及其硬度的提高必然降低了球拍的避震和回弹性能，更容易造成初学者和非力量型选手的手关节和腰背肌肉的受伤。

2. 球拍的选择

由于每个人的体能、年龄等个体情况不同，因此对于球拍的要求也存在着差异，一般来讲，选择球拍需注意以下问题：球拍的重量、握把的尺寸、拍面的尺寸、拍线的密度及磅数、拍面的形状、球拍的材质等。

（1）重量

太重的球拍会使球员在挥拍时动作迟缓，太轻的拍子则不易发力击打，也容易翻拍。一般来讲，年轻力壮者适用 320～330 克，中老年人适用 300～320 克，女士及青少年适用 280～300 克。

球拍的重量系数指未上球线和握把胶等配件时整支拍子的净重克数。具体可分为拍头重量和拍身重量两部分。有经验的使用者持拍即可知道，一般初学者可通过标志或说明加以了解。

从网球技术理论上而言，球拍重量的选择与选手的技术、力量和能力有关。随着这些因素的改变，其球拍的重量应做相应调整和改变。

作为初学者或初级水平的选手，应该选择拍头和拍身较轻的球拍，也就是拍头较阔大，拍头平圆为流线型的球拍。此类球拍可培养灵巧性和球感，还可以减少回球失误率。但此种球拍多在非职业选手中使用。随着球技和力量的提高，可逐渐更换拍头稍重、拍身重量适中的球拍，回球时加速度较好，加上线磅数适中，也能较好地配合上网截击和打出旋转方向的球。但对于击球精度不高的选手，常有碰框、碰颈等失误。职业选手经常使用拍头沉重、拍身坚硬的标准型球拍且多用高磅数上线。

（2）握把尺寸

跟重量一样，握把的大小也要选择自己觉得舒适的，太粗的握把容易使人疲劳，击球过程中动作反应灵敏度降低，不易处理小球、截击球；而太细的握把不易抓紧，遇上力量较大的回球容易松动而翻拍。一般的男性球员适用 $4\frac{3}{8}$，若能力允许，也可用大一点的 $4\frac{1}{2}$；女性适用 $4\frac{1}{4}\sim4\frac{3}{8}$。

（3）拍面的大小

大拍面比较有宽容度，英文称 more forgiving，也就是偏离中心点击中球时也可以把球击出去，可以用"好球区比较大"来形容它。英文把好球区称为 sweet spot，因此有人称它为"甜点"或"甜区"，它的意思是当用球拍特定区域击球的时候，球的弹力最大，球速最快。虽然甜区加大不易失球，但是缺乏速度，职业球员大部分用中拍面的球拍，原因在于甜区越小。力量越集中，球速就越快。由此得出的结论是：大拍面适用于初学者，稍微偏离中心也能击球，缺点是缺少速度，控制性也较差，适合女性、初学者及年纪大者；而小拍面适合中上水平及年轻球员，球速快，打点控制好，但是甜区小。

（4）平衡点

平衡点的中心话题就是"头重"或"头轻"的问题，拍头重适合于底线抽球，反之适合网前截击及双手击球选手使用。

（5）形状与构造

不同牌号和型号球拍拍面的形状往往都有各自独特的设计理念，其主要的不同就是甜区不同，这可从拍子的简介或吊牌中看出。至于构造方面，整支球拍会有不同的软硬度存在，吊牌中也会有显示，大部分是以号码来表示，号码越大，硬度越小，挥拍动作大且力量大者适合硬度较小的拍子。

（6）磅数的高低

一般最常用的磅数是 55～60 磅，职业选手往往都穿到 70 磅左右。磅数越高，弹性越低，但是挥拍速度快的球员可获得较好的控球效果；而磅数低会产生弹簧作用而使反弹力增加，控球性也会降低。

（7）网球线的选择

目前网球线的主流是尼龙线，因其有不怕潮湿，耐磨性强，能大量生产且价格合理等优点而盛行。但是尼龙线也有缺点，那就是容易因松弛而使磅数变化。羊肠线价格昂贵，弹性极佳，稳定性好，但缺点是怕潮湿。选线时需考虑两个因素：一般来讲，粗线耐用但弹性较差，而细线弹性好却耐用性差。因此使用者还需根据自身的技术水平及打法等加以选择。

（8）球拍的长度

对于球拍的长度，选择标准一是依据使用者的身高；二是根据使用者的打法特点。通常，身高与球拍长度成反比。选手为弥补身高不足，选用加长的球拍是适宜的。在技术风格及打法类型上也有底线型选手用加长拍，上网型选手用非加长拍之说法。但网球拍的长度一旦按选手身高条件和打法类型确定后就不应随便改动。

当一只球拍比较长而且头比较重的时候，不管你第一次拿起这只球拍的感觉如何，其加长的长度和平衡点都将使挥拍重量增加。这两点都可以增加击球的力量，但这会使击球灵活性变差，尤其是当你的体力大量消耗以后，就很难打出高质量的回球了。

3. 球拍指标的相关术语

（1）拍面

95 平方英寸以下是小拍面，一般适合力量较大、动作稳定的中高级业余球手。

95～100 平方英寸之间的是中拍面，一般适合力量中等、动作比较稳定的中高级业余球手。

100～115 平方英寸之间的是大拍面，一般适合力量较弱、动作不够稳定的初中级业余球手。

115 平方英寸以上是超大拍面，一般适合力量弱的女士和中老年初级业余球手。

（2）拍长

27 英寸/69 厘米为标准长度，超过此长度的为加长球拍。一般认为加长球拍力量、发球威力方面会有增加，但会损失在网前截击的灵活性。

（3）拍厚

一般情况下球拍的厚度越厚，球拍越不容易变形，力量就越大，灵活性越差，反之亦然。

（4）材料

现在球拍的选择主要以碳素球拍为主，影响球拍质量的关键是碳素材料的质量和不同碳素材料相互之间搭配的设计。

（5）重量

空拍 260 克以下的重量只适合力量弱小的女士和中老年初级业余球手，使他们能轻易挥动球拍，将球打回去。但在回击较大力量回球的时候，重量的不足往往导致球拍被球打翻。

空拍 260～300 克的重量适合力量中等的初中级选手，是目前国内最流行的重量。

空拍 300～320 克的重量适合力量中上的中高级球手使用。

空拍 320 克以上的重量适合力量强大的高级球员使用。

（6）硬度

球拍硬度的数值越高，说明球拍在受到网球撞击拍面时的变形越小，造成球拍本身的力量越大，但是这样球在拍面上停留的时间越短，对球的方向进行控制的时间越短。

力量小的初级球员的第一要求是把来球打回去，所以选择高硬度的球拍。

力量大的中高级球员的第一要求是把球控制住，所以选择低硬度的球拍。

（7）平衡

平衡点是区分拍头轻重的重要标志。如果球拍的平衡点在中心点靠近拍头位置就叫"头重"，如果平衡点在中心点靠近拍柄的位置就叫"头轻"。一般平衡点是从球拍底部往上量，以英寸为单位来计算。

4．球拍的保养

球拍是运动员在比赛中赖以取胜的工具，正确的保养方法常常能有效地延长球拍的使用寿命，而不当的保养方法或者运动过后对球拍置之不理，甚至采用错误的保养方法则会人为地缩短球拍的使用寿命。以下为球拍保养过程中的几点禁忌。

（1）外力挤压

铝或合成纤维的球拍平置不易变形，但若有重物挤压就会产生变形，甚至出现裂痕。

（2）暴晒

在烈日下暴晒过久会使球拍膨胀、变形，容易在击球过程中断裂。

（3）潮湿

手柄和网线对潮湿非常敏感，人手上的分泌物非常复杂，手柄上的汗液如果得不到及时的处理就会导致异味和霉烂。手柄上的吸汗带必须经常洗涤和更换。

（4）长期闲置

球拍长时间不使用会导致拍线老化而失去弹性容易折断。打完球后一定要擦拭干净，放在球拍套中，最好悬挂放置。

（二）网球

比赛用球为白色或黄色，用橡胶化合物制成，外表用毛制纤维覆盖，没有缝线。球的直径为 6.355～6.67 厘米，重量为 56.75～58.5 克，球的弹力为从 2.54 米的高度自由落下时，能在混凝地面上弹起 135～147 厘米。有关球的规格及相关要求，网球竞赛规则中有详细数据，在此不作详述。

许多打球的人，特别是新手，对球的要求较低，通常只是能打就行，其实这是不正确的。如果选取的球材质较硬，气囊较差，弹性不规则则不利于运动。例如，不容易判断网球落地后的行进路线；容易造成拍线折断，震手，容易受伤；球破损消耗量大。

所以在进行网球运动时，建议采用质量较好的球来练习，以便于在练习过程中能够较快地掌握技术动作要领，同时可避免因用球不当造成的意外情况出现。

二、场地

网球运动的发展与场地、器材等方面的改良和创新是密不可分的。当掌握了一些网球的基本技术和战术以后，初学者十分必要来了解一些有关场地和器材方面的知识，这对于网球技术水平和网球欣赏水平的提高都很有帮助。

在欣赏一场比赛或者欣赏一名球员的表演时，球场的环境、设施，地表的颜色、质地等与球员融合、映衬在一起，会带给观众极大的视觉享受。除此之外，不同质地的网球场更给球员提供了不同的技艺发挥、风采展现的天地，更造就了不同类型不同风格的选手。充分地了解场地的种类与性能可帮助人们更好地欣赏比赛，提高人们的欣赏水平。

网球场是长方形的，大小类似篮球场。单打场地（长 23.77 米、宽 8.23 米）略窄于双打场地（双打场地宽 10.97 米）。球网中央低，两端高，把球场横隔为两个区。球场内划分为前场与后场。前场由中线划分为右发球区与左发球区。中线的假想延长线与端线交于中点。"中点"是长 10 厘米、宽 5 厘米的一段线段。球场除端线宽度为 10 厘米（4 英寸）外，其余各线宽度为 5 厘米（2 英寸）。

戴维斯杯团体赛及由"国际网联"主办的其他锦标赛规定端线以外至少有 6.40 米（21 英尺）的空地，边线以外至少要有 3.66 米（12 英尺）的空地。网球场主要分为草地场、红土场、硬地场、人工草场等。

三、网球运动服饰

1. 网球服装

网球运动对着装有着特殊要求。这些要求来自传统习俗也来自对优美形象的追崇。网球运动本身是一项优雅的运动，最初源自西方宫廷。在很久以前，网球的着装相当隆重且烦琐，甚至于限制了球员们在球场上技术水平的发挥。

在 20 世纪早期，男子球员还不得不穿着长裤进行比赛，而女子选手的长裙也使她们备感不便。随着时代的发展，网球装变得更简单、更舒适。各种着装规范也渐渐消失。今天，随意找件圆领 T 恤和短裤就可以上场打球了。但在一些正规场合，你的穿着还是应该有所保留。标准的网球穿戴应该是男选手穿带领子的半袖运动 T 恤衫和网球短裤，女选手穿中袖或无袖上衣及短裙或连衣短裙。网球服装通常以白色为主，进入网球场一般穿专用的网球鞋，不允许穿硬底鞋或带钉的鞋入场；赤脚和赤脚穿鞋入场打球是一种不雅的行为。

网球服装从它诞生的那天起，就折射出浓郁的时代气息。长时期内。白色一直被人们作为网球运动的标准颜色，它所代表的纯洁、高雅为网球运动树立了良好的形象。到了近代。男运动员的白色长裤变成了短裤，女运动的裙子也逐渐演变成了今日的网球短裙。今日男子服装，图案美观、协调，突出了个性特征。女子则短裙得体，集妩媚与运动为一身。近代的网球比赛中，虽商业化特征日益明显，但运动员仍不可穿着圆领长袖运动衫、体操短裤、圆领衫或其他不适当的运动服装，对服装上的广告数量和尺寸大小也有明确的规定。当然，明星运动员服饰的"示范效应"能给网球场上带来亮丽的风景线，如耐克公司为桑普拉斯设计的 Swoosh 系列：在 T 恤的领子及袖口处以蓝色及浅咖啡饰边，下身配以色调酷似沙滩的格子短裤，使着装人浑身充满阳光活力。同是耐克公司为阿加西所设计的反传统牛仔风格的球服，不再以白色为主要颜色，而是将大块的黑、红或紫色混合在一起，给人以醒目、亮丽的感觉，使人耳目一新。现代网球服装所使用的材料和设计都十分讲究，既利于保持运动者凉爽舒适，又可以保护其不受紫外线伤害。

2. 网球鞋

当前的网球鞋类型，由于科技的发展和进步，设计越来越合理、科学，具备了各种可以帮助提高击球的性能。

网球鞋最早都是白色低帮的，没有多大区别。随着 20 世纪 80 年代流行高帮篮球鞋开始，网球鞋也出现过高帮。但是，篮球与网球运动的方式有所区别，篮球向上弹跳的动作较多，而网球低重心的前后左右移动较多。因此，高帮的网球鞋限制了脚踝的灵活性，影响了网球击球时的步法移动。针对这种情况，最近几年，一些运动生理专家又设计出目前比较常用的中帮网球鞋。这种鞋利用了中帮低凹处触及脚踝下部时的条件反射，来提醒球员注意动作，避免损伤，从而有效地保护了脚踝。

根据不同场地表面的性能，网球鞋的类型有室内和室外、硬地和沙地之分。一般室内鞋底是细致条纹，室外鞋底是粗犷条纹。硬地球鞋与硬地球场表面的摩擦力较大，所以鞋底设计得比较耐磨、较厚；而沙地球鞋与沙地的摩擦系数小，又有专门的滑步技术，故鞋底采用普通的橡胶即可。

打网球时需要做许多次前后左右各个方向的急停、急起动、急变向，并且重心基本都在前脚掌上。选择网球鞋应考虑透气性好、鞋面舒适贴脚、鞋底的纹路适于各种地面的摩擦等因素，而且内垫应有很强的支持力，且具备良好的弹性，能够顺应足底的曲线来缓冲和吸收胸部的压力。不要穿着跑鞋或者时尚运动鞋打网球。网球运动不同于跑步等运动，它涉及一些侧身运动，而且脚要随着球来回运动。穿错了鞋就会妨碍你的运动，甚至会导致损伤。正规的网球鞋在鞋底与鞋面都进行了特殊处理以便于起到支撑作用，并增强侧身运动时的稳定性。同时，打网球又是一个高冲击的运动项目，所以，要确保你的球鞋里面带有软垫，以便于减震。

大多数网球场地均由三类性质不同的材料构成（草地、沙土、硬地），因此，不同形状的鞋底几乎决定了运动员在不同场地的发挥效率。草地场地首选有突出胶状纹路的鞋底，但对于沙土场地则应选择宽波沟纹路的鞋底，而现在使用的最多的是硬地球场（塑胶、沥青）则要选择细密"人"字形纹路的平滑鞋底。如果经常奔波于三种场地之间，为避免更换麻烦，也可仅选择一双综合功能鞋底的运动鞋。运动时鞋带应一直系到脚趾，切莫拉得太紧。

对于网球新手和经常从事网球运动的人来说，可参考以下几条，选择合适的网球鞋：

1. 首先应决定这双鞋是准备在沙地上还是在硬地上打球。如果在沙地使用，一般胶底即可，如在硬地上使用，则要选择耐磨、抗震、弹性好的球鞋。

2. 确切了解自己脚的长度和宽度。

3. 要尽量在下午打完球之后，脚掌已充分伸展开时，购买网球鞋。

4. 选择球鞋时，一定要两脚都试穿，并且在硬地上走一走，试一试，以保证鞋的脚感舒服，大小合适。

5. 在考虑鞋底的弯曲性和弹性效果时，应偏重于鞋底具有较好的弹性效果。

第五节　网球运动常用术语

术语是某门学科中的专门用语。在体育领域中，各个运动项目均有其专门用语——术语。而每一术语在该项运动中都具有严格和特定的含义，它正确地反映某一事物（动作或状态）的本质与结构特点。网球常用术语是正确说明网球运动的动作技术、战术、竞赛、裁判、器材等方面特征的专门用语。

正确地运用术语，对于提高教学训练效果，总结交流经验，开展运动竞赛，促进科学研究工作以及丰富和发展网球运动理论等方面，均具有重要的意义。

在运用术语时，总的要求是：正确、简练、易懂。网球常用术语很多，这里仅就在教学训练中最常用的术语作简略的介绍和必要的说明。

1. 选位

运动员在场上打球根据需要选择合适的位置称为选位。会选位是初学网球者的第一步，位置的选择要根据情况而定。比如：在单打比赛中，每击完一次球，必须跑回（特殊情况例外）中点附近，这就是合适的站位。位置选择是否合适，就是看你选择的站位是否有利于还击对方击到本方球场上各个不同位置的来球，如果不利，那你的选位就错了。

2. 球场区分

球场以中点与中线的连线为界可分成左半场、右半场；没有中间界线叫全场；端线向前 3 米左右称为后场，球网向后 4 米左右称为前场，中间部分称为中场。

3. 正手、反手

握拍手的同侧称为正手，握拍手的异侧称为反手。正、反手的用途主要有两点：一是与技术名称相连，表示一种技术动作。如：正手抽球、正手高压球、反手截击球等；另一点是表示来求的方向，比如来球正手、来球反手等。

4. 击球点

所谓击球点是指球拍击球时与球接触的那个点。这个点是一个空间位置。击球点包括三个方面的内容：第一是这个点距击球者身体的前后距离；第二是这个点距击球者身体的左右距离；第三是这个点距地面的垂直高度。

练习者用拍击球时，击球点选择得是否合适对击球的命中率有直接的影响。击球点过前，则击球无力；击球点偏后，则球拍前挥距离不够，没有主动击球的效果；击球点过高或过低又会使动作变形。选择正确的击球点能使合理的技术动作得以发挥，击球效果就好。不同的技术动作对击球点有不同的要求，需要在学习技术时认真领会，直至熟练掌握。

5. 拍面角度（拍形）和击球部位

拍面角度是指球拍击球时拍面与地面间的角度关系。击球部位是指球拍击球时触球的位置。拍面角度有垂直、前倾（关）、后仰（开）三种，击球部位有上、中、下和左、中、右几种。在有些击球中，球拍接触球的部位也有中上部、右下部等两个或多个部位结合的情况，因此具体情况应具体分析。

不同的技术动作要求控制成不同的拍形，不同的拍形使拍面接触球不同的部位。比如：平击球，拍面垂直、接触球的中部；削击球，拍面后仰，接触球的中下部，等等。由此可见，拍面控制如何是完成某一技术动作的重要因素。

6. 击球的路线

所谓击球的路线是指球被击出后所运行的轨迹在球场地面上的投影线。网球场地大，击球线路多，很难一一描述。在此，只能抓住几条主要的击球路线进行研究，举一反三，从而找出规律。

假如击球者从自己的右角将球打到对方的右角，球的路线与边线成较大的角度，这条线称为右方斜线；击球者从右角将球打到对方的左角，球的路线与边线平行，这条线称为右方直线；击球者从自己的右角将球打到对方球场中点附近，球的路线与边线成较小的角度，称为右方中路。相反，从左角将球打到对方的上述三点位置时，仍有三条球路，即左方斜线、左方直线、左方中路。若从自己的中点将球击到对方场地的三个位置，又可有中间斜线（两条）、中间直线三条线路，这是我们应用较多且区别明显的 9 条基本的击球路线。

在练习中对击球提出路线要求，是培养练习者控制球能力的主要方法。如："正手抽击斜线球练习"，就是要求练习者用正手抽球技术将球打成斜线路，若打不准，说明练习者控制球的能力较差。

7. 击球的深度

击球的深度是指练习者击出的球落在场内距端线的远近程度。落点距端线近，即谓击球的落点深；落点距端线远，即谓落点浅。击球时对落点提出深度要求，是提高练习者控制球能力的重要方法。

要求练习者将球打深是有其战略意义的，是贯彻练为战指导思想的具体体现。球打得深，球飞行的时间长，能有较长的时间为还击对方击来的球做准备，是使自己摆脱被动争取主动的好方法；球深，球的弹跳越过端线，迫使对方在端线后击球，为对方上网截击增加了困难；深球，可以缩小对方回球的角度，缩短自己左右奔跑击球的距离，减少击球的难度，提高击球的命中率。总之，要求练习者将球打深，不仅是对技术提出的要求，更重要的是提高战术意识与战术方法的需要。

8. 击球的角度

击球的角度是指练习者击球后球的路线与原定参照物和击球点连线之间的角度关系。比如击右方斜线球：可将右边线作为参照物线，球的落点距左边线越近，则右方斜线击球的角度越大；若把对手作为参照物，球被击出后的落点距对手越远则击球的角度越大。

在练习中要求打角度大的球，其主要目的在于提高击球的攻击性。因为角度大可以调动对方，尤其是大角度的斜线球，能将对手拉到边线外，使对方场上出现空当，从而攻击空当得分。大角度球有时能直接得分，特别是在破网时打出角度大的球效果更明显。总之，对练习者提出打角度球的要求，是提高技术水平的战术意识的需要。

9. 击球的速度

击球的速度，应当理解为从对方击出的球飞至网上到被我方击出，触及对方场地内的物件（包括球落地、球被对力截击等）为止这段时间的长短。这里包括两段时间，一段是球至网上到球拍击球，另一段是从球拍击球到球触对方场内物件，因此使这两段时间减少，是提高击球速度的基本条件。减少第一段时间的方法是提前击球，最好一过网就击打，比如截击球、高压球就是加快这一段击球速度的具体方法；减少第二段时间的方法是加快球运行的速度和缩短从击球点到触及对方场内物件的距离。

加快击球速度的目的是缩短对方"观察、判断、分析、选择及运动击"球这一"连锁"的时间，给对方造成匆忙、勉强、被动地还击，从而使其击球的命中率降低，击球的威胁性减小。

10. 击球的力量

练习者击球力量的大小，是通过球运行的快慢表现出来的。据公式 $Ft = mV$ 可知，当球拍作用于球的时间 t 不变时（网球的质量 m 也是不变的），球拍给球的作用力 F 越大，球向前飞行的速度 V 就越快。所以说，力量大，尤其是爆发力强的人，也就是速度力量比较好的人，打出的球向前飞行的速度就快。

击球力量的主要作用是：球快速飞向对方场地时，要求接球者的判断、移动、击球等一系列动作必须快，而在快中击球容易失误，所以给接球者增加了击球的难度；快速飞行的球给接球者球拍的作用力大，球的反弹力也大，如接球者控制不好，球就有可能出界；球快，接球者容易看不清球飞行的路线，经验不足的人，容易击球失误。

要想增加击球的力量，就必须从以下几点做起：

- 注意力量练习，使腿、腰、臂的力量不断增加，并在整个击球过程中，能做到各部分力量协调配合，爆发用力。
- 击球时拍面应尽量保持垂直，减少对球的摩擦，力量完全用在打击球上。
- 击球时引拍动作稍大些，增加球拍前挥的加速距离，在球拍向前挥动速度最快时击球。

- 要选择合适的击球点，即在球拍前挥速度达到最快，整个身体感到最舒服的那个点击打。
- 整个击球过程中，全身肌肉不要太紧张，以免影响肌肉的收缩发力效果。

11. 击球的落点

球被击出后，落在对方场地内的那个位置，就叫击球的落点。落点是路线的一个重要组成部分，但又与路线有区别，比如：同是一个斜线球，由于球的落点不同，其斜线的效果也不一样。在斜线上有深球、浅球之分，又有球打在后场、中场、前场之别；同是深球，落点不同，又有左、中、右之分；同是一条斜线，又可打出大角度球和小角度球。因此，击球的落点能体现出击球的路线、击球的深浅场区和击球的角度。

落点的作用是利用斜线、直线和深、浅球扩大对方移动的范围；盯住对方的弱点连续攻击，增加对方击球的难度；利用假动作，声东击西，使对方判断错误，失去有利的击球时机。练习者只有充分认识击球落点的重要性，并经常有针对性地进行落点球练习，才能提高控制击球落点的能力。

12. 击球的旋转

击球时，球拍给球的作用力线不通过球心时，球就会产生旋转，旋转的球在空中飞行的弧线、落地后弹起的弧线与不旋转的球不一样，我们研究击球的旋转，目的一是要利用它；二是会对付它。

在网球运动中常见的旋转有三种：第一种是上旋球，它是由球拍稍前倾，从下向前上擦击球的中上部而产生的。这种球的特点是在空中飞行时下落比较快，落地后向前冲，弹得低而快。第二种是下旋球，它是由稍后仰的球拍从上向前下擦击球的中下部而产生的。这种球的特点是落地后弹得高，球不往前走。第三种是侧顺旋和侧逆旋，它是由侧后仰的球拍由左后上或右后上向右前下或左前下擦击球的左中下或右中下部而产生的。它的主要特点是落地后向左、右两侧跳。

旋转的作用是利用旋转制造合适的击球弧线，提高击球的命中率；另一点可利用旋转的变化干扰、破坏对方的击球，使对方击球失误。

提高击出旋转球的能力要通过用力摩擦球的方法来实现。对付旋转球要视旋转种类区别对待。截击下旋球对拍面要稍后仰些，以防下网；抽击下旋球时要多向上用力，弧线高点儿；遇到侧逆或侧顺旋球，要降低重心，球拍在正常弹跳的右侧或左侧等球。

13. 击球的弧线

击球的弧线是指球从被击出后到落到对方场地所运行的轨迹和从对方场

地弹起后到触及场内其他物件（地面、拦网等）时运行的轨迹。任何一条弧线都包括弧线的长度、弧线的曲度、弧线的方向和打出的距离。弧线的长度是指球从球拍飞出到落地或从落地到触及其他物件实际运行的轨迹的长度。弧线的曲度是该条弧线的弯曲程度。弧线的方向与球路相仿，有斜、直线及中路之分。打出的距离是指从球拍触球点到落点的直线距离。

弧线的作用是提高击球的稳健性。在球网相隔的两半场地上击球，球多以弧线的形式来回运行才能免于落网。因此，练习者不管是想打直线球还是斜线球，不管是要打角度大的球还是角度小的球，都必须首先考虑制造合适的弧线。第二个作用是可利用忽高忽低、时长时短的弧线，提高球的进攻性、威胁性。

提高控制击球弧线的能力要从以下几个方面努力：

- 要控制好拍面和掌握好击球时用力的方向。拍面一定时，越向上用力，球的弧线曲度越大。
- 要掌握好击球时用力的大小。球拍用力大则弧线的打出距离长，反之则短。
- 要注意击球时击球点距地面的距离。距离大则弧线曲度可以小些，距离小则弧线曲度需要大些。
- 利用旋转的规律制造弧线，比如拉上旋打大角度的浅球就比较容易命中。

14. 击球的动作结构

在网球运动中，具有一定联结形式的科学的合理的击球动作就叫击球技术。组成击球技术所有动作之间的普遍联系和相互作用的形式就叫击球的动作结构。尽管网球击球技术多种多样，动作方法、要领各有不同，但在击球动作结构方面却有共同的规律。了解击球的动作结构的目的，就是为了观察、分析某人的某个技术动作，找出毛病，提出改进措施，不断提高技术水平。

击球动作结构由引拍、向前挥拍、球拍触球和随势挥拍四个部分组成。引拍是一切击球技术的开始，是获得击球力量的重要保证。引拍要根据各种技术的要求在方向上、幅度上做到恰到好处，并要做到各部肌肉保持放松。

向前挥拍要及时，挥拍的方向、速度不仅决定着击球的命中率，更重要的是决定着击球的速度、深度、角度。各种技术的挥拍方法各不相同，但追求的击球效果却是一致的，因此要掌握好向前挥拍这个重要环节。

球拍触球是击球动作的关键环节。触球的时间，触球的部位，触球时球拍挥动的速度、方向及手臂和手腕的用力感觉等复杂动作，都集中在这关键的一瞬间，这一瞬间决定着击球的最后效果。所以，这一环节是我们观察、纠正某一技术是否有错误的重点。

随势挥拍是整个击球动作的结束。随势挥拍有利于增大击球的力量，有利于整个击球动作的连贯、协调，并能给人一种优美、舒服的感觉。

15．甜点

球拍上能送出稳定、有力、向前按预定方向飞行的球的区域称为"甜点"。在练习中，用球拍的甜点击球，击球的用力能产生最佳效应，手感也最舒服。

甜点不是一个点，而是位于球拍网弦中心部位的一个区域。在这个区域里有三个具体的点：位于网拍中心的那个点是最佳手感点，球击在这个点上时，手臂感到震动极小；在最佳手感点的下方（靠近拍柄端）有一个点叫作最强弹力点，球若击到这个点上飞出的速度最快；在最佳手感点的上方有一个点叫做最大减震点，球击在这个点上动力最小。总而言之，球击在这个区域里，无论是手的感觉，还是击球的效果都很好，有一种舒服、甜蜜的感觉。若击在这个区域以外，效果就会大大降低。

16．击球时机

在底线击落地球时，最适宜的击球点是在相当于腰部高或略低于腰部的位置上，而在球第一次落地至弹跳后第二次落地的过程中有两个弧段。在此高度，高水平选手大多选迎着球上升的趋势将球回击过去，以争取进攻的时间及力度，称"抢点击球"。抢点击球虽然是打网球的一大要点，但初学者往往很难做到，因为这需要极好的球感、极快的反应和迅捷的步法移动及很强的与球相对抗的能力，这些素质在很大程度上要依靠长期的训练才能具备。一般练习者多会自觉地选择在球快下降阶段击球，但此时的球却往往已在肩部附近的高度上了，常打球的人都知道在此高度击球是很别扭、很费力的。如此，选择在球的下降段也就是在球处于下降的趋势时将球击回，相对来说就比较安全稳妥。但必须看到，这是相当消极的打法，因为球员经常需要不断地退后再退后，这样不仅增加了发力的难度，而且扩大了跑动的范围。因此，初学者在学习过程中最好能有意识地培养自己"抢点击球"的胆量与能力，否则就只有永远躲在底线后很远的地方被动挨打了。

17．击球的有效性

从事任何一项工作，都有个效率问题。学网球也是如此，打网球更是要注重效率，所以我们在这里先探讨一下击球的有效性。

对于练习打网球者来说，如果是以运动为目的，那么只要打到球，就基本上可以说是有效的。但如果是在比赛中，就不一样了，就算你打到了球，但球出了界，此球就是无效的，因为你的目的是把球打到界内。由此，我们可以看出，击球有它的有效性。有效的击球就是把球打到界内。所以在开始学打网球时，就必须先把球打过网，然后再逐步把球打得更快，这是最有效的学习方法。

对于想提高技术的中高级选手来说，要使击球更有效，就必须了解基本的生物力学的原理。最新研究结果表明，人体发力的机理应该是从身体最大的肌肉开始到较小的肌肉。不是以前所认为的从脚尖到指尖的从下往上。打个比方，身体的发力过程就保是一个涟漪，从中心向四周一层一层地扩展。先是人体最大的肌肉，臀部肌肉，接着是背部肌肉和大腿肌肉，然后是小腿和肩部肌肉，最后到手和脚。所以在击球的时候，如果你不能全力击球，或者感到用了力球却不快，就要检讨一下你发力的机理。认真思考一下你是不是用大肌肉发力了。

18. 平衡

平衡也许是在打网球的过程中最易被人忽视，但又是最起决定作用的一个因素。如果一个初学者能在一开始就有右击球时应该保持平衡的概念，他的进步一定是非常明显的。为什么这么说呢？

研究生物力学的科学家发现，人的运动几乎都是弧线的。因为人体是由一块块骨头连接而成，所以人的所有的动作都是在围绕着一个个轴进行的转动而组合成的。

仔细地研究一下职业选手的击球（底线球），我们就会发现他们的身体就好像是一个轴，手臂先是在臀部然后是在身体旋转的过程中完成击球的。如果打出的球非常有力并有很好的控制，那他们的肩膀一定是平的。也就是说他们处于一种完美的平衡状态。

平衡的身体位置是保证击球质量的首要条件，做到这一点，看上去是并不难，但是在网球运动实践中，真正做到这一点却又不是那么容易。你必须在击球的时候，始终把肩膀放平，头摆正，打低球的时候，屈膝而不是弯腰。如果你每个球都能这么打，你一定是个水平较高的高手了。反之，失去了平衡，你就不能有效地旋转，打的球也就不可能是最有效的了。

平衡对于所有其他的技术来说也是个基础。你在练习的时候如果细心体会，你就会发现，在最平衡的状态下，你击出的球才是最有力的，也就是最有效的。这就是你要追求的状态。

19. 移动

要想有效地击球，就要注意在保持平衡的同时迅速地移动。而移动是平衡和有效击球的基础，这看上去很是平常，可怎样移动才是最有效的呢？

一名选手不管其水平如何，有时都会有脚步跟不上的感觉，脚步跟不上就会影响取位，即到不了击球的位置，此时你就不能平衡地击球，并且击出去的球相应也缺乏有效性。

初学者一般是因为不熟识球性，判断不好来球的落点、弹跳和旋转而不能移动到位。但中、高级球手碰到的多是由于球离身体太远或太近而不能移动到位。球离身体太远，只能进行一般的回击，击球质量会受影响；球离身体太近，则来不及让出合适的空间位置，击球质量同样会受影响。

防止脚步跟不上的有效方法之一是练腿部肌肉，而练腿部肌肉的最好方法是在打每一个球的时候保持平衡。尽量用相同的动作打好每一个球。这样不但能提高速度、耐力和力量，还能加强肌肉记忆，技术也能得到同样的提高。

20. 击球区

击球时球拍和球接触的那个点叫击球点，通常会有不止一个能击好球的点，这些击球点所形成的区域叫作击球区。理想的击球区一般是在身体前面，具体地说是在身体重心的前面。

如何发现自己合适的击球区呢？同样需要多练习，才能找到在击球时感到最平衡，同时也是击球最有力的位置。由于每个人击球时所采用的握拍方式和引拍方式不尽相同，所以即使是同一个技术，每个人的击球区也是不同的。

从理论上来讲，击球点越靠前，击球的力臂越长，击球就越有力。但是如果你在击球时感到身体在向前倾，那你的击球点就太靠前了；如果你感到手臂还没有伸直球就已经飞出去了，那你的击球点就可能太靠后了。

击球的稳定性，很大程度上取决于你能不能在击球区里击球。因为对于一项技术来说，你的每一次击球都应该是在同一个区域，所以建立一个稳定的击球区是非常必要的。从一开始，你就要注意发现自己合适的击球区，并在以后的练习过程中，努力保持在自己合适击球区击球，久而久之，你就能熟练自如并平衡地击球了。

21. 角度的运用

比赛中能否较好地利用角度是中级选手和高级选手的一大差别。怎样利用角度，以及何时利用角度是网球运动中至关重要的因素。

在与对手底线相持时，你会发现打出的球角度越大，对手回球的角度就越大；如果始终把球打到对方的底线中间，对方的回球就很容易接到。另外，打出的球离球网越近，对方就越容易打出更大的角度，直接得分。这就是击球角度的基本原理。

在比赛中，如果在底线和对方相持的情况下首先打出大的角度，则必须提防对手打出更大的角度。如果对手并不能打出更大的角度，或他对大角度球只有招架之功，那就可以左右调动对方，直到出现机会球而争得比赛主动；如果对方能打出更大的角度，并适应两边跑动，就应该尽量把球回击到底线附近，使其打不出更大的角度，削减其底线优势，或者通过其他方法，比如通过调动对方上网来把握比赛，占据主动。

还有一种情况，就是当被对手两边调动、疲于奔命时，要尽量回高球到底线中间，减小对方的攻击角度，并使自己赢得喘息的机会，使对方无法持续攻击，最后情绪急躁而失误。

第六节　网球运动的特点和价值

一、网球运动的特点

1. 商业化、职业化发展成熟

过去网球的重大比赛一直不允许职业球员参加。至 1968 年国际网联取消了这一禁令，世界各大赛事便充满了商业色彩，当今四大比赛和不同级别的大奖赛、巡回赛、大满贯和独资赞助的大赛奖金额都大得惊人，在高额奖金刺激下，优秀网球选手的职业化、早期专项训练、早期参赛……推动了网球训练的变革和技术水平的提高。

2. 场地多样、技术复杂

沥青混凝土涂塑硬场地，球速快，适于进攻型打法，它广泛使用于各大赛。英国的温布尔顿是草地球场，法国公开赛仍用沙地，还有人造草地、合成材料的地毯等新型场地。多种不同性能的场地的球速和弹跳规律不同，跑动步法和调整方式也不同，要求运动员具有广泛的适应能力，这促进了运动员的技术更加全面。

3. 攻防技战术要不断创新

在技术上，双手反拍大大加强了反拍的攻击力，攻击性上旋高球现已发展为反拍攻击性上旋高球，提高了防反能力。鱼跃截击球技术、双打中的扑抢网技术、用快速起跳高压来对付攻击性上旋高球等高难技术不断出现。发球上网战术在快速场地上的运用，推动着接发球破网技、战术的发展。双打接发球方的抢网战术不仅在男双而且在女双和混双中使用。这使各项攻防技、战术已达到空前的高水平。

4. 运动员"早熟"趋势

1985 年，17 岁的德国小将贝克尔夺得温布尔顿男子单打冠军；德国姑娘格拉芙 16 岁就跻身世界前列，1987 年积分超过老将拉芙纳蒂洛娃而成为新的

"网球女皇"；1989 年，美籍华人 16 岁小将张德培夺得法国公开赛男单冠军，震动世界网坛；接着南斯拉夫 16 岁姑娘塞莱斯脱颖而出，击败各国对手，荣获 1990 年法国公开赛冠军，1991 年又获澳大利亚公开赛和美国公开赛冠军，并蝉联法国公开赛冠军，跃居世界女子排名第一位；1997 年，17 岁的"网球天才少女"瑞士的辛吉斯，不仅登上世界女子排名第一的宝座，还一人独揽三项"大满贯"冠军。

二、网球运动的价值

网球作为一项体育运动，在表现体育功能的同时，处处显露出自身的特点。激烈的竞争性、可控的运动节奏、优雅舒展的动作，无不给参与者带来美妙的享受，网球运动具有良好的健身、健心价值。

1. 改善人体机能、提高健康水平

网球运动是一项技巧性很强的体育运动，运动强度的大小与运动双方技术水平的高低、竞技激烈程度、练习强度的大小有着密切的关系。运动者的技术水平高，双方实力相当，在比赛中经常出现多回合精彩的对攻、对拉等场面时运动强度就大。反之，在进行一般性的练习和娱乐性的网球游戏时，运动强度则小。根据有关研究表明，网球运动训练和比赛的运动负荷不同，在较低的运动负荷时心率在 130 次/分左右，而进行比赛时平均心率在 150 次/分左右，最大心率值可达 192 次/分。在运动中的心率变化比较明显，体现了网球运动间歇性强的特点。因此，打网球可以培养人们动作迅速，判断准确，反应快并能提高速度、力量、耐力、灵敏等素质，对改善人体机能有积极作用。另外，网球运动可根据练习者的要求调节运动量，具有广泛的适应性，运动量可大可小，从五六岁的儿童到七八十岁的老人都可以参加锻炼，长期进行网球运动，可使心跳强而有力，肺活量加大，耐久力提高，使人体的各个器官得到全面、适宜的锻炼，增强体质。

2. 发展灵敏、快速反应能力

网球的飞行如对方攻出快球在极短的时间就可到达本方球场，在如此短的时间里，运动员不仅要迅速、准确地判断出对方来球的落点、旋转、速度以及战术意图，而且要迅速、果断地作出动作的决策，采用相应的技术进行还击。这就要求运动员具有判断快、起动快、步法移动快、出手击球快、动作还原快以及战术决策快等专项素质，可见网球运动对发展速度、力量素质、快速反应能力及决策果断性是一项非常有利的运动，这是网球项目特点所决定的。长期从事网球运动，能使锻炼者中枢神经系统得到改善和提高，从而提高情绪的稳定性和反应速度及身体协调能力。

3. 培养过硬的心理素质和顽强的意志品质

网球运动是一项竞技性很强的运动。在紧张激烈的网球比赛中，不仅需要有较强的战术意识、清醒的头脑、敏捷的思维和较强的分析能力，包括对对方战术意图的揣摩，对各种战机的把握，对自己运用什么战术的选择等智力因素，才能在比赛中应付错综复杂的局面，灵活地运用各种战术，掌握比赛的主动权，表现出有勇有谋。由于网球比赛持续时间长，竞争越激烈，使参赛者的体力消耗巨大，这就要求参赛者必须具有顽强的意志和坚强的毅力才能克服身体上的极度疲劳，坚持最后的胜利。在紧张激烈的比赛中，参赛者的精神始终处于高度集中的状态，比分的领先与落后，主动与被动是经常交替出现的。赛场上情况复杂多变，比赛气氛紧张、激烈，神经系统能量消耗极大，这就需要参赛者具有良好的身体素质和坚强的意志品质，只有这样才可能做到在比分落后时不气馁、不慌乱，奋起直追；在比分领先时不骄傲、不轻率，把握战机；在比分相持时不手软、不犹豫，清醒果断，做到每球必争。也就是说，不因为胜利而盲目乐观，也不因为暂时的失利而丧失信心，这种意志品质有利用人们以顽强运动克服工作上的困难和问题，以及适应社会生活。因此，长期进行网球运动的锻炼，有利于意志品质的培养，使之成为意志坚强的人。

4. 开发智力

网球比赛过程形式的错综复杂，要求参赛者要善于观察对方的技术特点，分析对方的心理，揣摩对方的战术规律，根据赛场上的实际情况决定技战术对策，果断地给对方出其不意的一击。可以说双方参赛的运动员在智力上的角逐是非常激烈的，运动员动作表现也极其复杂，如运用各种假象、假动作来迷惑对手，从而做出准确的还击。当双方参赛的运动员实力较为接近时，双方的斗智就显得更为重要了。长期从事网球运动，有利于培养人们独立分析问题和解决问题的能力，使智力得到全面的开发，心理潜力得到充分的挖掘。

总的来说，网球运动可以培养运动员的品质、意志、情操、智力，对人体有着极高的锻炼价值。因此，把它作为"终身体育"教育项目，培养学生喜爱它，并作为终身锻炼的运动项目是十分必要的。随着网球运动在高校的进一步开展普及，网球运动必将成为大学生们最热爱的体育项目，网球运动必将成为高校贯彻"终身体育"教育优先选择的体育运动项目，为增强国民的体质，提高整个中华民族的素质，振奋民族精神而再创佳绩。贯穿在整个运动之中的文化气息，使网球运动以时尚、高雅运动的形象著称于体坛，也使它成为高校体育教学和终身体育教育的一个重要项目。它对发展大学生的全面素质，提高智力水平有着独特的作用，在广大青少年心目中也有着独特魅力，深受大学生们的喜爱，使很多人都选择它为终身锻炼项目，足以说明网球运动是健身、健心、使人全面发展的最佳运动的项目之一。

>>> 复习思考题

1. 简述网球的起源、现状和趋势。
2. 网球组织机构、重要赛事有哪些？
3. 简述我国网球发展概况。
4. 简述网球设备规格、运动常识。
5. 说说网球运动的价值和特点。

第二章 网球运动的理论基础

每一种运动技术项目本身都有其固有的技术动作,但是技术动作并不是一成不变的,有些技术动作是根据器械的变化而变化,有些技术动作是随身体条件和技能变化而变化。但是,无论其运动器材、身体条件及技能等如何变化,技术动作都要在符合人体运动规律(运动力学)、人体解剖学规律以及运动生理学等方面的要求,这是衡量运动技术是否合理的客观标准。另外,还有一个评定运动技术实用性的标准,那就是运动技术的实效性和经济性。所谓实效性是指完成动作时能够发挥出最大能力,产生最大作用,获得最佳效果。经济性是指完成动作时能够合理运用身体的肌肉收缩,既获得最佳效果,同时节省身体的能量。击球技术是网球运动中的主要运动技术,完成击球动作的好坏,直接影响击球的实效性。为了便于网球爱好者学习和改进网球基本技术,本书就先从网球运动基础理论入手,使读者在一定层面上了解、掌握基础理论知识,更快地学习和掌握网球基本技术,从而享受到网球运动带来的乐趣的。

第一节 网球运动的击球原理

一、击球力量

(一)击球力量的含义

击球动作是球类运动中常见的一种运动形式。比如说,排球的扣球、发球,羽毛球、高尔夫球、棒球运动中的挥拍(棒)击球动作及足球的踢球动作等,网球也不例外。这些用手或手持器械击打动作的特征,是通过击打动作对球或物体施以冲击力,使球或物体产生运动速度的过程。从这些动作系列的发力特点来看,似如鞭打力学原理。从解剖学的角度来讲,首先是力量较大的下肢或躯干部位大肌群开始发力,再依次传到末端的小肌群。在这个意义上,体育运动中的所有投掷动作都很类似。从力学角度来讲,它们大都是碰撞运动。在网球运动中,所谓击球力量大,实际上是指物理学中的动量(mV)变化大。用手或器械运动所产生的冲击力作用于球或物体一定的时间,也就是说力(F)在一定时间(t)作用于球,该球动量的变化等于冲量。因为球体本身的质量是固定的,所以,击球力量大的外在表现形式就是球向前飞行的速度快。可用下面公式表示:

$$Ft = mv - mv_0 \qquad\qquad ①$$

假设初速度为零，式①可用式②表示：

$$F = mv/t \qquad\qquad ②$$

通过式②可以知道，动量一定时，作用时间越短冲力就越大。

（二）大力量击球的作用

大力击球的作用包括以下方面：

1. 要求接球者的动作迅速，否则就会来不及调整动作；

2. 力量大的来球，对接球者球拍的作用力较大，这就增加了接球的难度；

3. 大力击球，球速较快，接球者会因看不清球而只能凭经验估计它的走向和时间，易判断失误。

（三）加大击球力量的方法

提高参与工作的肌肉力量以加大击球瞬间的挥拍速度，是增强击球力量的关键。为此，应注意以下几个方面：

1. 注意腿、腰、上臂、前臂、手腕力量的协调配合，击球瞬间应有爆发力；

2. 动作合力方向应尽量向前，避免有相反方向的分力，注意触球瞬间适当减少对球的摩擦力，应向前用鞭打力击球；

3. 掌握合理的击球时机和击球位置，以便身体各肌肉群发挥最大效用；

4. 适当加大动作半径、增加引拍距离；

5. 击球前，发力肌肉应尽量拉长且放松；

6. 遵循身体肌肉发力的正常顺序：下肢带动躯干—躯干带动上臂—上臂带动前臂—前臂带动手腕，最终把力传递到球拍，以发挥各关节点的加速作用。一次击球后，应迅速放松，注意动作还原，以便于下一拍球的发力。

二、击球弧度

（一）击球的弧线

击球的弧线是指球自被击球员的球拍击出到落在对方场区为止的飞行弧线（见图 2-1）。

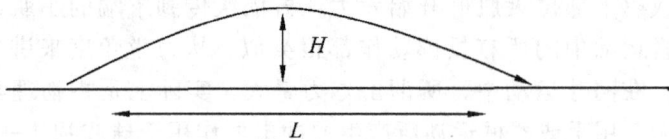

图 2-1　网球飞行弧线示意图

它包括：弧高、弧距、弯曲度和弧线方向。

弧高：弧线顶点至地面的垂直距离，可用 H 表示。

弧距：球从击球点至落地点飞行弧线在地面上投影的距离，可用 L 表示。

弯曲度：弧线弯曲的程度，它与弧高成正比，与打出距离成反比。如：一个球的弧线很高，打出距离很短，此球的弧线弯曲度就一定很大。

弧线方向：主要指击球弧线偏向左、右的方向（以击球员为准）。

（二）影响击球弧线的因素

1. 球的出手角度。指球刚被击离球拍瞬间与水平面的夹角，出手角度越大，出手弧线的高度也越大。

2. 球出手瞬间距地面的高度。指击球点距地面的高度。

3. 球出手时的初速度。球被击离球拍瞬间的飞行速度。

4. 球的旋转。旋转不仅对球的飞行弧线有影响，而且还影响球落地后的弹起弧线。上旋球可增加球飞行弧线的弯曲度，在击球实践中，起到增加弧高和弧距的作用；下旋反之。左侧旋可使球落地后向右拐；右侧旋反之。

（三）弧线的作用

1. 击球弧线是回球成功的保证

应特别重视回击不同的来球对出手弧线的不同要求。如：拉抽小斜角时，弧线的弯曲度要稍大，弧距要短；回击网前高球时，可直线高压，其弧线无须有弯曲度；回击底线球时，需有较长的弧距和适宜的弧高。

2. 运用变化的弧线，增加球的威胁性

运用变化的弧线，增加球的威胁性具体包括以下几点：

（1）不断变化弧线的高度，增加对方回球的难度。如：随球上网前削一板，回球弧线低，给对方下一拍还击增加了难度。又如：挑高球时，弧线高，可越过对方头顶至底线，迫使对方失去的封网或高压球的机会。

（2）利用左右变化的侧飞弧线使对方处于被动。

（3）前后变化弧线，给对方回球增加困难。如：在放小球时加强烈下旋的动作，使球越网后不向前跳，甚至有点后缩，对方极易判断失误。又如：在向对方底线攻球或挑高球时，有意制造上旋，使球落地后有一前冲力，对方往往因此而被动或失误。

三、击球速度

（一）概念

网球运动中击球速度是指从来球飞至球网上方开始，直到被球拍击出后，又飞越球网碰到对方场区内的障碍物为止，此过程球的平均速度就是该次击球的速度。每次击球球的总飞行时间由来球过网后的飞行时间（从来球飞至网上始，直到被球拍击中止）和球被击离球拍后的飞行时间（从球被球拍击中后始，到球飞行过网碰到障碍物止）两部分组成。因此，欲提高击球速度，则必须设法缩短这两段时间。

（二）提高击球速度的作用

在网球运动中，人的反应过程一般分为五个阶段：①感觉阶段；②判别阶段（判断区别所感知的、同时起作用的多种刺激）；③再认阶段（将当时的刺激归入已知的类别中）；④选择阶段（选择最有利的应对动作）；⑤运动阶段。运动员要判断来球的速度、力量、落点、旋转和弧线，需从对方的击球动作（包括站立、引拍和挥拍击球的动作等）和击球后球的运行弧线两方面加以分析，这必定需要一定的时间。击球速度越慢，对方准备的时间就越充分，判断来球也越容易越准确。反之，击球速度快，就给对方的判断增加了困难，往往使对方反应不及甚至出现无反应的现象。

此外，网球运动员每打完一拍球后，必须迅速回位，以便为击下拍球做好充分的准备（包括心理和肢体动作）。击球速度快，还可以使对方因没有充分的回位时间，而造成被动或击球失误。

（三）如何提高击球速度

从理论上讲，要提高击球速度，有两种途径：一是缩短来球过网后的飞行时间和球被击中后的空中飞行时间；二是缩短球飞行距离。在平时训练比赛时，应注意以下几点：

1. 站位近网，击球点适当接近球网；

2. 适当提前击球，努力做到上升期击球。减小动作幅度，引拍动作简捷，触球瞬间充分发挥小臂的爆发力，击球后迅速制动、还原；

3. 适当降低球的飞行弧高；

4. 注意腰部动作的转动，使其起到稳定动作和加快球速的作用；

5. 提高判断和反应能力，加快步法移动的速度。

四、击球旋转

（一）网球旋转的力学根据

在力学中，要使球产生旋转，必须有力距（M）。力矩等于作用到球体上的力（F）和此力到球心的垂直距离（L）的乘积，公式为 $M=FL$。从公式中看出，F 和 L 的大小影响到 M 大小，若 M 越大则该球旋转得越厉害，M 越小则球旋转减弱，若 $L=0$，作用力只通过球心，该球不产生旋转。

（二）如何加大球的旋转

从公式 $M=FL$ 看出，要加大旋转，就要增大 F 或 L，因此，加大球的旋转的方法有两种，分别为：

（1）增加作用力，即加大挥拍击球的力量。不仅应发挥腰、腿和手臂之力，还需配合手腕的力量；

（2）增加力臂 L，即用力方向适当远离球心或采用弧形挥拍路线。

第二节　网球击球动作环节

网球多种多样的击球技术中，尽管各有不同的方法要领，但在击球动作的环节上有其共性，发球、正手击球、反手击球、网前截击及高压球等击球动作都由后引球拍、向前挥拍、球拍触球和随挥球拍四个部分组成。

一、后引球拍

后引球拍是把球拍拉向身后，准备击球的动作环节。这个动作环节除握拍需用手部的肌力外，其他部位的肌肉要保持放松，特别是肩部、手臂一定要放松。在这个动作阶段要注意的是不要引拍过大，影响最佳击球时间；也不可引拍过小，击球无力。另外，从现代网球技术发展趋势来看，击球速度越来越快，后引拍的幅度大小还应根据来球速度灵活掌握，来球较快时减小引拍幅度；反之，可适当增大引拍幅度。

二、向前挥拍

向前挥拍是把引向身后的球拍，从后向前挥动去迎击来球的动作环节。这一动作阶段是决定击球速度的关键环节。整个动作的完成要遵从鞭打动作原理。首先力量大的支撑腿开始发力；其次腰部、肩部、上臂、前臂及手依次传递完成动作；最后为了克制来球的撞击力，手要用力牢牢地固定腕关节及击球的拍面。

三、球拍触球

击球的质量决定于球拍触球的一瞬间。特别对初学者来讲，如果没有能够用拍面的甜点来击球，或者击球的一瞬间球拍握得不牢，都会出现击球不稳或失误现象。

四、随挥球拍

随挥球拍动作环节是击球后顺着挥动球拍惯性随势前挥的过程，它既是整个击球技术动作结束阶段，又是击球上肢肌肉相对放松阶段及协调技术动作的阶段，也是整个动作美感的最佳体现。

第三节　网球的性能

网球是用橡胶化合物制作的，外表毛质均匀，接缝处没有缝线。所谓网球性能是指它所具有的弹性以及在外力的作用下向受力的方向飞行，并且所受的力没有通过网球的质心时，还带有旋转。因此，对于初学者来说，了解网球的性能对于提高网球技术水平非常有益。

一、旋转球的飞行性能

一般情况下，标准球的质心在网球的中心，平击球的作用力通过网球的质心，这种球理论上不会产生旋转。但实际打球是不可能绝对平击的，球或多或少地总有一定旋转，并且现代网球高水平运动员都击打旋转球。

下面我们分析一下旋转球在飞行过程中的受力状况。如图 2-2 所示，该球从飞行方向和旋转方向来看是上旋球。当球旋转飞行时，球体表面形成一个小小的空气边界层，围绕着球体转动。而且球体在空中飞行时始终要受到对向来的空气的阻力。球体旋转方向不同，所造成球体各部位所受到的阻力也不同。因此，像图 2-2 所示那样，球体上半部的转动方向与空气阻力方向相反而形成高压区，球体下半部的转动方向包括表面气体流动方向与空气阻力方向相同而产生低压区。根据流体力学的原理，高压区始终向低压区有着力的作用，使球快速下降。这个现象叫马格努斯现象。这种现象不仅仅在网球运动中常常看到，而且在其他球类当中也常能看到。比如说，乒乓球运动中的弧圈球、足球运动中的所谓弧线球等都是同样的道理。

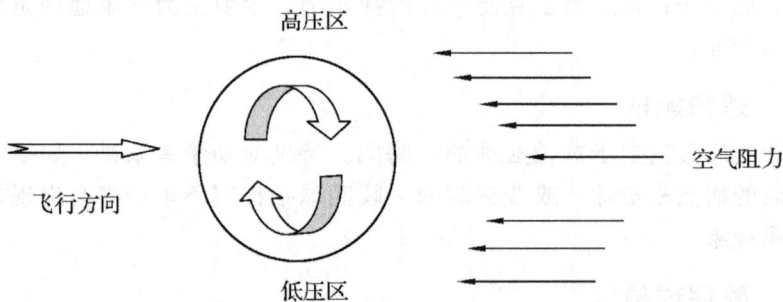

图 2-2　旋转球在空中飞行时的受力图

我们拿切削发球为例（右手持拍），发出的球受到三个力：

（1）重力，在地心引力作用下产生，它让球能够落地，而不是一直向前飞；

（2）空气阻力，它与球的前进方向相反；

（3）马格努斯力，击球点偏离了网球的重心，使其产生旋转。

飞行的网球绕着与空气阻力垂直的轴旋转，此时，运动方向与空气阻力方向相同的网球的左侧，空气流速快，空气压强小；而球的右侧，与空气阻力的方向相反，空气流速慢，空气压强大，正好与网球的左侧相反。使左右两侧形成压差。网球受到了两侧不平衡的作用力，其运动轨迹发生向左偏移，不是最初的运动方向。

二、旋转球与反弹

网球运动大部分情况是在球落地反弹后再弹向对方，所以，在了解旋转球的基础上，进一步了解旋转球与反弹关系，对正确回击对方来球是非常重要的。因为旋转球不仅在飞行过程中飞行路线会产生变化，落地后或者接触网球拍面时也会发生变化。因此，在理论上掌握旋转球与反弹关系的原理，是尽快掌握网球技术、在场地上打好网球的一个很重要的要素。

一个完美球体的弹性系数是1，与地面的摩擦系数也是1，那么它落地高度与反弹高度是同样的。如果在无旋转情况下以一定角度入射的，反射角也应该一样。但事实上网球的弹性系数不是1，与地面的摩擦系数也不是1。因此，入射角就不等于反射角。下面我们主要以上旋球和下旋球为例进行力学分析。

上旋球是绕横轴（左右轴）向前旋转的（球的上半部向前转，下半部向后转）。上旋球在飞行过程中，出于球受重力和空气阻力的影响，其飞行弧线比非转球要陡一些，就是说下落速度比非转球要快，上旋越强则越能显现出来。当球落地反弹后，球具有一定的前冲力，但球本身并没有加速，只不过是入射角和反弹角不同而造成的视觉上的差异。这是由于旋转球形成一定的角度落到地面时，球的底部旋转方向与球的运行方向是相反的，球体与地向相接触一刹那给予地面一个与运行方向相反的力，则地面同时也给予球体大小相等、方向相反的力而产生反弹角度的变化所造成的（见图2-3）。

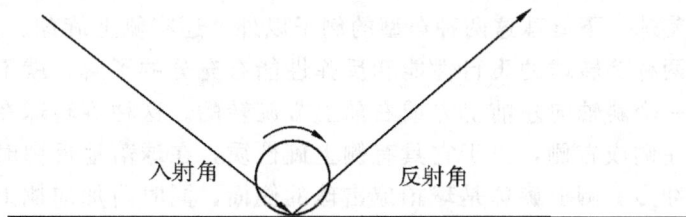

入射角　　　　　　　　反射角

图 2-3　上旋球受力分析图

由以上分析可知，上旋越强则落地反弹后的前冲力越大。当今流行的世界一流选手的正、反手拉上旋球，就是充分利用这个道理使球更具威力。

一个极强的上旋球在空中飞行时，如果下落速度很快，即使在打出较高的弧线情况下，也很少会造成出界现象，这样可以避免由于击球弧线高而球被打出界外的现象，我们常说拉上旋球能提高稳定性，拉球的安全系数高就是这个道理。并且这种球反弹角度低，再加上前冲力，对于还击来球的对方来说，具有很大的威胁性。

与上旋球正好相反，下旋球是绕横轴向后转的（球的上半部向后转，下半部向前转）。在飞行期间，由于受重力和空气阻力的影响，下旋球飞行弧线比非转球要平直一些，球下落速度比非转球要慢一些，好像球增加了一定的浮力，下旋越强则越能显现出来。当落地反弹后，球的冲力会减弱，给人一种只向上反弹不往前冲的感觉。这是由于下旋球以一定的角度落到地面时，球的底部旋转方向与球的运行方向是相同方向，球体与地面相接触一刹那给予地面一个与运行方向相同的力，而地面同时也给予球体大小相等、方向相反的力而产生反弹角度的变化所造成的（见图 2-4）。

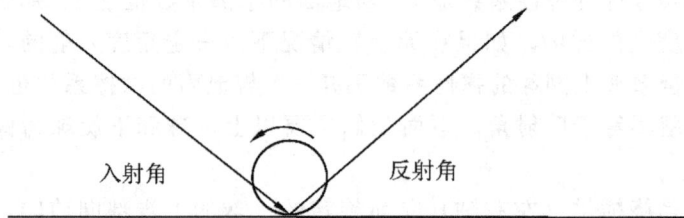

入射角　　　　　　　　　　　　反射角

图 2-4　下旋球受力分析图

这种球没有像上旋球那样具有的前冲力，飞行比较缓慢，因此，相对来讲给对方的攻击性并不是很高。但是，如果这种削击方法用得恰当，效果就会不一样。如：当对方在底线时，用削击方法打出下旋球放出轻而浅、角度大的球是颇具威力的。另外，在底线用反拍击出下旋球在防守上也有积极的作用，它能在强大压力下控制住球，并将球送至底线深处。球速减慢有时也会打乱对手击球的节奏，同时也能调节自己进攻的节奏。

除了上旋球、下旋球这两种典型的例子以外，还有侧上旋球、侧下旋球。如果对上述两种旋转球的飞行性能和反弹性能有充分的了解，就不难理解侧上旋球是绕一个斜轴向左前上方或右前上方旋转的。这种旋转球在飞行期间的弧线偏向左侧或右侧，由于它具有侧上旋性质，在球落地反弹时有略向左前或右前的冲力。侧上旋球是球拍撩击球的侧面，同时附加向侧上用力而产生的，多用于发球，这种发球可以使接球员被拉出场外造成被动状态或可直接得分。

侧下旋球是绕一个斜轴向左后下方或右后下方旋转的。飞行期间的弧线略向左侧或右侧。由于它的侧下旋性质，在球落地反弹时，有略向左上或右上反弹，球的前冲力小，速度降慢。侧下旋球是球拍擦击球的侧下部位而产生的，用于发球可提高稳定性，在网前截击球用削击打法可打出大角度球。比赛中经常变化打法，时而拉上旋，时而侧下旋球，可改变对方击球节奏，争取主动。

应当强调的是下旋球反弹的规律。上述的下旋球反弹规律只是在下旋球落地的入射角等于或大于45°时出现的现象，否则反弹角小于入射角，也就是说，下旋球落地入射角小于45°，则其反弹角也会小于入射角。这是由于入射角小于45°时，入射角的水平分力大于垂直分力，当然地面给予球的反作用力中水平分力也大于垂直分力所造成的。另外，还需要理解的是，无论打出的球开始是上旋还是下旋，其落地反弹后，均以上旋形式弹起，这是由于球与地面相接触时，球的质心的作用线方向与球支点不在一条线上所造成。

第四节　球与拍面的关系

本节所说的球与拍面关系主要包括两个方面：第一是击球部位，指拍与球接触时，球与拍面碰撞的位置；另一个是拍面角度，是指击球时拍面与地面所形成的角度。球的后半部是拍与球撞击的有效部位，我们可以把后半部的半个球体按球的部位分为上、中、下三部分。这样在后半部半个球体的表面上即可分为9个击球部位。这9个部位分别是上部分为左上、中上、右上，中部分为左中、正中、右中，下部分为左下、中下、右下。在此基础上，我们整理一下球与拍面的关系：拍面垂直，是指拍面与地面角度为90°，击球部位为中部；拍面前倾（关闭），是指拍面与地面的角度小于90°，击球部位为上部；拍面后仰（打开），是指拍面与地面的角度大于90°，击球部位为下部。初学者在练习击球时，如果有意识地注意拍与球碰撞的合理部位，对掌握好拍面角度和调整好击球方向是大有帮助的。

还有一点要注意的是，不同的击球方法要求不同的拍面角度和挥拍方向，平击球一般要求拍面垂直，并向前挥拍，上旋球要求拍面微闭，并向前上挥拍，下旋球要求调节拍面适当打开，并向前下挥拍。尽管是这样，在练习过程中拍面的调节还要根据击球时球的高度来调节。不管是打上旋球或打下旋球，对拍面的角度都不能量化，只能靠练习过程的体验来掌握自己的尺度。比如说，拍面垂直并向下挥拍，也可削出下旋球，拍面垂直并向上挥拍，也可以拉出上旋球。因此，学习网球过程中，很多实际技术、技巧都要在实际练习之中摸索和掌握，并练出适合于自己的、具有特色的击球技术。

第五节 控球能力

所谓控球能力，是指运用各种各样的击球技术按照自己预设的目标把球击到对方场地的能力。换句话说，回球过程中想把球击到哪里就能把球击到哪里的能力。初学者在基本掌握各种技术的基础上，要想进一步提高就需要掌握控球能力。优秀网球运动员都是使用控球来调动对方，争取主动的，这样才能提高得分几率。控球能力，具体地说，包含以下几个方面的能力：

一、控制力量的能力

网球运动是在球员控制下的网球与网球拍相互碰撞所进行的，属于弹性碰撞运动。碰撞时，在力的作用下球与网拍互相变形，球和拍面的变形恢复过程中，球就离拍而去，在网球拍弦拉到 55 磅以上的情况下，网球拍与网球相触时间为 0.0004 秒左右。现代网球比赛，越来越强调速度，网球的运动速度来源于击球力量的大小，而击球力量的大小主要取决于击球时挥拍加速度的大小，因此，要想加大击球力量，增加网球飞行速度，就必须要靠全身的协调配合，加大击球时的爆发力，因为力与速度是成正比的。但是网球比赛中，并不是每一拍都要发力击球，根据场上的情况，根据对方的来球速度，要做到时而发力、时而借力、时而减力击球。因此，网球飞行速度也在控制之中。

二、控制路线、角度的能力

根据网球场站位状况来考虑，击球线路可分为中路、左路及右路；根据击球点、落点及边线的关系来考虑，线路又可分为直线、斜线；角度是根据击球点、对方队员与落点关系来考虑的。这样的控制能力，从技术角度来讲是应用技术，从战术角度来讲是调动对方的能力，而且这种能力必须要通过各种各样的练习逐渐掌握。

三、控制落点的能力

想在网球比赛中争取主动，增加得分机会，必须控制自己的击球落点。网球的控球能力，主要体现在击球落点上。不管是击球力量的控制，击球线路、角度的控制都是为了击球落点。击球的落点包括发球落点、接发球落点、底线击球落点、上网截击落点、放小球落点、挑高球落点、高压球落点等。不管采用哪一种技术处理，球都涉及落点的问题。然而任何一个世界顶级的选手都不能随心所欲地控制落点，也就是说，世界顶级的运动员在实际比赛中不可能 100％ 地控制自己的击球落点，这正是网球的魅力所在。

总之，控球能力只能通过适当的练习方法和手段，并采用合适的击球技术与意识相结合的练习去掌握、体验，只有这样才能磨炼出自己独特的控球能力。

>>> 复习思考题

1. 述说网球运动的击球原理。
2. 网球击球动作有几个环节？
3. 不同拍面击球的效果有什么不同？
4. 控球能力包括哪几个方面？

第三章　网球技术基础

第一节　网球握拍法

当球触到球拍弦线时，击球者的球感是通过握拍感受到的，不同的握拍方法具有不同的击球方法。握拍时手掌边缘要与拍柄的底部齐平，勿握在拍柄的中央部位；掌心和手指应与拍柄最大面积地贴合在一起，体现出拍手一体、拍手无间隙的感觉，不能仅用手指"捏"住拍柄；拇指环过拍柄贴压于中指之上，勿留有空间，以免在击球时球拍脱手；食指略与中指分开并自然与拍柄靠在一起，如果像握拳头一样死板地将球拍抓在手里，那么握拍的灵活性及随意性就要逊色许多，不利于对球拍的控制，手也容易感觉疲劳。而正确的握拍方法会使你感到球拍是你手臂的延伸和手掌的扩大，并且保证击球的效果和质量。本节将介绍大陆式、东方式、半西方式、西方式、东方式反手和双手反手握拍法。就这些握拍方法而言，没有最好的握拍，只有最合适的握拍，这取决于击球的需要。

从球拍的底部看，球拍可分成上、下平面，左、右侧面及 4 个斜面，分别从上平面至左侧斜面用 1～8 代替，如图 3-1 所示。

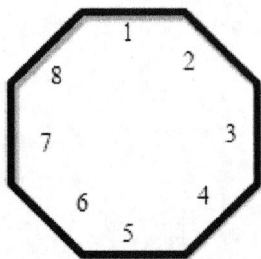

图 3-1　球拍底剖面图

一、大陆式握拍法

把食指的第一指关节放平面 2 上，左撇子在平面 8 上，大拇指和食指组成"V"字形，虎口对准拍柄上平面 1，如图 3-1 所示。大陆式握拍法适合用来击打任何类型的球，但在发球、截击球、过顶球、削球以及防守球时采用这种握拍效果更好。拍面的角度几乎与地面垂直，所以仿佛在用拍框的侧面钉钉子一样。

优势：运用大陆式握拍法可以使你在发球或打过顶球时手臂自然下压，这样不但攻击的效果最好，而且给手臂的压力也最小。由于在打正手和反手球时不需要调整握拍法，因此大陆式握拍法也是打网前截击球的最佳选择，因为采用这种握拍法可以使攻防转换十分迅速。同时，它还适合于在防守时击打已到达身体侧面、击球点较晚的球。

劣势：用大陆式握拍法很难打出带上旋的击球。这就意味着击球点必须要比球网高，由于球在这一点停留的时间非常短暂，所以留下的击球时间就很短。另外，采用这种握拍不容易处理高速的落地球。

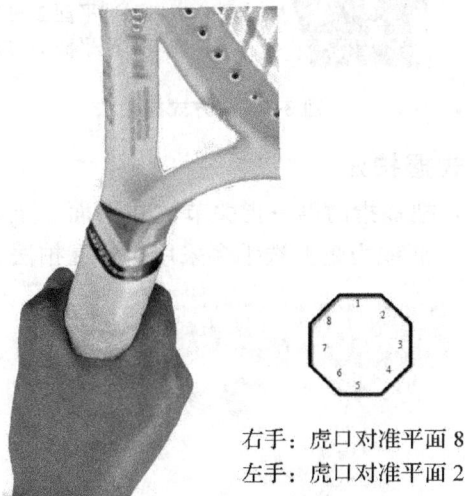

右手：虎口对准平面 8
左手：虎口对准平面 2

图 3-2　大陆式握拍法

二、东方式握拍法

把食指的第一指关节放在平面 3 上，左撇子放在平面 7 上，东方式握拍法如同我们与对方握手的姿势基本一样。

优势：东方式握拍法可以被称为"万能握拍法"。采用这种握拍法，拍面可以通过摩擦球的后部击出上旋球，也可以打出有很大力量和穿透性的平击球。同时，东方式握拍法很容易转换到其他握拍方式，因此，对那些喜欢上网的选手，东方式握拍法也是不错的选择。

劣势：与大陆式握拍法相比，尽管东方式握拍法的击球点在身体前部要更高、更远一些，但它仍不适用于打高球。虽然东方式握拍法击出的球比较有力量和穿透性，但更多的是平击球，这就导致稳定性会差一些，因此很难适应多回合的打法。因此东方式握拍法不适用那些希望打出更多上旋球的选手。

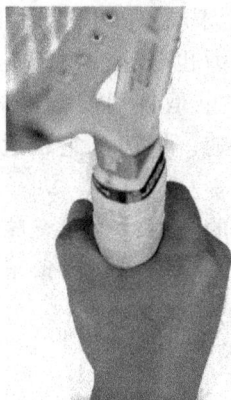

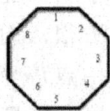

右手：虎口对准平面 2 与 3 交界处
左手：虎口对准平面 7 与 8 交界处

图 3-3 东方式握拍法

三、半西方式握拍法

如图 3-4 所示，把食指的第一指关节放在平面 2 上，左撇子在平面 3 上。在职业网球比赛中，底线力量型选手多采用这种握拍法。

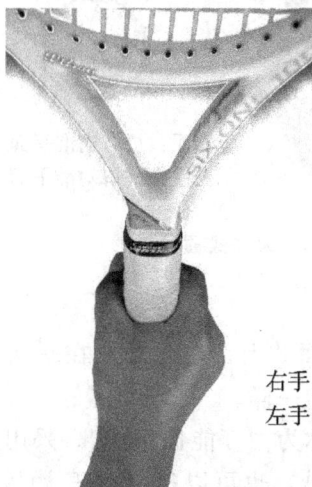

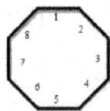

右手：虎口对准平面 3
左手：虎口对准平面 7

图 3-4 半西方式握拍法

优势：相对于东方式握拍法，这种握拍可以让选手将球打出更多上旋，使球更容易过网，也更好控制线路，因此，它很适合打上旋高球和小角度的击球。而且这种握拍还可以打出更深远的平击球。它还适合大幅度地引拍，强烈的上旋有助于把球打在场内。这种握拍在身体前部的击球点比东方式握拍法更高、更远，因此更有利于控制高球。

劣势：半西方式握拍法不适合回击低球，另外，如果从这种握拍转换到大陆式握拍法需要做很大的调整。

四、东方式反手握拍法

由大陆式握拍法开始，顺时针旋转球拍（左手持拍为逆时针）。使食指根部压在平面 1 上，便形成东方式反手握拍法（见图 3-5）。

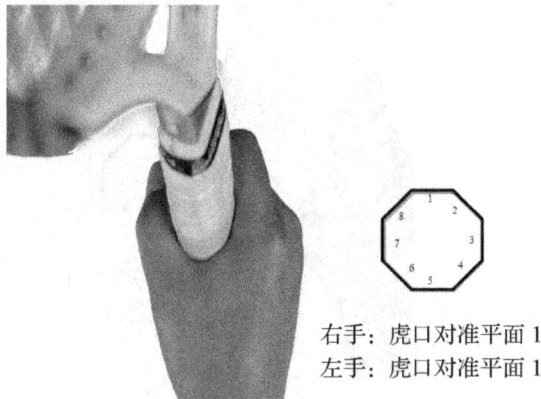

右手：虎口对准平面 1
左手：虎口对准平面 1

图 3-5　东方式反手握拍法

优点：同东方式正手握拍一样，它可以给手腕提供良好的稳定性。击出的球可以略带旋转，或直接击出很有穿透力的球。而且，采用这种握拍只要做非常小的调整就回到东方式正手握拍，使选手在削球或网前截击时都会比较放松。

缺点：尽管这种握拍法能很好地处理低球，但它不适合打高于肩部的上旋球，因为这种握拍法很难控制这样的回球，所以在多数情况下，选手只能采用防守式的削球将球回击至对手场内。

五、半西方式反手握拍法

这是西方式正手握拍选手多采用的反手握拍，可以采用大陆式握拍，并逆时针将球拍转至下一个平面。以右手为例，"虎口"在平面 7、平面 8 之间，食指根部仍处于拍柄的上端，但其他三个手指根部几乎与食指处于一条与拍柄平行的直线上（见图 3-6）。

优点：同西方式正手握拍一样，这种握拍也是很多土场选手采用的方法。采用这种握拍方法时，拍面比普通东方式反手握拍关闭得更多一些，而且击球点也在身体前更高的位置，这样有利于处理高球，而且也容易打出带上旋的回球。反手攻击能力强的选手大都采用这种握拍法。

缺点：它与西方式正手握拍有着相似的局限性，即不适合处理低球。因为它也不能很快地转换握拍法来回击网前球。采用这种握拍的选手通常喜欢打底线。

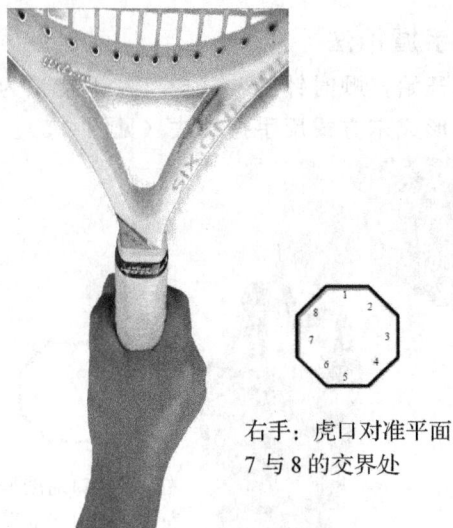

右手：虎口对准平面
7 与 8 的交界处

图 3-6 半西方式反手握拍法

六、双手反手握拍法

使拍面处于大陆式和东方式反手握拍的中间位置，然后用另一只手以东方式正手握拍法握在持拍手的前方（见图 3-7）。

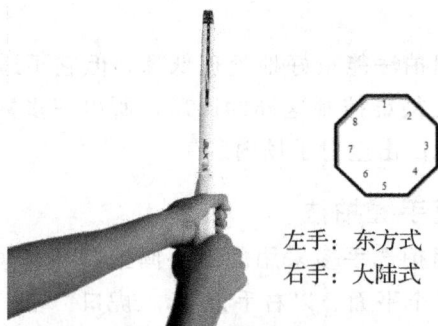

左手：东方式
右手：大陆式

图 3-7 双手反手握拍法

优点：适用于单手力量不足或双手具有良好协调性的选手。比起单手反手击球，由于双手反手借助肩部的转动和小幅度的挥拍来发力，因此反拍击球时隐蔽性比较强。而且在回球时力量很足，处理击球点较低的来球较为容易。

缺点：因为是双手握拍，这就限制了跑动，故在进行大幅度移动击球时很困难，而且不容易转身挥拍；网前截击时双手反手握拍不易控制拍面，回击直线截击较困难；不适合移动较慢的选手。

在所有握拍动作中，正手握拍灵活性最强，不同水平、不同力量、不同习惯的运动员可以根据自己情况选定某种握拍方法，在描述握拍"虎口"对准某一平面中，没有绝对对准那一平面，大致在这一范围；反手动作相对单一、固定，灵活性弱。

七、握拍方法的选择

选择什么样的握拍方法是根据选手的身体条件及技术特点来决定的。对于初学者来说，建议以握拍稍深的东方式握拍法来打正拍；至于反拍击球，无论是单手或是双手握拍，通常采用大陆式向左稍深的握拍法；而发球、截击时，选择比大陆式握拍更浅一点的握拍方法，目的是使肘关节容易向内侧旋转。

第二节　基本站位及移动步法

一、站位的种类及要求

1. 分腿垫步

分腿垫步是一种起到衔接、变速的串联步法，它能及时地调整身体状态，使你能快速地向任何方向移动。它可运用于底线击球、接发球、随击球上网、发球上网等技术中。动作要领：

（1）从准备姿势起，注意力集中在球上，观察对手动向；

（2）当对手击球瞬间，在吸气的同时，两脚分开，有弹性地踏跳、双脚落地瞬间呼气。使身体处于可向任何方向移动的状态。

2. 开放式击球站姿

特点与作用：这是西方式、半西方式正手握拍选手多采用的击球站姿，因双脚是侧向自然分开，所以当移动击球时速度更快。拉拍、挥拍时腰和肩的扭转幅度大、使得腰部的发力更为充分（图3-8）。

动作要点：双脚侧向自然分开并侧身击球，决定右脚位置的同时，必须扭转上半身使左肩朝前，同时往后拉拍。挥拍中身体重心必须从右往左移动，为此，右脚要向后蹬地，打完球后，可利用此力量回到中场。

3. 关闭式击球站姿

特点与作用：关闭式击球站姿多用于东方式、大陆式握拍的选手，因双脚是前后方式站立，以左肩朝前的姿势

图3-8　开放式站位

往前挥拍，所以，挥拍送球时间较长，击出的球较深。此种站姿对于初学者侧身拉拍的习惯动作养成有很大帮助（图3-9）。

动作要点：左脚向右前方上步，右脚向右转90°与底线平行，同时转肩转髋带动右手向后摆动引拍。侧向跨出的同时，拉开球拍，以左肩膀朝前的姿势往前挥拍，挥拍时身体重心必须是从右脚向左脚移动，腰和肩的扭转越大，越能获得力量和速度。

图3-9 关闭式站位

二、移动步法

1. 调整步

调整步也可称为定向步，当身体位置需要进行微调时可采用这种步法定位，以确保站在最合适的位置上击球。

2. 冲刺步

冲刺步是一脚先用力向移动的反方向做一小跨步，然后利用蹬地的爆发力，跨出两步多远的距离。这是效率非常高的移动步法，向前移动和向侧移动时多采用此方法。

3. 小跳步

小跳步是由准备姿势双脚在原地离地的一个小跳步。双脚离地时，其间距与肩宽。小跳步是形成快速起动和保持身体平衡的关键。运用时掌握好时机是个关键。要准确判断来球的方向，并且决定哪一只脚先落地，以便迅速起动，使身体移向正确的方向。可以左脚先着地，也可以右脚先着地。

4. 滑步、交叉步、侧移步

（1）滑步：常用于前后移动距离不太远的正反手击球。需要注意的是滑步的同时应提前引拍，最好做到保持向后引拍的姿势移动。运用中具体的步法要点是：当向前移动时，蹬出右脚的同时向前跨出左脚，连续向前即形成前滑步步法；当向后移动时，蹬出左脚的同时向后迈出右脚，连续形成后滑步步法。这种步法虽然也用于侧向的移动，但是多用于短距离移动，只适合在移动几步即可击到球的范围内使用。

（2）交叉步：主要用于向外侧移动，需要跑动击正手球和高压球时常常采用这种步法，而向后移动时采用侧身交叉步移动也特别重要。左右交叉步法常用在还击两侧边线附近的来球：向右移动时，向右转体，左脚先向右前方跨出，交叉于右脚外侧前方，再跨出右脚，继续跨出左脚于右脚外侧，反复向右交叉移动。向左移动的方法与向右移动的方法相反。后交叉与左右交叉步动作相似，只是首先移动后脚做后撤步交叉，多用于向外侧和向后移动。

打削球时使用这种移动方法比较多见。

（3）侧移步：两侧移动步法多用于回击对方的扣杀球和半场低平球。其移动前的准备姿势及站位基本同上网步法。

向右移动步法：判断准来球后，上体稍倾向左侧，用左脚掌内侧用力蹬地，同时右脚向右侧跨大步，髋关节随之右转，上体稍倾倒向右侧，重心在右脚上。若距来球较近，可采用上述动作；若距来球较远，则需左脚先向右脚垫一小步再起蹬，同时右脚向右侧跨大步。

向左移动步法：判断准来球后，上体稍倾向右侧，用右脚掌内侧用力蹬地，左脚随髋关节的转动同时向左侧跨大步。若来球较远，左脚先向左侧移一小步，紧接着右脚往左侧方向起蹬并转身，向左跨大步。

第三节　击球过程的基本环节

一、判断

判断来球是决定脚步移动的方向和还击方法的依据，它包含判断来球的路线和旋转性质、旋转强弱、速度快慢以及落点的远近等。

1. 判断来球的路线

根据对方击球时的动作及方法来判断来球的路线。例如：对方移动到球场的右下角，通过他所采用的击球方法、挥拍动作以及球场的角度原理（死角原理），就能判断出来球的路线80%是斜线球。还可以通过对方的侧身情况判断出直线或斜线球。

2. 判断来球的旋转性质

球的旋转来自于拍面与球的摩擦。根据对方击球时的挥拍动作及擅长的打法就可以判断出球落地后的走势。例如：击球时挥拍动作向前较多，击出的球多为平击球，这种球落地后速度快，向前冲击比较大；挥拍动作向上较多，击出的球多为上旋球。落地后向前向上反弹较大，下旋球击出时看似速度很慢，但球落地后反弹很小，球会出现向下坠落的现象。

3. 判断来球的速度快慢及落点的远近

可以根据对方挥拍击球时动作幅度的大小和挥拍速度的快慢来判断球的速度、力量及落点。通常对方挥拍击球的动作幅度越大，挥拍速度越快，击出的球力量越大且速度越快，反之则击球的力量小且速度慢。这时可以根据对方击球时的出球情况来判断球的旋转强度，根据球的飞行弧线来判断球的落点是深是浅，来球飞行弧度较高则落点就深，反之落点就浅。判断来球时要特别注意观察对方击球时的动作，同时应把己方的回球速度、落点及旋转等情况给对方造成的影响考虑进去，才能正确地判断。

总之，判断一是要靠观察对方的击球动作；二是要根据对方站位情况，而判断的准确性更是要通过长期的训练才能得到提高。

二、移动

如其他运动项目一样，步法在网球运动中同样起着至关重要的作用，也是成为一名优秀选手不可缺少的重要因素。尤其在单打比赛中，要在场地上来回奔跑并完成各种击球动作，如果不具备快速而准确的步法，就会顾此失彼，疲于奔命。

步法不仅是体现在跑动中，在非跑动的击球中同样需要准确无误的步法，如网前截击除了借助于来球的力量之外，在很大程度上是通过步法的调整来实现身体重心的移动，从而达到对球的控制。如果站在网前只是利用上身动作来完成截击，无论是从球的力量上还是落点上都不能达到最佳的效果。另外，对网前小球以及高压球的处理也都需要在碎步调整的步法基础上完成。

移动是为了在正确的击球点上击球，只有移动到位才能有效地把球击出。由于现代网球的速度越来越快，球路多变，因而在完成移动选位时反应要快，对来球的判断要早，起动要及时，确定还击方法要果断，步法和手法配合要协调。在平时训练中不仅要努力提高起动的速度和移动的能力，而且更要重视提高反应速度，并能协调地把步法和击球手法紧密结合起来。

在击球过程中，移动的快慢在某种意义上起到决定性的作用。移动速度比较快，就能迅速抢占击球的有利位置，从而提高回球的命中率和击球的质量，反之则会降低击球的命中率和回球的质量。尤其是对初学网球者来说，要特别注意加强移动能力的培养和训练。一般的移动步法是开始时为小碎步，中间为大步，当接近来球时又改为小碎步。在确定支撑脚的位置后，另一脚跨出击球，其中支撑脚的移动是关键。

三、击球

在网球场上，任何击球动作都由准备、后摆引拍、前挥击球及随挥这几个环节组成，每个环节完成得越到位，环节间衔接得越连贯、周密，击球的效果也就越好。在向前挥拍时，手腕要固定以保持拍面稳定，但在击球前握拍要放松，在击球的一瞬间再用力握紧。在这一环节中，合理的击球点、挥拍击球的方向和击球的部位是关键。

四、回位

每次击球后都必须快速回位，及时地回位并恢复到基本站姿和基本位置，做好再次击球的准备，这是连续击球的重要保证。无论你跑到球场的任何一个位置，都应做到快速回位，同时注意击球后的放松和还原动作的简捷实用。这里所说的回位是指球场内一个基本的范围，而不是固定的一点，在训练和比赛中双方的击球位置和战术应用是在不断发生变化的，因而基本的站位也绝不是一成不变的，在教学和训练中应正确地理解和灵活地运用。

>>> 复习思考题

1. 有几种握拍方法，各有什么优劣？
2. 简述网球动作的站位及移动步法。
3. 简述网球击球动作各环节要点。

第四章　网球击球技术

网球技术是指在网球规则允许的条件下，运动员采用的各种合理的击球动作和为完成击球动作所必不可少的其他配合动作的总称。合理的击球动作指各种直接触球的动作，如发球、接发球、挑高球、高压球和截击球等技术，这些又称为有球技术。而各种准备姿势、移动、跑动和握拍方法等没有直接触及球的配合动作，称为无球技术。网球技术主要由手法和步法两部分组成，手法是指击球时手部对于球拍和球的控制所需要的动作方法；步法是指快速灵活的脚步移动、助跑和起跳的动作方法。快速灵活的步法是保持好人与球合理位置关系的前提，同时为手法的运用创造良好条件，而手法的准确熟练，也可弥补步法的不足，减少失误。网球技术动作多种多样，每一项技术动作都有不同的动作结构和不同的动作方法，凡属于合理的击球动作，首先要符合网球规则的要求，符合人体解剖学和生物力学的原理，同时要结合个人特点，完成动作时要做到协调、轻松、正确、省力，能够充分利用时间和空间变化发挥人的体能和技能。

网球技术种类众多，每一项技术都是根据击球的需要而被使用，对于高水平网球运动员来说，全面而熟练地掌握各项技术，对提升运动竞技水平至关重要，只有全面掌握各项技术，才能自如驾驭比赛。无球技术前面章节已做介绍，本章主要介绍有球技术，对于爱好者和参与网球的初学者而言，可从这些网球主要技术入手，逐一有目的地进行学习和练习，并在实践中不断使用。

第一节　发球技术

在现代网球运动中、发球技术是非常重要的，是网球比赛基本技术之一，是唯一由自己掌握不受对方制约的技术，在较大的程度上能够发挥出个人的特点，用以控制对方，为自己的进攻创造有利条件。相对于底线击落地球而言，发球对大部分网球初学者来说是一项比较难掌握的技术，因为发球时动员的身体部位较多，需要肌肉的协调程度较高，击球落地区域小。高水平比赛中，球员保住自己的发球局是赢取胜利的关键和基础。为此，要求运动员必须比较全面地掌握各种发球技术，以利于在比赛中争取主动。

发球是指队员在发球区内用球拍将自己抛起的球直接击入对方场地的接

发球区域内的技术动作。发球技术基本部分主要由站位、抛球、挥拍击球和随挥动作组成。

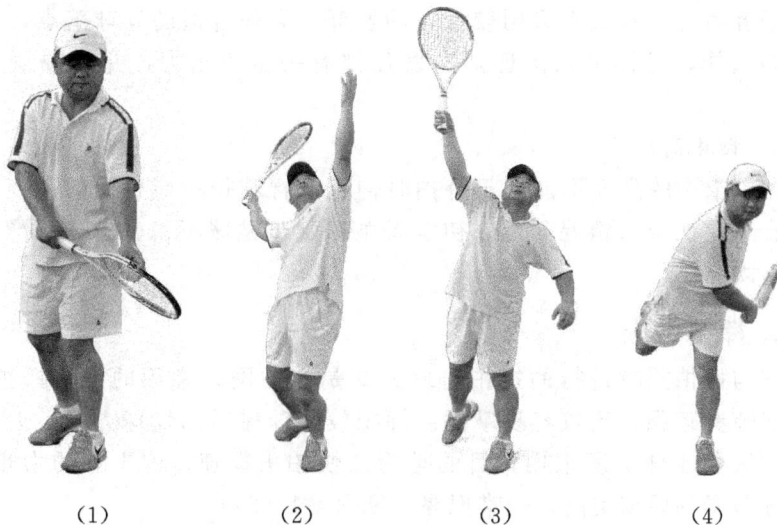

(1)   (2)   (3)   (4)

图 4-1   发球技术图解

一、发球站位与抛球

　　发球的站位要求在端线后，中点与边线之间的位置，身体自然、舒适、放松地站好，两脚分开与肩同宽，前脚与端线成 45°，重心放在后脚上，后脚与端线平行，左肩侧对着球网，前脚距离端线 7～10 厘米。发球的握拍方法是采用大陆式握拍法或东方式反手握拍法（见图 4-1（1））。

　　发球的关键是抛球，它是一个"释放"动作，只有掌握好手臂的惯性，使球平稳、缓和地离开手指，才能获得最佳的抛球效果。要避免用手臂手腕的突然动作，而要用稳定的均匀的力量和动作将球抛出（见图 4-1（2））。

　　（一）抛球方法

　　在准备动作的基础上，持球手的肘部渐渐伸直并向下靠近持球手同侧的大腿，然后从腿侧自下而上将球抛起。在整个动作过程中，手臂保持伸直状态，其走势与地面垂直，掌心向上，以拇指、食指、中指三指将球平稳托起。尽量避免勾指、甩手腕等手部小动作，以免影响球的平稳定势，球在空中的旋转越少越好。球脱手的最佳点在手掌走势的最高点，脱手过早或过晚都不利于对球的控制，脱手时托球的三手指已最大限度地展开，球不是被"扔"到空中而是像被电梯"送"到空中去，初学者应对此多做体验。

　　（二）球脱手后在空中的位置

　　一般来说，第一发球强调出球的速度与攻击力，击球点较靠前，因此球也抛得较靠前。第二发球较为保守，在保证成功率的前提下强调球的旋转和控制球的落点，击球点也就相应后移，球自然要抛得靠后一些。对于大部分网球爱好者而言，两次都采用较保守的发球，寻找合适的发球落点，也是一种很好的选择，这样可以保证两次发球都有一定攻击力，并能减少发球的"双误"。

（三）抛球高度

球抛到空中的高度不能低于持拍时伸直手臂球拍所能触及的高度，究竟多高才合适要视个人情况而定。初学者抛球由于抛球不稳、击球不准，因此抛球不易太高。

二、挥拍击球

抛球与挥拍同时进行的挥拍击球方式是当前网坛常用的发球挥拍方式，这种方式节奏感强，比较容易掌握。挥拍较抛球滞后的发球方式，近年来也被许多顶级职业球员所采用，目的是为加快拍头挥速，让击球的力量更大，但对击球节奏的要求更高，较难把握（见图 4-1 (3)）。

一般来说，挥拍击球的环节包括以下几个部分。

（一）引拍

对于引拍方式，目前网坛存在三种，一是传统的后引拍，即以准备姿势为基础向持拍手一侧转身，同时持拍手引导球拍贴近身体像钟摆一样将球拍摆至体后来完成引拍动作；二是侧引拍，即以准备姿势为基础向持拍手一侧转身，同时持拍手引导球拍摆向持拍手一侧来完成引拍动作；三是前引拍，即以准备姿势为基础向持拍手一侧转身，同时持拍手引导球拍直接向上摆至肩上方完成引拍动作。三种引拍方式各有其利，后侧引拍整个过程流畅，重心有前后移动利于力量发挥；前引拍重心靠前，击球点前移，更能提高发球稳定性。

（二）背弓动作

球拍摆至一定高度后（此高度因各人习惯而异，至少上臂不应紧夹在体侧），以肘为轴，小臂、手、拍头依次向体后、背部下吊，同时屈双膝并伴随身体后展呈"弓"状。

（三）搔背动作

经过背弓动作后，紧接着进行挥拍击球时，肘部有一个引导小臂以肘部为轴带动小臂、拍头挥向击球点的过程。这一过程好像在用拍头给后背搔痒，故被称为"搔背动作"。其目的是为了持拍手能有一个足够的获得摆动速度的过程，是为了击球一瞬间充分把力量爆发出来。搔背动作完成得是否到位，关键要看搔背时肩、肘、腕是否得到了充分的放松，如果在手臂十分僵硬的情况下完成此动作，那么到达击球点时一定会感到整个身体的弹性系统都已被破坏，难易发力。

（四）挥拍击球

在屈膝、反弓动作的基础上自下而上依次蹬直膝部、反弹背弓，并向前向上伸展，与此同时仍以肘为轴带动手、拍头鞭打击球。发力是自下而上一气呵成的，以前臂带动手腕有一个旋内的"鞭打"动作，这是发球发力的关键所在，也是重心前移、蹬地、转体挥拍等力量聚集的总和。球拍走势最快、最具爆发力的一点应在到达击球点那一瞬间，在击球点时身体已全部面向击球方向。

在击球时击球点是值得重视的，球员持拍在空中所能争取到的最高点就是击球点。这时屈膝、背弓积蓄力量及蹬地发力是一个比较连贯的动作，因为根据第一发球和第二发球的不同需要，击球点是有相应变动的，但力争高点击球却是在选择击球点时最基本的原则。有了高点，不仅动作可以舒展地做出来，更重要的是在控制球路和球的落点以及力量上获得优势。

三、随挥

击中球时虽然挥拍击球动作已告完成，但整个发球过程却仍在继续。到达击球点后球员应顺着身体及挥拍的惯性做收腹、转肩和收拍的动作，最终拍子由大臂带动收向非持拍手的体侧，身体跳入场内，缓冲引发球起跳产生的惯性，结束发球动作（见图 4-1（4））。

四、常见的发球方法

按照发球动作结构大体可将发球分为以下几种：上手平击发球、上手上旋发球、上手侧旋发球、下手发球。

（一）上手平击发球

1. 技术特点

平击发球在诸发球方法中是球速最快的发球法，被称为"炮弹式"发球，它是指以平行于球网的拍面击球的后中上部，使球平直飞行的发球方法。平击发球以"大陆式"握拍法为主，发球球速快、力量大，而且常常贴着网上沿进入发球区。因此，发球的失误率也较高，常用于第一发球。如果身材高大就可以借助高点击球的空中优势直接进攻对方；如身材较矮小就不宜使用平击发球。在网球运动中，绝对的平击发球是不存在的。所谓的平击发球，是指只带有少许旋转的发球，球的飞行路线近似直线，落地后向前冲。这种发球击球点相对旋转发球较高、较靠前。

2. 技术要领

（1）抛球点应在身体的前上方，高度在身体向上伸展的最高点或更高。

（2）引拍结束时扭紧身体，全身呈较明显的背弓状。

（3）尽量在最高点击球，触球时以拍面中心平直对准球，击球的后中上部，拍面与击球方向垂直。

（4）击球时前臂有的"旋内鞭打"动作。

（二）上手上旋发球

1. 技术特点

它是以上旋为主，侧旋为辅的发球方法。由于球的上旋成分多于切削发球，使球产生一个明显的弧形飞行轨迹，发力越强。旋转成分越多，弧形就越大，命中率也越高，常用于第二发球。上旋发球反弹高，可迫使对方离位接球，给对方造成很大压力，同时为发球上网带来足够的时间。

2. 技术要领

（1）发上旋球时把球抛到头后偏左的位置，击球时身体尽量后仰呈弓形，利用杠杆力量对球施加旋转。

（2）拍面的触球点在球的中部偏左下方，并向球的右上方擦击球的背面，恰似钟表的七点钟向一点钟做包裹性的擦击，使球产生强烈的上旋。

（3）击球点较平击发球和切削发球稍低，手腕的扣击动作明显大于切削发球和平击发球。

（4）敢于发力，充分完成技术动作，拍头速度不减。

（三）上手侧旋发球

1. 技术特点

侧旋发球也称切削发球是一种向右侧旋转（略带上旋）为主的发球方法。由于球落地后向外侧弹跳可以把对手拉出场外，尤其在右区外角发球时常被采用。该发球球速较快，准确率和成功率也很高。

2. 技术要领

（1）发球时把球抛到右侧斜上方，高度比平击发球的位置偏低。

（2）球拍快速从右侧中上方至左下方挥动，击球部位在球的中部偏右侧使球产生右侧旋转。

（3）要有扣腕动作，随挥要充分。

（四）下手发球

下手发球也许很难列入正式发球技术中，但对于一般网球爱好者来说可能也是一门有用的技术，如用于确保二发成功或用于"偷袭"，给人造成出其不意。你可以把球发到发球区里的任何一个位置（特别是对手弱的一边），并根据对手站位发出上旋、下旋或侧旋的球。

下手发球可采用大陆式、东方式、半西方式等握拍方法。发球时身体侧对发球方向，两脚的连线对着发球区，重心在两腿之间，膝盖弯曲。左手持球，手臂伸直，并将球置于左脚尖的前方；右手持拍，自然向后引。然后左手将球稍向上抛，眼睛盯住球，右腿蹬地转腰后带动手臂向前挥动，拍头击球前要低于球，击球时拍面稍稍打开。击球手臂和球拍应尽可能长地向前上方随挥。

五、发球练习方法

（一）徒手挥拍模仿练习

目的：建立动作概念，了解动作过程。

方法：根据技术动作的要领，将动作分解为抛球、引拍、击球、随挥等环节，反复练习，熟悉动作过程和动作要领。徒手挥拍练习最好对着镜子做，可以看到自己的动作，练习的效果会更好。

要点：熟悉动作过程，掌握动作节奏点，动作由慢到快。

（二）抛球练习

目的：提高抛球稳定性。

方法：双脚前后站立，侧身对墙壁或挡网，抛球手臂沿着墙壁由低向高抬起进行抛球练习，使抛出的球沿墙壁或挡网垂直上下。

要点：手臂伸直并保持平稳向上抬，想象自己的手掌像电梯托送到空中。将球放在指根部位，球出手时掌心向上顶。

（三）对墙发球练习

目的：提高发球的稳定性。

方法：在墙上画一条与网齐高的线，发球时瞄准墙上的线。开始可靠墙近些，待动作熟练性、准确性提高后，逐步拉开与墙的距离。

要点：保持侧身对墙站立，抛球与挥拍动作要协调，击球瞬间身体充分伸展，球拍面对准所要发球的方向。

（四）跪式发球

目的：体会球拍向上挥击球的感觉。

方法：先在发球线后，前腿膝关节弯曲，后腿屈膝跪地，球拍直接置于肩上进行发球。然后逐步退到底线采用相同的动作练习。

要点：击球时，球拍要做出向上挥摆的动作，身体不需要做出转体的动作，体会手臂由屈到伸击球的感觉。

（五）场上不同站位发球练习

目的：了解场上发球感觉，掌握场上发球基本技术。

方法：练习时，首先站在发球线后，球拍直接置于右肩上，将球发向对方发球区。然后退至发球线与底线之间的区域，运用完整动作发球，体会球拍向前、向下击球的感觉。最后退至底线发球位置，体会球拍向上、向前、向下挥拍的感觉。

要点：根据不同的距离，调整发球的力量及拍面角度，控制好发球的力量。

（六）控制发球落点练习

目的：提高发球的变化能力。

方法：将标志放在发球区内角、外角、中间三个点位置，按照标志点进行发球，提高发球的变化能力。

要点：主要从转体的程度上进行调整发球的落点，外角发球转体的幅度相对大一些，并且还要注意拍面的控制。应尽量做到相同的站位发出不同落点的球，采用不同形式的发球发出相同落点的球。

六、发球常见错误与纠正

错误1：抛球不稳定，抖腕发球，影响击球的准确性。

纠正：可能没有直臂向上送球，过多使用手腕和手指的力量，要把自己的手掌想象成一部电梯，平稳将球向上托起。同时学会利用腿的蹬地力量帮助手臂向上抛球。

错误2：击球点过低。

纠正：练习者反复击打高点的固定目标，体会击球时伸展身体的本体感觉。

错误3：击球点靠后。

纠正：明确正确的击球点，切削发球和平击发球的击球点是在左肩前上方稍靠右一侧，发上旋球的击球点可以在头顶靠后的位置。抛球要稳定，多进行抛球稳定性练习。

错误4：击不准球。

纠正：从抛球开始，双眼要始终盯住球，球拍击球时头部抬起看到球拍触球的瞬间，随挥动作时保持头部直立，双眼平视前方。

错误5：左右手配合不协调。

纠正：在无球状态下放松地进行抛球、引拍、挥拍的组合练习，使抛球挥拍动作协调地连贯起来。抛球的高度应尽可能稳定，尽量不要打乱抛球、挥拍、击球的节奏。

错误6：发球无力

纠正：做"搔背动作"时，使持拍手的肘关节尽量弯曲，关节底部指向天空。挥拍动作要充分。徒手多做蹬腿、转腰、收腹、挥臂的鞭打动作。

第二节　接发球技术

接发球技术是指还击对方发球的技术。接发球水平的高低直接影响比赛的得失，并和比赛的持续性密切相关。因此，接发球是网球运动中一项重要的基本技术。接发球时需要反应的时间很短，相对准备的时间就不充裕，这就要求接发球应尽量做到提早判断预测。接一发时尽可能将球打回对方场地，减少失误，接二发时要力求抓住机会主动展开进攻。

一、接发球基本技术环节

（一）握拍

持拍手采用正手握拍方式，非持拍手自然握住拍颈，握拍要放松，引拍和前挥也要保持放松，但从拍接触球的一刹那，要紧紧握住球拍，特别是拇指、无名指和中指要用力抓紧，手腕固定以保证拍面稳定，即使不能有力还击对手凶猛来球，也可用牢固的拍面顶住来球，或者以合适的角度控制还击方向。

（二）站位与准备姿势

一般站在端线与单打边线的交叉处，与发球员的站位连成一条直线，随着发球员位置的变化相应移动。接一发时位置稍远离端线，接二发则可适当靠近端线或进入场内。

发球准备姿势同正手击落地球动作。待发球员准备发球时，要注意观察对手的发球站位，提早判断和预测对手的发球方式。从对方开始抛球，眼睛要盯紧球，同时双脚稍微跳离地面，落地时双脚与肩同宽，双腿弯曲，双脚尖朝向准备接球的方向。身体重心前倾，积极做出击球准备。

（三）击球

判断来球，迅速向预测击球点移动，双肩与身体重心同时移动，并向击球方向踏出异侧步，转肩完成引拍过程，引拍幅度根据来球的速度调整，发球越快，引拍和击球动作就越短促。向前挥击时尽量使拍子运行轨迹由高处向下再向上，但上、下幅度要小。击球时动作与正常击球基本相同，只是没有明显的后引，特别是面对大力和速度快的球，可用切或挡击球，击球瞬间握紧球拍，手腕保持固定，主动前迎顶住来球，减少挥拍幅度。面对较弱的发球，应抓住机会，迅速移动身体，采用攻击性强的抽击球，以先发制人。

对于人多数网球爱好者来说，对方的发球并不会像职业比赛中那样难以对付。当你在准备接发球时，首先确定自己是想要进攻还是防守，然后，相据正拍球和反拍球的不同，分别选择回发球的线路。

二、接发球练习方法

（一）接近网慢速发球练习

目的：体会简捷引拍动作，提高不同落点接发球能力。

方法：发球者在发球线与发球区中线交界处中等力量发球，可有针对性地发内角、中路和外角球，接发球队员在判断对方发球后，迅速做出反应，主动迎击，以小幅度的引拍动作将发球回击过去。可固定回去路线，如直线、小斜线和中路等。

要点：当发球者向上抛球时，要向前跨一步，随之做分腿垫步动作，身体重心落在前脚掌，以便于启动和主动回球。

（二）接底线发球练习

目的：建立基本接发球意识，体会完整接发球技术的运用。

方法：基本同上一练习，只是发球者站在底线发球区域。

要点：当来球较快时，主要以挡击的方式回球，但必须有一定的向前推送动作。

（三）接二发练习

目的：抓住对方二发机会，争取主动或直接得分。

方法：发球者用二发方法发球，当发来的球较慢时，接发球者应抓住机会打出直线或斜线球，一拍可致对方于被动。

要点：接二发时要有向前迎击动作，可以做一个充分的引拍和转体，将球有力击到想要打的区域。

（四）接近网快速发球练习

目的：提高正式接发球的反应能力。

方法：发球者在发球中线与单打边线之间区域发球，用较大的力量发球，可有针对性地发内角、中路和外角球，接发球队员在判断对方发球后，迅速做出反应，主动迎击，以小幅度的后引拍动作将发球回击过去。

要点：快速起动，球拍对着对方场地，主要以挡击完成。

三、接发球易犯错误

错误1：反应慢，缺乏主动判断向前迎球意识。

纠正：集中注意力，看到发球方将球抛起时向上做分腿垫步动作接着向前一步主动去迎击球。

错误2：准备时间不充分，造成接发球没有目标。

纠正：事先考虑对付对方各种发球的对策，再站在接发球的位置上，一旦对手发出球来，就可以按照预想计划果断出手。

错误 3：引拍动作过大，错失击球最佳时机。

纠正：提高对球落地反弹后运行轨迹的判断能力。

错误 4：无法控制落点，回击失误。

纠正：改变脚步动作僵硬，无法进行快速调整的状况，击球时紧握球拍，并使拍面对着对方场内区域。

第三节　击落地球技术

一、正手击落地球技术

正手击落地球技术，简称正手击球技术，是指在握拍手同侧的地方对落地球的打法。正手击球技术的特点是动作舒展，击球有力，速度快，控球好，容易学习。据统计，一场比赛正手击球的使用率可以达到 70％以上。正手击球对于初学者来讲，能较快地建立起球感，熟悉网球运动击球的特点。所以，它是网球基本技术中运用最多、进攻性较强、动作容易理解的一项技术，是最常用的击球方法，也是初学者最先学习的技术。在实战中正手击球的机会运用较多，能掌握良好的正手击球技术，有利于占据赛场的优势，所以网球运动员在比赛中，都力求获得正手击球的机会。下面以右手做持拍手为例，对正手击球做详细介绍。

（一）正手击球基本技术环节

正手击球技术由准备姿势、转体引拍、挥拍击球和随挥动作 4 个基本环节组成。

1. 准备姿势

面对球网，双脚向前自然分开与肩同宽，双膝微屈，身体略向前倾，重心在双脚的前脚掌上，右手以正手握拍法放松握拍，左手轻托拍颈，双肘微屈，球拍舒适地放在身前，拍头稍高于拍柄并指向前方，两眼注视对方来球，做好击球准备。初学者要注意左手的作用，左手要扶住拍颈或用双手握拍法握拍，这样既可减轻右手的负担，还可以帮助右手快速变换握拍方法及做出向后转体引拍动作（见图 4-2）。

2. 转体引拍

当判断来球需用正手回击时，应该及时转肩转动右手向后摆动引拍动作，同时右脚尖向外侧转，重心落在右腿上。双脚可采用"关闭式"、"开放式"或"半开放式"步法。此时

图 4-2　正手准备姿势

头部应保持固定，面朝前眼睛盯住来球。引拍采用弧线形或直线后摆将球拍拉向身后，手臂保持放松，肘关节弯曲、自然下垂，拍头略高于手腕，球拍引至拍头指向身后挡网。与此同时，左手向前伸出，以保持身体的平衡。初学者特别要注意做转体转肩的动作，保证引拍充分，避免只用手臂去打球（见图 4-3）。

3. 挥拍击球

后摆结束准备向前击球时，球拍要徐徐下降，大部分挥拍是自下而上的挥动，以保持流畅的挥摆轨迹，且使球稍带上旋。击球时，应蹬地发力并向左转动身体，以左侧身体为轴，重心由后腿过渡到前腿，借助

图 4-3　正手接球转体引拍

髋和腰的扭转，上臂带动前臂沿着来球的轨迹向前挥拍击球，此时应握紧球拍，肘关节微屈，击球点一般在身体的右前方，尽量保持在腰部高度击球，击球高度可通过屈膝、调整身体重心高度来调节。球拍触球时手腕固定，球拍面与地面垂直，身体保持侧对球网，眼睛注视击球点，保证击球的准确（见图 4-4）。

对于初学者而言，能控制拍面，使拍面能对着击球方向最为重要，因为触球瞬间拍面所对的方向也就是球的飞行方向。由于拍面触球时方向的不同，导致击球落点的大相径庭。良好的击球一定是拍面对着击球方向，并要保持拍面角度的不变和稳定向前上方送。

图 4-4　正手挥拍击球

4. 随挥动作

击球后，球拍沿着球飞行的方向继续向前上方挥动，随惯性挥至左肩上方，重心前移落在左脚，身体也随着转向球网，肘关节向前。随挥结束，立

即恢复成准备姿势，准备下一次击球。初学者应注意，随挥动作是击球动作的有机组成部分，能使击球动作变得流畅、协调和舒展，更能保证击球的力量和控制球的飞行弧线和落点（见图4-5）。

（二）正手击球种类

网球正手击球从球的旋转性能分类，主要有平击球、上旋球、下旋球等不同旋转的打法。网球来球的方向、力量、旋转速度与方向，击球时的挥拍路线，触球时的拍面角度等因素影响着击球后球的旋转方向和飞行轨迹。不同的击球方法会导致不同的飞行轨迹和反弹效果（见图4-6）。可以根据场上情况，自如运用各种击球方法，掌握比赛的主动权。

图 4-5　正手随挥动作

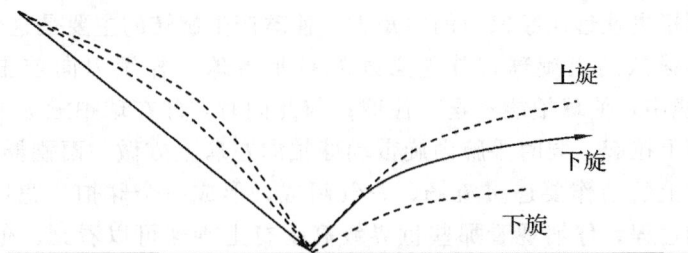

图 4-6　不同旋转方式的球在空中飞行及落地后弹跳弧线图示

1. 正手上旋球

（1）技术特点

上旋球的特点是飞行路线呈向上弧线而后迅速下降，落地后向高远反弹，前冲力较大。上旋球的形成是由于球拍向上摩擦整个球体，使球产生上旋。由于球旋转速度快，球运行的弧线轨迹明显，俗称"弯月球"。这种打法是在击球时，加大向上提拉挥动的幅度，使球产生较为急剧的上旋。打上旋球最大的好处是便于加力控制，是正手击球中既能发力，又能减少失误的击球方法，因此，正手上旋球是目前网球选手们普遍使用的击球方法。上旋球还是破坏对方上网的有力武器，弧度较低的上旋球落在对方上网人的脚下，使其难以还击；弧度较高的上旋球可以越过上网人头顶落在起身后区域，使其失去击球好时机。

（2）动作方法

当判断来球需要用正手回球时，要快速转肩引拍，持拍手臂放松向后引拍，引拍应该是直接向后的，球拍指向球场后端的挡网，拍底正对球网，拍头高于手腕，双脚与底线平行（"关闭式"步法左脚在前），左肩对着击球方向，尽量保持侧身击球，同时，左手一定要随着侧身转体指向前方的来球。击球时应以肩关节为轴，用力蹬腿，转动身体，手腕固定，在身体右前方由下往上击球。击球时拍面与地面垂直，眼睛看着击球点，左手留在前面以获得左侧支撑，用大臂带动小臂。球拍触球后，拍面向着击球方向前送的时间尽量长些，同时保持拍面对着击球方向，重心前移，拍头随着惯性以"雨刷器"动作形式挥到左肩上方，肘关节向前。随挥结束后，应立刻恢复到准备姿势。

网球产生强烈的旋转，主要原因是拍面与球撞击时拍线发生弯曲而下凹，部分球体被拍线兜住，如果这时向斜上方挥拍，位于球体下半部的弯曲拍线的弹性力就会大于上半部弯曲拍线的弹力，其结果，弹性力的合力就会向上偏离球心。弹性力偏离球心的距离虽然小于摩擦力偏离球心的距离（即球的半径，摩擦力沿球面的切线方向），但弹性力强度却远远大于摩擦力，它所产生的转动力矩也就远比摩擦力的力矩大。使球产生旋转的主要是这个力。

要击出强烈的上旋球，首先必须像打平击球一样用力向前击球，将球"击入"拍线中，使球拍能"吃"住球；与此同时，即在球拍触球的同时，迅速将球拍向上拉起，同时手腕内旋带动球拍向左肩上方做"雨刷器"摆动作，向前、向左上的动作要连贯流畅、一气呵成，形成一个球拍"兜住"球向左上方发力的过程。仔细观看那些世界级高手打上旋球可以看到，他们在用力向前挥拍击球的同时，常常有一个用手腕带动小臂迅速向上转动的动作，这样的动作就很好地体现了上述要求。有的人在打正手上旋球时过分着力"上拉"忽视了向前用力，结果球拍"吃"不住球，上拉力也就无法作用于球上，击出的球软弱无力而落网，以为是"上拉"不够，事实上这不是"上拉"不够，而是"平击"不够造成的。

（3）动作要领

①引拍后手腕向外翻转与手背形成一定的角度，击球前拍头有个明显的下降过程，进而能够充分向上提拉拍头；

②击球时，眼睛始终盯住球，头部保持正直，当决定用正手击球时，应及早转肩向后引拍；

③击球时，利用腰的扭转，使右肩向前转出，身体转动明显，最后由手臂带动球拍甩出；

④击球后手腕由向上转而向内做压手腕和抬肘"雨刷器"动作，最后把球拍挥至左肩方向。击球部位在球的中部或中部偏右位置。

2．正手平击球

（1）技术特点

平击击球时球沿着垂直于拍面的方向飞出，拍面与球接触几乎不产生分力，（图 4-7 为三种不同拍面、不同用力时球产生不同旋转方向示意图）。事实上，纯粹的平击是没有的，只是或多或少地带有些上旋或下旋。平击球特点是速度快，着地后反弹较低，易于控制球路，比较适合初学者练习。在底线对拉相持中，如果平击球技术处理得好，不仅可以为进攻创造条件，而且还能直接得分。由于平击球的飞行路线平直而缺少弧线，发力击球时容易下网和出底线，一般击球点在高于球网时才比较适合打平击球。初学者利用简捷挥拍动作，水平"碰撞"球即可，动作简单易学，有利于学习者球感的提高和体会网球"整体"击球的感觉，容易打出有一定速度和较稳定的击球，能有效增强学习网球的信心。随着球感、移动和身体整体协调击球能力的提高，逐步掌握拍面、挥拍轨迹、击球点等对球的控制后，就可以学习各种旋转球技术了。

平击　　　　　　　上旋　　　　　　　下旋

(1) 表示球的旋转方向　　(2) 表示不同的拍面　　(3) 表示球拍发力方向

图 4-7　不同旋转球的发力图示

（2）动作方法

正手平击球动作方法基本同正手上旋球，主要区别在平击击球时手腕固定，挥拍方向和出球方向一致，表现为向前推送球（见图 4-7）。

（3）动作要领

①几种握拍方法都能打出平击球，东方式的推送动作，更能体现出平击球的特点；

②由于球沿着垂直于拍面的方向飞出，击球方向和出球方向基本一致，挥拍时持拍臂不应向上太多，这样能压住球并控制好球过网的高度；

③充分利用蹬腿和腰部的回转力量及肩部积极前送，带动手臂的推送或手腕甩动；

④击球瞬间手腕握紧。

3．正手下旋球

（1）技术特点

这是挥拍路线由上向前下方的切削击球法，其飞行的弧度低，着地后反弹亦低并向前飘行。在正式比赛中，利用正手打下旋球是比较少见的，一般只在回接对方大力发球或防守移动不到位的情况下采用。利用正手下旋球，可以做到在对方来球落地弹起后的上升期击球，所以回球速度快，也可以利用正手下旋球改变场上比赛节奏，缩短对方连续回击球的准备时间，为争取主动创造条件。

（2）动作方法

判断来球后，身体做约45°的转体引拍，引拍幅度小于正手上旋球和平击球。击球时，挥拍由后上方向前下方挥击，球拍稍打开，击球后下部，使球产生下旋。击球后，应向击球方向做随送动作，使球向前飘行。

（3）动作要领

①判断来球，及早做出准备，在球弹起后的上升期击球（初学者可选择下降期击球）；

②引拍动作小，略像网前正手截击动作的引拍，击球时，拍面几乎和地面垂直；

③击球点在身体右侧前方，击球时身体重心随挥拍动作一起向前；

④如果来球是上旋，跳得较高，球拍应击球的中部，向前向下推切用力。

（三）正手击球易犯错误与纠正

错误1：击球时直腿直腰用拍捞球。

纠正：可采用"坐凳击球"的方法，拉拍后引肘迫使自己屈膝，好像坐在凳子上一样，然后击球。

错误2：不能用"甜心"击球。

纠正：集中注意力，努力盯住来球直至将球击出。

错误3：引拍过小击球无力或引拍过大造成手腕后撇。

纠正：引拍动作结束时，球拍指向球场后方挡网；向后引拍时腋下夹一个网球，引拍时保证球不落地。

错误4：只用手臂击球。

纠正：强调蹬腿、转体，协调用力，用躯干带动手臂击球。

错误5：挥拍不充分。

纠正：要尽量向前上方随球挥拍，直至拍头向上，在左肩上方肘关节朝前，强化左手收拍动作。

错误6：引拍慢，击球点靠后。

纠正：提示球在过网前，就要提前引拍，并不断击打教练送来的前点球，养成重心前移，向前击球的习惯。

二、反手击落地球技术

反手击落地球技术简称反手击球技术。和正手击球技术一样反手击球技术也是网球技术中最常见的击球方法，是网球运动中又一项基本技术。由于反手击球时关节是反向向前运动，相比正手击球的力量要小，再加上大部分人是右手为主力手，习惯于在身体的右侧做事，正手的拉拍动作既方便又容易，身体向右转动已成习惯。正手有了一定的基础，对球的弹跳规律已熟悉，再学习反手就比较容易。另外，反手的许多动作要领与正手相似，只是方向相反。所以，初学者一般先学习正手再学反手。由于底线反手击球的力量较正手小，再加上大部分人学习后不太重视反手击球的练习和提高，往往在比赛中被当做弱点受到攻击，正手击球特长也将失去优势。如果底线反手击球技术掌握得好，就能在比赛中扭转被动挨打的局面，提高球场的控球能力。双手握拍促进了反手击球的进攻性，也使得底线技术朝着更加均衡的方向发展。反手击球有单手和双手两种握拍方式，可根据自己的身体特点进行选择。

（一）反手击球的动作环节

反手击球分为单手握拍反手击球，简称单反和双手握拍反于击球，简称双反。每个人根据自己的力量和习惯采用单反或双反，两者击球技术都是由准备姿势、引拍、挥拍击球和随挥 4 个环节组成。

1. 准备姿势

准备动作与底线正手击球准备动作相同。单反选手左手扶住拍颈，便于调整握拍，双反选手采用双手握拍法（见图 4-8）。

2. 引拍

当判断对方来球飞向反手侧而决定用反手球时，应立即转肩，单手反手选手应在左手的帮助下迅速完成反手握拍动作，并转肩带动球拍向左后方摆

图 4-8　双手反手接球准备姿势　　　　图 4-9　双手反手引拍

动。同时，左脚掌转动，右脚随着身体左后方转动做向前方上步动作，成"关闭式"步法，并使右肩或右背对网，拍柄底部对着击球方向或幅度适当增大，全身自然放松，注意力集中，单反选手握拍时肘关节弯曲并贴近身体（见图4-9）。

3. 挥拍击球

向前挥拍击球时，应蹬地发力并向右转动身体，以右侧身体为轴，沿着来球的轨迹迎前挥去，球拍由后下向前上方挥出。在击球时手腕应固定，拍面垂直于地面。击球点一般在身体的左前方，与腰齐高或稍高于腰，击球高度可通过屈膝，并调整身体重心高度来调节。初学者应注意，当向前挥拍击球时，朝着球网一鼓作气地回身转腰，手腕紧锁，在将要击球时刻，身体重心由后脚移向前脚，使身体重心顺畅地往前移动（见图4-10）。

4. 随挥

反手击球动作由于腰的扭转，击球后身体面向球网，为了控制球，球拍跟进动作应向上挥到肩或头部的高度，同时保持身体平衡并准备下一拍的击球（见图4-11）。

图 4-10　双手挥拍击球　　　　图 4-11　双手反手随挥

（二）常见的单手反手击球技术

1. 单手反手上旋球

（1）技术特点

单反技术对击球员手臂力量要求较高，男子使用单反技术人数较女子多。反手上旋球也称进攻性反手击球，击球力量大，球在空中的运行路线与落地后的轨迹，与正手上旋球相似。运动员如能熟练掌握单反上旋球技术，就能在比赛相持对拉时争取主动，给对手以出其不意的进攻，为进攻得分创造有利条件。

（2）动作方法（见图4-12）

一旦判断决定打反手球，应立即向左转肩，并内转肩带动球拍向后，在左手扶拍颈的帮助下调整为反手握拍法，同时脚掌转动，重心移向左脚，侧身对网（见图4-12（2））。球拍后引时，拍头稍高于来球，右肘部自然靠近身体。

（1）　　　　　（2）　　　　　（3）　　　　　（4）

图4-12　单手反手上旋球技术图解

开始向前挥拍时右脚向左前方跨一步，成"关闭式"步法，跨步能使身体重心跟进并保持平衡，同时保持屈膝含胸。拍头自然从下后向前上挥击球，打出带上旋的反手球，击球点在跨出脚的前面（见图4-12（3））。击球后手臂应自然向前上方挥到尽头，随着腰部的转动，面部随着转过来朝着球网的方向，此时球拍大致停于右侧高处（见图4-12（4））。每击完一次球后，应马上恢复准备姿势以迎击下一次来球（见图4-12（1））。单反开放式多用于接发球和移动中的击球。单反开放式的转肩要点和关闭式差不多，区别在于是否能充分转肩，单反开放式的重心开始多在左脚，对右脚的位置要求并不高。

（3）动作要领

①单反的准备很重要，能不能打好单反球，往往就看能不能充分引拍准备；

②球拍由后下向前上击出，前挥时手臂保持一定的弯曲，直到随挥结束后才伸直，击球点在左前方，拍触球时手腕绷紧，拍面与地面垂直，要利用转体和转肩的力量击球；

③随挥是沿着球的飞行方向前送，重心移到前腿，身体转向球网，拍头

随着惯性挥到肩的另一侧上方。

2. 单手反手下旋球

（1）技术特点

反手下旋球也称防守性反手击球，俗称"削球"。由于削球容易掌握，回球不易失误，为许多初学者、中等水平和老年网球爱好者所喜爱，如果掌握了反手削球技术，对于扩大击球范围和击球的稳定性很有益处。反手削球一般来说是防御性的，当对手大力发球或高压球，自己无法用上旋球和平击球进行反击时，选择削球来过渡是比较明智的打法。在网球比赛中，切削战术虽然无法带来直接制胜分，却是一个由守转攻造成对手回球质量下降的很有效的手段。另外，当来球反弹高于肩部时用削球来回击亦是很适宜的。削球也能成为进攻的武器，它可以在一个上旋球后使用来改变比赛节奏，并打出平而低、落点多变的球，使对手不易还击。削球的动作小，主要是借对方来球之力将球削出。即使是在身体平衡遭到破坏的情况下，也仍然可以打出削球来。此外，双反选手，当来球很远时来不及到位时，也可以双手变单手，采取反手削球的回击方法，从而扩大防守范围，有效地将球击回对方场地。一般来讲，反手削球属于防守性技术，但根据其使用方法的不同，它也可以成为一种很得力的攻击手段。比如，在实战中，遇到对方上网时，可先将球削到对方脚下，迫使对方无法反攻而只能回一般的高球，然后再狠狠地向对方发起猛攻。能打出下沉的削球技术，既可以在向前截击时使用，也可以在接发球时使用。还可以利用削球的后摆动作与反手击球相同的特点，出其不意地削出网前小球。因此，很好地掌握削球，无疑将扩大击球范围，提高竞技水平。

（2）动作方法

反手下旋球的握拍宜采用大陆式握拍法。当准备打反手下旋球时，左手扶拍颈向左后引拍，拍头应高于手腕，肘关节抬起，远离身体，拍子和手腕在击球点的后上方，拍面稍打开，手腕固定。在右脚向左前方跨出的同时，向前下方挥拍击球的中部或后下部，重心须随球拍前移，以加强击球速度和力量。击球点在跨出脚的前面，触球时机可比反手上旋球和平击球稍晚，眼睛盯住球。球拍随着球击出的方向继续向前下方挥出，应让拍子向前平稳运行一段距离后，自然地将拍子随挥到一定高度结束动作，不要突然地停止或急于把球拍提捡起来。

（3）动作要领

①直线向后引拍，抬起肘关节使其远离身体；

②向下向前挥拍，削中必须含有向前推的动作成分；

网
·
球

③尽可能使球拍与球有较长的接触时间；

④随挥须随球送出球拍，并自然地在高处结束。

3. 单手反手平击球

（1）技术特点

单反平击球是指以单反击球方法击出不旋转或略有旋转的球，称为单反平击球。单反平击球特点与正手平击球基本相似，球速快，球的飞行路线比较平直，但击球的准确性较差，容易下网或出界。

（2）动作方法

单反平击球打法的准备与引拍同单反上旋球，引拍幅度也较上旋球小。击球时，手腕绷紧，拍面几乎和地面垂直，挥拍路线向前较多，使击出的球沿垂直于拍面的方向飞出，左臂自然向后展开，维持身体平衡。击球后，球拍应随惯性挥至右肩上方。

（三）常见的双手反手击球技术

1. 双手反手上旋球

反手不及正手打得好，这是大部分刚入门的网球人都有的体会，这和正手技术击球次数多、反手击球次数少有关，当然也跟平时正手练习密度高于反手有关。由于开始学习的技术往往是正手技术，因此一般的业余选手大多采用"正手攻击，反手防御（以削球为主）"的打法。当今，优秀网球选手一定是技术全面的选手，压迫性、进攻性打法成为比赛的主流，进攻就是最好的防守，反手的攻击性打法已成为球员必须掌握的一项基本技术。

（1）技术特点

目前世界上大部分网球运动员的反手采用双反技术。双反技术具有准确、隐蔽、有力、动作变形小等特点。双反击球能像正手击球一样，打出高质量、高难度、高速度的进攻球。对于初学者来说，由于双手握拍容易固定球拍拍面，击球更容易掌握。双反击球不论来球高低，都便于对球施加上旋，也比较容易弥补反手击球力量不足的弱点。其弱点是控制范围小，脚步移动要求更快。

（2）动作方法

一旦决定反手击球，尽早转体引拍，拍面要稍开一些，右脚向边线方向迈出一步，使身体形成侧身对网，把身体重心移到左脚，此时两膝微屈，重心略下降，右肩前探，下颌靠近右肩，含胸。开始向前挥拍时，要积极蹬腿转腰，两臂协调一致用力前挥。前挥是平滑而连贯的动作，将球拍伸入球的下面击球，积极使用左手的力量，眼睛始终盯球。用手臂从低点向前上挥拍，身体重心前移。随挥动作是由转动上体、使左肩向着球飞行的方向转出而完成，把拍带到身体另一侧，在右肩高处结束随挥动作。

（3）动作要领

①双反击球前的准备姿势一般采用关闭式步伐；

②双反的引拍简捷、幅度小。手臂要随转体自然向后拉拍，尽可能地保持两条手臂贴近身体。保持拍柄底部正对着来球，并可以从右肩的后面看到来球；

③引拍结束后，应保持腰部扭紧，重心平稳，同时收紧下颌；

④向前挥拍时，一定要靠重心前移，带动转体前挥球拍。在挥拍的过程中，尽量保持拍面持续垂直地面，并沿着由下向前、向上的轨迹挥动；

⑤击球点的位置一定要固定在体侧，离身体约一个球拍的距离；

⑥球拍触球时，右臂伸直，拍面垂直地面，并有向前推击的感觉，同时保持收紧下颌，眼睛盯住球；

⑦随球动作要充分向前、向上、向右上方挥去，环绕至右肩上方；

⑧挥拍结束时，重心落在前脚上并保持后脚与地面接触，后脚鞋底正对后面的挡网。

2. 双手反手平击球的主要技术特点

充分利用腰回转和腿部力量，整个手臂挥动要快、用力要集中，击球拍面几乎垂直地面，球拍击球正后部直接将球击出。挥拍击球的路线是从后向前上方较平缓地挥击，不应过于向上，便于压住球并控制好过网高度。

（四）反手击球易犯错误及纠正

1. 单手反手击球易犯错误及纠正

（1）后引拍时拍头下垂低于手腕

纠正：非持拍手放在拍颈处帮助向后引拍，手腕的角度（前臂与拍柄的角度）从准备姿势到击球应基本保持不变。

（2）击球时拍面击在球的下部，只靠手腕发力

纠正：球拍挥拍的轨迹从后到前应是“高—低—高”的反弧运行，上臂大肌肉群主动发力带动前臂、球拍向前击球，击球时手腕固定。

（3）随挥动作不完整

纠正：在墙壁上画出一个标志，挥拍练习时每次随挥结束动作球拍底指向标志，建立稳固的随挥结束动作。

2. 双手反手击球易犯错误及纠正

（1）握拍时双手没有靠紧

纠正：反复体会用非持拍手控制住球拍，只是持拍手转动到正确握拍位置，然后非持拍手下滑靠近持拍手。练习时眼睛不要看手，也可闭着眼睛，

培养自身本体感觉。

（2）腰部没有向后转动，引拍幅度不充分

纠正：下肢主动扭转带动躯干及手臂向后引拍，引拍动作结束时球拍柄底部对向球网。

（3）准备姿势不正确造成击球无力

纠正：转体引拍时左髋关节后转，左脚置于来球后方选择击球的位置，根据来球的情况右脚迈出，利用腰髋的回转将身体重心从左腿向右腿转移，使下肢的爆发力作用到击球上。

（4）击球结束手臂缺乏前送动作，击球落点浅

纠正：随挥时使球拍在身体最前方停顿下来，保持手臂伸展的姿态这样就会帮助延长送球的动作，从而增加球的深度及击球的穿透力。

（5）过多依赖持拍手用力，上体力量不能有效发挥

纠正：尝试用非持拍手握拍进行正手击球练习，体会球拍运行轨迹及用力方法，然后再采用双手握拍击球进行反复练习，体会双肩参与挥拍击球的感觉。

第四节　截击球技术

截击球是指来球过网落地之前还在空中飞行时被凌空击回对方场地的击球技术。截击球是网前技术中的一种攻击性击球方法，是积极进攻的一项武器。它回球速度快、力量重、威胁大，可以通过缩短击球距离、扩大回球角度，在时间和速度上赢得取胜的机会。良好的网球截击技术是优秀网球运动员必须具备的，比赛中常被采用在发球上网或正反手击球后上网截击，截击球技术是攻击性打法不可缺少的重要内容。截击球可以在场上任何位置使用，尤其是在离网较近处。常见截击球技术有正手反手中场截击、前场截击、高位截击和低位截击等。

一、截击球基本技术环节

正反手截击球技术动作包括握拍、准备姿势、引拍、击球和随挥五个技术环节。

（一）握拍

截击最理想的握拍方式是大陆式握拍。食指和中指成扣扳机状，便于球员对球拍拍头有更多的控制。使用大陆式握拍的好处在于用它打正手截击和反手截击时无须变换握拍，这样可以节省时间，把注意力集中在看球上。对初学者来说，如果感觉用大陆式握拍击球有困难，可以试试在打正手截击时使用东方式正手握拍，这样击球可以使球与球拍有扎实的接触，稳定性较强，

但在有一定掌握后，还应采用大陆式握拍法。

（二）准备姿势

面对球网，双脚向前自然分开与肩同宽，双膝微屈，上身保持正直并向前倾。采用大陆式握拍法，非握拍手轻托拍颈，拍头约与下巴齐平，双肘弯曲，将球拍舒适伸在前面，拍头高于拍尾。重心落在双脚脚尖上，注意力高度集中。当对手击球的瞬间，应用垫步作为准备姿势的一部分，并立即判断出球的方向、高度和路线，以便快速移动和上前截击。

垫步在移动击球尤其是网前截击中发挥着极其重要的作用。网前是分秒必争之地，截击越近网越没有多余的时间让球员做多余的动作，否则定会延误战机甚至被动挨打，因此快速、稳定、紧凑、小幅度是网前技术的要点。此时的垫步非常有利于截击时最接近来球方向的脚向前跨出，易于身体重心前移，动作连贯到位，从而实现力量从脚到躯干到手再到拍的连贯性传递。很多人截击时不注意垫步的使用，往往造成截击动作的贻误。

（三）引拍（主要是横向）

引拍动作一定要以转肩为主，迅速、简单、幅度要小，眼睛紧盯着来球。手腕和拍面固定，引拍后要保持拍头高于手腕。

（四）击球

看到来球要迅速随着引拍（正手出左脚、反手出右脚）向前跨一步，随着重心前移，身体转向正对球网，击球点保持在体前（正手右前反手左前），拍面对着来球，依靠身体向前移动的惯性所产生的力量撞击球，以短促的动作向前向下截击来球。

（五）随挥

击球手臂随着身体移动的惯性向前跟进，推送动作明显，但推送距离不宜太长，然后顺势迅速恢复原来的准备姿势，准备下一次击球。

二、正反手截击技术

（一）正手截击技术

正手截击球速度快，角度刁，封网的面积比较宽，可以变换多种击球方法，节奏的变换使对手回球困难。此种技术在双打比赛当中应用较多。

1. 动作方法

来球向正手侧飞来时，身体快速向右转体引拍，左脚向右前方跨出，拍头要高于握拍手，肘关节自然弯曲，球拍和手臂成"V"字形，手腕固定。身体重心主动跟上，在左脚着地的同时球拍撞击球，以便产生较大的击球力量。截击时的动作以撞击或挡击的方式完成，在拍面短促向前撞击的同时，拍面微微向下做切削球的动作，使球以下旋的形式飞出，击球时保持拍面打开，手腕固定。击球后手仍紧握球拍，并向前做小幅度送拍动作（见图4-13）。

| (1) | (2) | (3) | (4) |

图 4-13　截击动作连贯图

2. 动作要点

两膝微屈，上体稍前倾，后脚跟提起，将球拍置于体前；注意拍头不要下垂，要保持拍头高于手腕；截击时引拍动作不应过大。击球时小幅度移动右脚，手腕固定，握紧球拍。当球飞来时迅速向前跨步迎击球，球拍在脸的右前方撞击来球。

（二）反手截击技术

反拍截击球出球比较稳定，球击出后下旋较强，与正拍配合使用可以封堵较大的面积，并可以通过手腕和力量的变化回击出不同落点、不同线路的球，从而在比赛中争得主动。

1. 当来球向反手侧飞过来时，身体快速向左转体引拍，拍头要高于握拍手，肘关节微曲，球拍和手臂成"V"字形，手腕固定。挥拍击球时，左手松开稍向后伸，右手握紧球拍前挥并在身体前方切削来球。身体重心主动跟上，在右脚着地的同时，球拍撞击球。向前挥拍时，两只手的动作好像在拉长一根橡皮筋，以保持身体平衡。由于是在左侧击球，限制了右手的引拍幅度，反手截击往往比正手截击更容易掌握（见图4-14）。

2. 动作要点

反拍截击时，自击球的开始到结束，要有持拍手手背撞向球的感觉。触球的瞬间，要保持拍头高于手腕，截击时转体的后摆引拍动作不应过大，手腕固定，握紧拍子。球飞来时迅速向前跨步迎球，球拍在脸的左前方撞击来球。

（1）　　　　　（2）　　　　　（3）　　　　　（4）

图 4-14　反手截击动作连贯图

三、截击常用方法

（一）正反手中场截击

中场截击在网球训练及比赛中，通常被称为一拦，即第一次拦击。在实战中，发球上网或随球上网不可能直接冲至近网处，上网途中在发球线附近有一短促的停顿和重心转换，然后迎球做中场截击。中场截击球落点、质量的好坏，直接影响到网前的得分，所以中场截击球在网前截击球技术中起着很重要的作用。中场截击一般站位于发球线中点附近。对不同高度的来球，应及时转体和引拍，调整好拍面的角度。当来球速度较慢，可加大引拍幅度和击球力量，提高回球质量。中场截击应把球击深或打出角度，使对手难以回球或触不到球。击球后应向网前迈进，准备近网截击或高压球。

（二）正反手近网截击

近网截击的站位比中场截击要靠前，位于发球线前1～1.5米左右距离，它是网前得分的主要手段。近网截击的果断和落点的准确，能给对方以致命一击。判断清楚对方来球的速度、高度及球的角度后，要迅速起动调整位置，控制拍面。如来球快而平，拍面应稍开，击球中下部，手腕紧固，以短促的动作向前向下碰撞来球。如来球快而高，拍头应竖起，拍面几乎和地面垂直，向前下击球中部。

（三）正反手低位截击

低位截击应用比较广，如中场截击球和击球点在腰部以下的截击球都称为低位截击球，低位截击击出的球深而飘，常常应用在发球上网和接发球上网的战术中，它是底线与网前连接的重要技术环节。当来球较低时，只能采用低位截击技术，低位截击比高位截击难度高。由于来球低于击球者眼睛较多，这就给击球的判断造成困难。因此，低位截击动作要领是首先要降低身体重心，屈膝至适宜高度，而不是直腿弯腰，移动时若采用弓步，后膝盖几乎触及地面。击球时，降低拍头几乎与手腕平齐，拍面开放，在身体前面击球，出球点在球的后下部，击球后向着击球方向随挥。

（四）正反手高位截击

高位截击也称高点截击，是一种进攻性击球动作，当来球较高，但又不够高压球的高度时，往往以高位截击技术来完成击。一般是当对方回球过网且球下坠之前主动采取的一种进攻方法，在双打比赛中站在网前的选手都需应用这种方法进攻。高点截击要求出击时要快，判断要准。动作要领是快速转体和向后上引拍，手腕上翘使拍头竖起，拍头朝上，手臂和球拍成"V"字形。挥拍击球时，球拍对准来球做高位切削动作，击球点为球的后中部，击球时身体重心积极跟上，并伴着身体重心的前压，完成短促的击球和随挥动作。高位截击看似简单，但很多人在打高位截击球时仍会打出界或不过网，前者原因多出在引拍过大，击球点过晚，后者主要是截击过早，拍面关闭过多而造成。

（五）近身截击

近身截击是指当球朝着自己身体快速飞来时所采用的截击技术，这也是网球比赛中被经常使用的技术。当对方回击的球朝着身体飞来时，近身截击能以最快的速度将球回击给对方。近身截击一般要求在击球前向身体右侧做出滑步动作，以侧身反手击球。近身截击动作要领是，当来球朝着身体飞来时，快速把球拍挡在身体前面，多数情况下，使反拍面朝前，肘关节自然弯曲。击球时手腕绷紧，拍面在身体前方挡击来球。近身截击多数受动作限制无法发力，多以防御为主，但可以通过手腕及拍面的变化来控制球的落点。

（六）抽球截击

抽球截击是落地球和截击技术的结合，通常用正手，这是一种极具攻击性截击，而且常带上旋，这种球通常在中场回击与肩高的慢速球中使用。

四、截击球技术易犯错误及纠正

（一）向后引拍幅度过大。

纠正：

1. 建立正确的截击球引拍技术概念；

2. 背靠墙、挡网反复练习截击球技术动作及击球练习。

（二）击球无力。

纠正：

1. 练习者反复练习转肩、上步动作；

2. 要求练习者拍头朝侧上方，模仿撞击球动作，也可用加重球拍练习。

3. 将球吊在高度适当的位置，反复练习撞击球动作。

（三）网前站立腿僵直。

纠正：

1. 练习者膝关节弯曲，反复练习左右、前后移动；

2. 网前站立，提踵，双脚不停地移动。

（四）不能有效控制球的落点。

纠正：

1. 截击球时，养成非击球时间放松手腕的习惯；

2. 击球点一定要控制在身体的侧前方；

3. 击球时减小动作幅度，引拍与随挥动作短促。

（五）击球不准。

纠正：

1. 养成眼睛盯球的习惯，眼睛要看到整个击球过程；

2. 快速调整步法，尽可能使击球点出现在让自己舒服的位置上。

（六）胆怯而不敢向前。

纠正：

1. 以练习的心态对待上网截击，减少心理负担，做好迎球思想准备；

2. 准备姿势要充分，合理站位，调整好截击步法。

第五节　高压球技术

高压球是一项绝对的强攻性技术，是利用流畅的挥拍动作和判断力，在头上方用扣压的动作完成击球的方法。一般来说打高压球就意味着得势、得分，如果没有这样的信念，那么掌握高压球技术也就失去了意义，因为实际比赛中打高压球的机会是不多的。在高水平的网球双打比赛中，高压球技术非常重要，上网进行截击时对方经常会通过挑高球来摆脱被动，只有熟练掌握高压球技术，才能有效制约对方的挑高球，并利用高压球技术直接得分。高压球不是仅靠力量，更重要的是靠打点得分，可在网前也可在后场高点进行。由于有些高压球很难一拍决定胜负，所以为了能在下一次来球得分，应以八成的力量击球，优先考虑落点、速度而并非力量。另外，面对远距离的高压球，飞得太高无法掌握先机的高压球或阳光太刺眼时，就不要直接杀球，而应等球落地反弹后再打。总之，流畅的挥拍动作和正确地作出判断会使高压球发挥更大的威力。

对大部分参与网球运动的业余爱好者来说，打高压球的机会是不多的，他们可以等球落地后反弹至合适的高度时，以击落地球的技术将球处理回去。

高压球根据球的状况和击球者的站位可分为凌空高压球、落地高压球、前场高压球、后场高压球等几种，其动作与发球相似。

一、高压球的基本技术环节

（一）握拍与移动

高压球握拍方式跟发球握拍方式一样。在准确判断来球位置及轨迹的基础上，以交叉步、滑步或并步的方式快速侧身移动到球即将下落位置的前面。打高压球对步法的灵活性及准确性要求非常高，因为来球不受己方控制，球在空中飞行时可能会因风向、旋转等因素而产生一些难以预知的变化，这就要求击球者快速反应、灵活移动、准确取位以获得理想的击球点，否则很难打好高压球。即使感觉已经处于很好的位置，双脚也要不停地在原地做碎步的调整。这对保持重心灵活是很有好处的，如果你的双脚"钉"死在一个地方，那你可能被突如其来的一点变化弄得措手不及。打高压球时无论以什么样的方式移动身体，最后都应尽全力采用"持拍手同侧的脚在后，另一脚在前，两脚连线与球网近乎垂直"的双脚前后站位，图 5-17 为菲利浦西斯打高压球的准备动作，左手指向来球，保证击球点在身体的前方。

（二）引拍

在脚步开始移动后，转身并以最短捷的动作将球拍引至肩上，拍头向上，左手自然上抬，眼睛盯球，类似于发球击球前阶段动作，做好击球准备。高压球在移动定位时非持拍手应指向空中的来球，这不仅有助于判断击球点的位置，而且对保持身体的平衡也有积极的作用。

（三）挥拍击球

判断准确击球点并移动到位后，以双脚为支撑向击球点方向蹬地、转体、收腹继而挥拍击球。发力顺序与发球相似，但击球点在能保证球过网的前提下，其位置越靠前越利于发力和控制球出手的角度，越靠前越具有杀伤性，这与发球时力争高点是不同的，到达击球点时身体应已完全面向球网。高压球不单纯依靠手臂或手腕的甩动发力，而是靠腰腹、腿部及身体整体的协调发力，这与发球是一样的道理。手臂挥拍动作与发球一样有个搔背再迎接来球的过程，不要硬压大臂以期"高压"来球，而是要将小臂和拍头"甩"出去。

（四）随挥

高压球的随挥动作仍与发球类似，击球过后顺势将球拍收于持拍手异侧腿侧就可以了。这在击球点比较合适（如在身体的前上方）的情况下比较容易做出来。如果击球点很靠后或很偏，不适合正常发力，那么随挥动作就有可能被强行的扣腕或旋腕动作所代替，这要求击球者具有良好的腰腹力量及手腕的控制能力，初学会遇到这样的情况时最好能够量力而行，若勉强为之容易受伤。

二、高压球的种类及方法

（一）根据来球落点位置不同，可把高压球分为前场高压球和后场高压球

1. 前场高压球

对方挑高球落点位于发球线之前，这时候进行的高压球通常称为前场高压球，由于比较近网，可迎上去大力扣杀直接置对方于死地。这种高压球的击球点可偏前，以便击球时向下扣压。

2. 后场高压球

这种高压球是指在对方挑高球落点位于发球线之后所进行的高压球，此时要大胆果断，就像打正常的高压球一样，击球点可稍后些，步法及时、移动到位，迅速跳起给予猛击，击球后的跟进动作要长些，向前向下扣压。面对远距离的高压球，需要一边后退一边跳跃击球。当对手击出高球时，应侧向转身以交叉步后退移动至来球的下方，右脚蹬地跳跃而起挥拍击球，击球后左脚着地。掌握好后退—蹬地—着地的节奏很重要。跳跃的时机和右脚蹬地开始挥拍的节奏是能否成功的关键。

（二）根据来球落地与否把高压球分为凌空高压球和落地高压球

1. 凌空高压球

凌空高压球指的是不等来球落地，在空中就将其扣杀回去，此种球杀伤力极大，但击球者需具备良好的空中定位、判断能力及熟练而精准的移动步伐。

2. 落地高压球

当对方挑出较直较高的球时，可等球落地弹起后再打，即打落地高压球。这样可增加打高压球的把握和信心。一般这种高球落地后跳起弧线是直线向上的，所以步法移动要迅速，退至球的后面，调整好击球点的位置，然后向前还击，像发球一样向前向下击球，落点对准发球线与底线之间，这样才能提高击球的成功率。一般是在来球虽高但飘忽不定或很难取到最佳点将其凌空击回去的情况下，让球落地反弹后再寻高点扣杀，初学者可以此为练习高压球的手段之一。

三、高压球技术要领

（1）身体放松、眼睛自始至终盯住球；

（2）当对方挑高球时，马上后退边引拍边侧身对网；

（3）调整好步伐，击球点保持在头前上方，要向前上方用力甩腕扣球；

（4）充分完成好随挥动作。

四、高压球易犯错误及纠正

错误1：移动不到位，击球点判断不准确。

纠正：

（1）教练挑各种角度的高球，练习者快速移动，在高点击球；

（2）先练习前场落地的高压球，逐渐拉开距离并凌空高压击球；

（3）可自抛不同方向的高球，快速移动后在高点击球。

错误2：急于发力，拉肘明显，造成击球下网。

纠正：在高处（击球点）放一个标志物，反复练习向上"鞭打"的扣腕动作。

错误3：没有转体侧身对网动作，正面击球。

纠正：击球前双脚前后站立，将非持拍手同侧的脚放在前面形成侧身对网，准备击球时蹬腿转腰，使身体转向击球方向。

错误4：击球时发力过早或过晚，造成击球无力。

纠正：尽量移动到来球前方，用非持拍手指向来球，利用腿部蹬地力量带动身体的转动和手臂向前上的"鞭打"动作。

错误5：击球时眼睛没有盯球，造成击球不准。

纠正：积极调整脚步，在右肩前上方击球，眼睛看到整个击球过程。

第六节　挑高球技术

挑高球就是指把对手击来的球挑过网前对手的头顶落入对方后场区。挑高球技术主要是对付网前进攻但不仅仅是被迫使用的一项防御技术，高质量的挑高球不仅可以变被动为主动，而且可以直接得分。网球场上，挑高球也并非只与高压球成双配对，击球者无论处于什么状态都可以挑高球。因为挑高球是既具防守性又具进攻性的技术。比如在球员极度被动的情况下可以挑高球作为一种过渡和缓冲的手段，而当对方上网时，己方可击出一带强烈上旋的高球，利用此种球弧度高、下坠急、落地后前冲猛的特点，令球越过对方头顶以逼迫对方反身回追，这往往就是破网得分的一击，至少也可置对方于被动的境地。由此，击球员应该在任何情况下都能够做出挑高球的反应并能挑出个有效率的高球，这样才可以在增加自己防守实力的同时也多拥有样得分的手段。对网球初学者而言，更可以把挑高球练习作为磨炼基本功的有效手段。挑高球技术可分为防守型挑高球和进攻型挑高球两种。

一、常见的挑高球技术

（一）防守型挑高球

防守型挑高球亦称下旋挑高球，带有一定意义的被动性。它飞行弧线高，比上旋挑高球更易控制，具有失误少的优点。把球挑过上网者的头顶，通常是挑到另一边的场地深处，完全是防守型的打法，其意图并不是急于得分，主要是扭转劣势，争取时间守住场地，利用球在空中飞行的时间，迅速跑回场地的有利位置，以扭转被动的局面。

在被动时挑高球虽然是渡过危机的防御手段，但只要运用得法同样可以获取得分的先机。成功挑高球的要素有：可以轻易越过对手的头顶，让其无法凌空扣到，并迫使其不得不转身跑向后场救球。能够打出这样的跳高球，机会也就来了，趁对手向后跑动，可以游击到网前，准备用截击或是高压来对付回球。

动作要点：采用大陆式握拍法，动作要隐蔽。因此，其握拍、侧身转肩、向后引拍应尽量与底线正、反拍击下旋球动作一致。击球时拍面朝上，触球的中下部，由后下方向前上方平缓挥拍击球，似向前切推。为了更好地控制球的高度和深度，要尽量使球在球拍上停留时间长一些，动作要柔和。随挥动作与底线正、反拍击下旋球相同，面对球网，重心稍后，跟进动作要充分。

（二）进攻型挑高球

进攻型挑高球一般用上旋打法，大多带有主动性，球落地后弹起的前冲力较大。主动上旋挑高球可以成为颇具威胁的进攻武器，利用此种球下坠急、落地后前冲猛的特点，常用在对方上网时，自己既能打两边破网球，又可以挑高球是自己处于有利位置上，令球越过对方头顶，以逼迫其反身回拍，球会落在后场较深处。球落地后反弹很快，使对方没有时间跑回去把球救起，往往就是破网得分的一种手段，也可致对方于被动的境地。防守型挑高球一般用大陆式，进攻型挑高球同打落地球一样握拍。

动作要点：挑高球动作要尽可能和底线正、反拍上旋抽击球动作一样。完成拉拍动作时，要使手腕保持后屈。在挥拍击球时，拍头低于手腕的位置，由后下向前上挥拍，做弧线形鞭击动作，使球拍在击球瞬间进行擦击，以产生强力上旋，击球点在身体侧前，重心落在后脚。击球后，球拍必须朝着自己设想的出球方向充分跟进，随挥动作要放松并在身体左侧结束。

二、挑高球技术要领

（1）眼睛盯住球，边移动，边向后引拍；

（2）击球时手腕固定；

（3）加长击球时间，上旋挑高球要注意腿、手臂和手腕的协调用力；

（4）无论哪种挑高球都要有一定深度；

（5）随着出球方向，向高处做随挥动作，击球后，迅速回防。

三、易犯错误及纠正

错误 1：向后引拍手腕没有后屈，造成上旋不足。

纠正：练习模仿动作，注意手腕后屈。

错误 2：击球时拍头没有低于手腕，造成上旋不强。

纠正：使拍头低于手腕，每次进行检查，并加速上挥球拍。

错误 3：击球的拍型掌握不好，击球部位不准，造成球出界或下网。

纠正：要击准球，并利用多球进行动作的动力定型练习，改进并掌握动作。

错误 4：击球时向前用力过大，使球出界。

纠正：用多球练习，动作柔和，体会向前上方擦球感觉。

第七节　放小球技术

放小球是指把球轻轻击到对方网前的打法，也叫放轻球、放短球，这是一种行之有效的战术打法。放小球技术是一种调动、干扰、牵制对方的有力武器，使对手疲于应付，消耗其体力，争取主动得分，它具有很好的隐蔽性和突然性特点，在比赛中配合运用放小球，可以更有效地发挥自己特长技术的攻击性，使对方不能专心于防守，打乱对方的站位、击球节奏，而使自己各项技术得到充分发挥。在对方体力大幅度下降的情况下，运用放小球战术可以摧毁对方的意志，加快对方体力的消耗。

放小球的时机之一是，当对手前后移动慢、网前技术差时，把对手从后场引至前场，创造进攻得分机会；另一个时机是，当对手站在后场或大角度跑出场外时，突然放小球，使对手来不及到位而得分。小球放得好的话，常常可以直接得分；放不好会下网；放远了，给对方提供良好的攻击得分机会。因此，放小球使用次数不能太多，不能被对方识破动机。掌握了放小球技术，可使自己打法多变，令对手捉摸不定。

一、放小球基本技术

放小球的准备姿势及引拍动作同正反手击球动作技术基本一样，这样对方就会误认为你在准备打深球而留在后面。击球前一定要"伪装"好，不要过早地暴露击球意图。放小球的击球动作类似于反手削球或正手下旋球，相比较而言它的引拍要稍微小一些，而随挥要小得多。采用大陆式握拍法，击球时，侧身对网，眼睛要盯住球，拍面稍开放，轻轻削击球的中下部，腕部松开，球拍在触球时向下移动。充分向上倾斜拍面，同样可以制造更多下旋，不过需要在隐蔽动作的最后一瞬间做出，否则会被对手识破。要控制好挥拍速度，在球拍将要与球接触的过程中逐渐放慢拍速能起到卸力的作用。在放小球时球拍不要握得过紧，放松持拍手有利于让自己的击球变得更柔和，并且能够改进触球瞬间的感觉。尽量使拍触球的时间长一些，拍头沿着前下方移动，形成下旋球，球落地后弹得低。切记击球必须在能够控制的范围内产生。击球结束后，球拍一定要朝着球出去的方向做随挥动作，随球动作幅度很小，通常大约在腰部高度结束，随球动作结束时，拍面打开。然后，面对球网，迅速跑到有利位置上准备下一次击球。

二、易犯错误及纠正

错误 1：开拍太早，隐蔽性差。

纠正：后摆引拍采用正反手击球动作。

错误 2：击球太深，造成对手能轻易击到球。

纠正：随球动作幅度要小，腕部松开，减力击球。

错误 3：击球点太后，击球匆忙，常失误。

纠正：多送前点球，练习向前跨步削击球。

第八节 反弹球技术

反弹球是一项由被动变主动的过渡性技术，是在来球落地后刚刚弹起的一刹那进行击球的一项技术。它通常是在对方将球回至你的脚下，或是当你正在上网途中而不能打凌空球，或是来不及退后打落地球，只能在球离地弹起的一瞬间采用。打反弹球是一种应急的打法，在一般情况下应该尽量避免使用这种打法，因为击球点低且多在中场，很难加力进攻，只能推深或控制落点为下次进攻做准备。如果判断准确及时，宁可加快上网速度截击凌空低球或突然放慢前冲速度，待球落地跳起在高点加力进攻。但对上网进攻的球员来说必须要掌握反弹球技术。反弹球一般是对方硬塞给你的，对方的球在自己发球后向网前跑去时飞过来，这时无法上到近网处舒服地凌空截击，就只能停下来，准备打反弹球。反弹球不管是正拍还是反拍，都是很难打的。但在正拍一边打较舒服些。不论采用哪种方法，打反弹球时都需要高度集中注意力。

虽然反弹球大多出现在中场，但当运动员在场区内包括在底线稍后都可能被逼使用反弹球。因此，反弹球技术分类也是很复杂的。按击球时站位分，有近网、中场和底线深区的反弹球；按球的旋转分，可分平击、上旋和下旋削击的反弹球；按回击的落点和性能分，又有推深、放轻球、挑高球等。

一、反弹球基本技术

反弹球握拍法一般采用大陆式或东方式反手握拍法。当决定要打反弹球时，要立即侧身转体，尽早引拍，后摆的幅度不要太大，屈膝降低身体重心，拍柄和地面平行，保持下蹲姿势，球拍靠近地面，绷紧手腕，尽量在前脚前面击球；击球时，拍面与地面几乎垂直，整个击球动作是由下向上的挥动。击球时眼睛必须看球，手腕与前臂紧固，拍面略开，随身体重心前移从下向上做反弹击球，同时使球略带上旋。球拍接触球的时间尽可能长一些。为了确保击球深度，击球后要有随挥动作。随挥幅度取决于击球的深度，回击深，随挥动作就大，反之，就小一些。

总之，反弹球技术动作中的几个重要环节是低重心、跨步、深蹲、后腿膝关节几乎触地、身体保持平衡、眼睛盯住来球，在球弹起瞬间击球，拍头不要下垂。当对方挥拍击球时，应注意判断，同时放慢前冲速度并判断出对方的击球方向，判断时应有一个两脚开立的跳步，然后衔接的是向左或向右的跨步击球动作，这也是上网步法的特定要求。

二、易犯错误及纠正

错误1：后拉球拍幅度过大，造成来不及击球或击球点偏后。

纠正：球拍挥动时可在身后放一固定物挡住拉拍幅度。

错误2：没有充分做到屈膝弯腿，降低重心击球。

纠正：准备时注意屈膝弯腿而不是弯腰，做动作时身体不要起伏太大。

错误3：球拍触球瞬间，眼睛离开球，造成漏击或击不到拍子的"甜点"上。

纠正：从接低速球开始，眼睛始终盯着球，拍子对准来球，待成功率提高后，逐渐接快速球。

错误4：击球时手腕不够紧张，造成击球无力。

纠正：注意击球时手腕紧固和放松的交替进行。

>>> 复习思考题

1. 网球击球有哪些技术，哪些属于初学者必须掌握技术，哪些技术属于中、高水平运动员掌握？

2. 发球技术有几种，有什么特点？

3. 接不同发球有什么区别？
4. 简述正、反手技术环节及其要点。
5. 简述截击、高压、跳高、放小球、反弹球的技术要点及运用时机。

第五章　网球技术的训练方法

第一节　发球和接发球训练方法

一、发球技术训练

（一）发球的分解练习方法

1. 抛球练习

球的高度要略比举起球拍的高度高，方向偏右侧前方。

练习方法：

（1）抛球手抛球后，在原位置接到落下来的球；连续练习，体会抛球时手臂的稳定性和手腕向上送球的感觉；

（2）在发球击球点在地面的投影位置放一网球拍，抛的球落下能落在拍面上为佳，连续抛球，提高抛球稳定性。

2. "鞭打"练习：

（1）徒手做投和扔的挥拍动作；

（2）先用羽毛球拍做挥拍动作练习，后改为网球拍；先空拍练习，后击打高空目标练习。

（二）发球的组合练习方法

1. 在发球线后蹲下，左手抛球，右手持拍由下而上挥动，将球击打到对方发球区内；待基本掌握后由发球线向后移动 2～3 米，再继续练习蹲下发球；最后移动至底线，练习蹲下发球。这种方法简单易学，便于初学者在击球过程中着重体会向上—向前—向下挥拍的感觉。

2. 找一个小凳，分别放置在发球线后、中场和底线后，练习坐着发球。体会稳定重心后手臂、手腕击球时向下挥拍的感觉。

3. 在发球线后站立，练习向对方发球区发球，一手抛球，一手发球，要求球过网，主要体会向下挥拍击球的感觉；练习至熟练后，继续练习，体会向前—向下挥拍的感觉；最后移至底线处练习发球，体会向上—向前—向下挥拍的感觉。

4. 在网球墙上画一条与网齐高的线，并标出中心拉带线。在中心拉带线两侧间隔 2 米处的横线上方各画一条竖线；然后距墙 5～6 米左右，对墙练习发球，并分别发向两个目标区。随着技术的提高，发球位置可逐渐后移，最后移至距墙 10 米左右，同网球场上的实战发球相似。

5. 当基本掌握发球技术以后，为提高发球的准确性和成功率，还需要再选择一些方法不断地练习和提高。

（1）多球练习，在对方的发球区内设定 3 个目标，分别放在内角、中间、外角，可以选用圆桶或垫子等作为目标。站位从靠近发球线开始逐渐往底线移动。进行发球练习时，将球发向目标；也可先制订以发中目标几次为计划，不断轮换左右区，不断增加发中次数。

（2）在两侧网球柱上各竖起一根小棍，用绳子连接两侧小棍，约高出球网 0.5 米左右，找一些小而轻的东西挂在上面，练习越过较高球网的发球。

二、接发球练习

（一）分解—挥拍练习

一人抛球一人练习，抛球者采用原地垂直抛球，练习者在球落地第一次弹起落地前，在球下方挥拍 2 次，而且第 2 次成功把球击到对场，第一次挥拍来回不能碰到球。体会小引拍、快挥拍的感觉。

（二）发球—接发球组合练习

1. 发球者中场（发球底线附近）发低速平击球，落点相对固定，接发球者在底线练习接发球，球击过网即可，体会小幅度引拍和快速挥拍击球的感觉；

2. 发球者从中场发中速平击球并逐步后移至底线发球，线路现对固定，接发球者在底线练习接发球，并对接发线路做出限制（如外角发球时接发必须击出直线球等），提高接平击发球的控球能力；

3. 发球者在底线发中速旋转球，并适时变换角度，接发者在底线练习接发，并对接发线路作出限制，提高判断力和快速回击上旋发球的能力；

4. 发球者在底线发中速且性质不同的球（平击、上旋、侧旋等），接发者在底线以比赛的形式练习接发，输者做出一定的惩罚，提高在一定压力下回击不同性质发球的能力。

第二节　正反手击落地球训练方法

一、初学者正反手训练法

（一）单人训练方法

1. 对着镜子进行徒手正反手挥拍练习，巩固、熟练正确的正反手挥拍技术；

2. 原地对着挡网站立，自抛球，用正手打不落地球；

3. 进行练习1、2一定次数后，再练习自抛球正反手打落地反弹后至腰高的球；

4. 站在发球线附近，用多个球练习，分别练习正反手击打不落地球过网，然后击打落地球过网；练习熟练后逐步过渡到站在底线后练习；

5. 距墙5～8米，正手击打落地球上墙，从墙反弹落地两次后，再连续击打，可正反手分开专门练习，也可正反手交替练习，反复多次练习；

6. 距墙5～8米，面对墙站立，进行正反手击落地球练习。开始时允许球反弹两次再击球，具有一定控制能力后，必须在球第二次落地前击到球，争取连续击打到更多的次数。与墙距离可由近至远，速度可由慢变快。脚步积极移动，尽量击反弹后下落的球，击球时拍面对着墙。在练习中，体会侧身、引拍、击球、随挥等动作。

（二）两人的训练法

1. 两人站于中场发球线后，练习正手时送球者站在练习者右前方（练习反手时站在左前方），采用自由落体式放球。练习者按照准备（刚开始可以直接把拍子引好）、引拍、挥拍击球、随挥的节奏练习。视掌握基本技术熟练程度，再逐渐由中场退后到底线。

2. 送球者站在侧前方相距3米左右抛球给练习者，练习者站在底线中间，进行正拍或反拍击球练习，练习者开始可以直接从引拍开始，然后逐渐加上准备姿势的完整动作。

3. 送球者站在对方发球区内送多个球，初学者站在底线中间，按照练习2的程序进行连续多回合正反拍击球练习。

4. 双人配合击落地球练习

两人一组面对墙壁平行站立，一人用正手一人用反手，两个人轮流击打由墙反弹回来的球，保持连续击球，尽量将球打向同伴站立的前方，让球从墙面反弹回来落在其身体附近。双方都应控制击球的力量和方向，以稳定技术动作为主。培养对正确击球点和击球方向的控制。

5. 底线击中（远）距离送球练习

练习者面向球网站在底线中点附近，同伴站在靠近球网与单打边线交界处用球拍将球送向练习者（逐步过渡到发球底线中点处送球），进行正反手定点击球练习。定点击球动作熟练后可进行一正一反击落地球练习。如需加大难度，可由定点过渡到移动击球，区域也逐步扩大，击完球后快速回到中点。同伴球拍一接触到球，就应及时转体引拍，击球前脚步一定要做出小碎步调整，使击球点更加准确，并保证击球动作完整，以加强正反手击落地球的稳定性和完整性。

6. 小场地落地球对击练习

双方分别站在各自发球线后，运用正反手击落地球技术动作，将球打到对方发球区内，控制好引拍幅度和力量，可进行直线或斜线击球的练习。这种练习法对击球的关键是引拍要早，移动及侧身要快，力量要柔和，体会球拍包裹球的感觉，强调控制球和建立良好的球感。建立包括移动在内的完整技术动作概念，提高控球能力。

7. 场上正反手直线和斜线球练习

将半片场地以发球中线为准分成两个区域，分别为正手区和反手区。在自己正手区击到对方正手区和反手区分别称为正手斜线和正手直线球；在反手区击到对方正手区和反手区的球称为反手直线和反手斜线球。此练习可巩固底线基本技术动作，提高击球能力。要求每一次击球都应该注意动作质量，明确直线和斜线击球点的不同。斜线击球点相对靠前。练习目的主要是提高正反手控球能力，建立基本的击球路线意识。

8. 打定点练习

一队员站在场地中间，另一队员站在对面端线中间。场地中间的队员向对面场地的端线两角送球，练习队员左右移动把球打回给场地中间的队员，然后快速移动跑到另一端回击下一个送来的球。移动快速，控制好身体重心，保持动作完整，控制好拍面。主要是提高移动后回斜线球能力。

9. 底线前后跑动击球练习

双方分别站在各自场地的右区进行斜线击球练习，其中一方采用打一拍深球一拍浅球的击球方法，前后调动对方跑动击球，多球后交换练习。此练习也可采用反手斜线击球方式来进行。深球要控制在端线附近，浅球在发球区内，尽量调动对方前后跑动。跑动时要控制好移动时的身体重心，特别是向后退应采用侧身后退的方法。目的在于提高移动击球技术能力。

（三）3人以上练习法

1. "N"形击球练习（见图5-1）

4人A、B、C、D分别在各自球场左右半区端线后，A、B同半区，C、D同半区，A与D、B与C均打直线，A与C、B与D均打斜线，双方控制好击球的力度及准确性，变换击球路线，加强手上处理球的感觉。经过一定次数练习后，交换击球路线。练习双方明确击球路线，控制好击球节奏，变线时要积极利用脚步移动调整身体位置，击球瞬间拍面对着击球方向。此练习主要是加强击球变线能力。

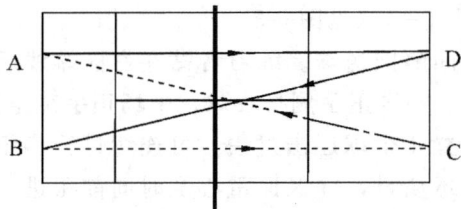

图 5-1　"N"形击球练习图示

2. 底线"一打二"击球练习（见图 5-2）

练习分甲、乙双方组合，甲方 1 人站在球场底线中点位置，用正手或反手击球动作将球击向对方场地的右区和左区深处，乙方 2 人分别站在场地底线后左右区，在右区的人尽量用正手击球，在左区的人尽量用反手击球。甲方脚步移动要积极快速，尽量将球击到对场练习者附近。乙方 2 人应控制好击球路线及力量，把球都击回到甲方附近，使练习持续进行，达到多拍的目的。此练习旨在增加击球的强度，提高技术运用能力。

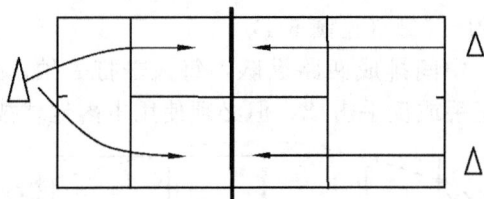

图 5-2　底线"一打二"击球练习图示

3. 限制击球区计分赛练习

4 人同场练习，遇直变斜、遇斜变直，双方规定每次击球的落点都必须进入发球区以外的界内区域，不在规定区域，均判出界，同时规定不准凌空击球。每次击球要保持动作的完整性，向前向上挥拍要充分。然后换人继续练习，目的在于提高控球能力，加强对深球的理解。

4. 正反手直线回球练习

送球者站在对面场地中间，分别向对方场地底线两角队员送多球，对方右区队员打正手直线，左区队员打反手直线。多次练习后，3 名练习者按一定规律交换位置（如顺时针）。练习者及时引拍和调整脚步。提高正反手回直线球能力。

5. 自由对击练习

两人分别站在底线两端，一队员向另一队员送球后，自由对击开始。队员充分利用单打场地的面积，按照比赛的规则击球，先得 4 分者为胜一局。要利用好自己的正反手击球技术，沉着应战，减少失误，认真对待每一分。一局结束可以换其他人练习，目的是综合提高正反手判断、移动及控球能力。

6. 多人组合练习（一）（见图5-3）

一人站在场地中间隔网送球。练习者站在右区端线后开始，按正手底线击球、中场反手击球、左区正手侧身攻球、中场正手凌空抽击球的击球顺序，将同伴送来的不同位置4个球还击过去，可连续进行多组练习。每一拍击球应保证完成动作及击球质量，并保证重心及时向前跟进。如果感觉中场凌空球有难度，可先从击落地球开始，逐步过渡到凌空抽击球。培养移动中选择合适击球方法的能力。

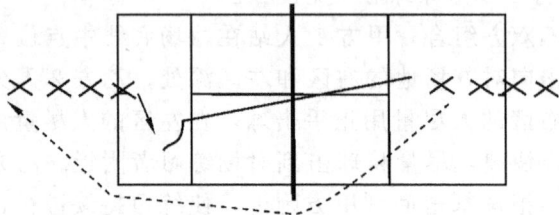

图5-3　多人组合示意图（一）

7. 多人组合练习（二）（见图5-4）

在场地两边底线中间排成两路纵队，每人击打一拍，打完的人跑到对方队伍后面，可以用正手或反手击球，但必须使用击落地球技术。

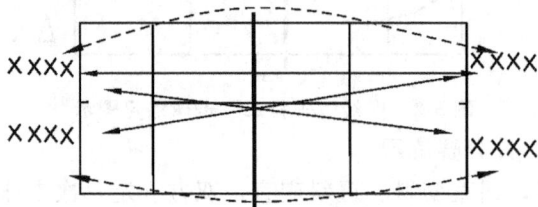

图5-4　多人组合示意图（二）

第三节　截击球训练方法

一、截击入门训练法

（一）单人训练法

1. 徒手挥拍练习

根据技术动作的要领，将动作分解为转体引拍、上步击球、推送、还原等环节，反复练习，熟悉动作过程和动作要领。徒手挥拍练习最好对着镜子做，可以看到自己的动作，练习的效果会更好。要点是：迎前积极，引拍要小，动作协调，熟悉动作过程。目的是建立动作概念，了解动作过程。

2. 挥拍击球练习

持拍做转体引拍、上步击球、推送和还原动作。特别是体会身体重心跟上的上步击球动作。要点是：除体会动作过程外，重点体会击球瞬间身体重心及时跟上和动作的连贯性、协调性。目的是熟悉截击握拍法，建立动作感觉。

（二）两人组合训练法

1. 跨步手抓球练习

两人一组，相距球网2～3米处站立，以手掌作为球拍接住球网对面同伴抛向其左侧或右侧的球，要在准备姿势的基础上完成。要点：重心要适当降低，做好接球准备，正手上左脚，反手上右脚。主要体会动作过程和对击球点的判断。

2. 短握拍截击练习

两人分别站在球网两边，距网2～3米，练习者右手握住拍颈，上前挡击同伴抛向其左侧或右侧的球。要点：以完整动作完成，眼睛几乎和拍头齐高，并盯球，体会截击感觉。主要熟悉截击方法，体会击球感觉。

3. 对墙凌空截击球练习

面对墙壁4～5米站立，用球拍颠球3次，然后正（反）手将球推送上墙，反弹后再用球拍接住，继续颠球3次。连续10个回合后，改颠球2次，连续10个回合，改颠球2次，依此类推，直到直接与墙进行正（反）手截击练习。练习时脚步积极移动，击球时手腕固定，拍面对着墙壁。体会截击感觉，学习控制截击球的力量。

4. 凌空托传球练习

两人分别持拍，相距球网2～3米左右，面对而立，一人用球拍颠球3次，然后正（反）手将球推送至对方，对方也用球拍接住球，并颠球3次，同样也送回。连续10个回合后，改颠球2次，再连续10个回合，改颠球1次，依此类推，直到直接与对方进行正（反）手截击练习。注意脚步积极移动，击球时手腕要固定，拍面对着同伴，控制好力量和拍面。体会截击感觉，学习控制截击球的方向和力量。

二、截击提高练习法

1. 正常握拍截击练习

两人分别站在球网两边，距网2～3米，练习者以标准截击球握拍法握拍，上前挡击同伴抛向其左侧或右侧的球。动作完整，眼睛几乎和拍头齐高，并盯球，上步截击，掌握截击方法，体会完整截击动作。

2. 送球截击练习

练习者站在网前 2～3 米中线上，同伴在对面场地（距离可由近至远）送球，练习者根据来球分别采用正手或反手截击动作把球截击回对方场地。开始时，送球至靠近练习者的左侧或右侧，让其较容易地进行正反手截击，而后可将球远离击球者，使其必须通过脚步的移动才能选择到合适的击球点。目的是增加截击球练习的强度，巩固截击技术，提高脚步移动能力。

3. 中场互相截击练习

两人分别站在各自发球线前，运用截击动作进行中场互相截击，击出的球不能离网太高，截击的路线可以是直线或斜线。脚步不停移动，击球动作要保持前送，手腕固定，控制好拍面。此练习可以增强截击球的移动、判断及快速反应能力。

4. 网前截击与底线对击练习

练习者站在网前 2～3 米处，同伴站在底线处运用正手或反手抽击球动作，将球击向网前的练习者，练习者分别用正手或反手截击动作将球回送给同伴。开始时，可以较慢的速度送球或单次送球，熟练后可进行连续的抽击球与回球。练习时截击者要将球回送给同伴，注意上前截击。抽球要控制好力度和方向，将球打向截击者或在其身体附近，以保证练习的连续性。此练习目的是增强网前截击的反应、移动和判断能力。

5. 网前截击与中场对击练习

练习者站在网前 2～3 米，向场地对面站在发球线附近的同伴送球，同伴运用正手或反手抽击球动作，将球击向网前的练习者，练习者分别用正手或反手截击动作将球回击过网。练习时，当同伴在抽击球的一刹那，截击者要使用分腿垫步作为准备动作，双脚落地时产生的爆发力有利于帮助自己向来球方向迅速移动。此练习目的是强化网前控制拍面与网前对抗能力。

6. 网前二对二连续截击练习

二对二的网前相互连续直线或斜线截击练习，逐步过渡为二对二的网前相互连续交替截击练习，可采取碰到直线球的球员以斜线球回击、碰到斜线球的球员以直线球回击的练习方法。然后，让打直线球的球员与打斜线球的球员交换练习（见图 5-5）。

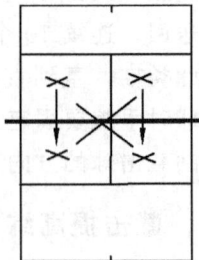

图 5-5　网前截击练习图示

第四节　高压球和挑高球训练方法

一、高压球训练方法

（一）单人训练法

1. 持拍做高压球动作的模仿练习

在击球点位置找一个标志物（树叶或悬挂物等），提高模仿练习的实效性。手臂放松，特别是手腕放松，要有明显的肘关节的制动及扣腕动作。体会握拍时手臂"鞭打"动作及判断高压球的击球点。

2. 对墙高压球练习

在距离网球墙 6～7 米处自行抛球，把球打在墙前大约 1 米的地面上，球反弹到空中后连续击打高压球后的反弹球。要求脚步积极移动，注意侧身对球，控制击球力量，保持动作连贯性。目的是提高移动判断能力，体会击球动作过程。

（二）两人组合训练法

1. 移动接球练习

教练在中场喂送高球，练习者站在对面场地中间，通过脚步移动，在身体前面最高点伸直右手接球。脚步不停移动，体会击球点位置，提高移动判断击球点能力。

2. 击打近网高压球

练习者站在网前约 2～3 米的距离，同伴站在其右前侧面将球用拍子抛向练习者身体右前上方，练习者采用高压击球动作将球凌空扣击过网。要求调整脚步，控制力量，体会完整高压击球技术，体会近网高压击球的整个过程。

3. 后退击中后场高压球练习

练习者站在发球线中点附近，同伴站在对面场地。练习者球拍触球网的同时，快速后退，击打同伴用球拍抛过来的高球，同伴抛球最高点投影大约在发球线稍后位置即可。要求后退时，采用交叉步移动，开始时步子要大；送球者要控制好送球节奏和力度，待练习者球拍触球网后再送球，此练习目的是加强后退击打中后场高压球的能力。

4. 全场高压球练习

练习者站在发球线中点附近，同伴在对面中场用球拍依次或随机喂送近网、中场、后场的定位高球，练习者调整步法，做高压球击球练习。要点脚步快速移动，击球时保持身体重心平稳和侧身击球。此练习目的是提高场地不同区域高压球的处理能力。

5. 挑压练习

一人站在网前高压，另一人在底线挑高球，进行挑高和高压球的组合练习。此法也是练习挑高球的一种训练方法。

二、挑高球训练方法

（一）单人训练法

练习者站在底线附近自己向上轻抛球，待球反弹后运用正反手做挑高球练习。要求球的落点在对方后场，练习时可采用上旋或下旋，体会上旋挑高和下旋挑高球时向前上方挥拍送球的不同感觉。

（二）两人组合训练法

1. 两人抛挑组合练习

两人隔网站立，一人站在网前向站在底线的练习者送球，可利用多球进行专门的挑高球练习，送球速度由慢到快，也可进行先定点后跑动的不定点练习，提高练习难度。要求上旋挑高球时，由后下向前上的弧线形挥击动作明显，使球产生强烈上旋；下旋挑高球时，为了更好地控制球的深度和高度，尽量使球在球拍上停留的时间长一些。此练习目的是掌握上旋和下旋挑高球动作方法。

2. 两人分别都站在场地端线处，进行上旋挑高练习，要求球飞行的弧线高，落点在后场。

3. 挑压组合练习

一人站在端线中点处用球拍送高球，另一人站在网前练习高压球，挑高球与高压球同时进行，多球练习。练习者移动迅速，击球时拍面对着同伴，时间充分时主要以上旋挑高球回球为主，注意保持击球的连贯性。此练习旨在提高临场挑高球能力。

第五节　放小球、反弹球训练方法

一、放小球训练方法

放小球要解决的主要问题是放球落点的问题，太深容易让对手有充分的时间做好击球的准备；太浅容易导致球直接下网，因此，必须熟练掌握下旋切球的技巧。

（一）单人训练法

1. 对墙放小球

练习者距墙 5～6 米，用球拍送球上墙后，等球落地 2 次或 1 次后再轻削送球上墙，可用正手或反手练习。目的主要是体会放小球的动作方法。

2. 反弹放小球自我练习

练习者站在底线，自我抛球，待落地反弹后，用正反手下旋方式切球，送至对方网前。练习时眼睛看球，击球时手腕由握紧到适度放松，轻巧的削球让球产生明显下旋特征，使球刚好过网，并且反弹得很低。主要体会放小球动作方法与控球力量。

3. 凌空放小球

练习者站在底线将球抛起，高于头顶约 0.5 米，用正手或反于切削球方式，凌空送球。一开始不好控制球的话，也可以先让球落地，待它反弹后再切球，待熟练后，尝试凌空直接切到球，提高对球的判断和控球能力。

（二）两人组合训练法

1. 场地实战练习

同伴站在底线向对面场地任一区域送球，练习者判断移动后削球动作放小球。练习时要让球过网后落在距离球网 2～3 米内，且落地后能产生向回反弹的效果；较熟练后，放小球动作要有一定的隐蔽性，不可过早暴露意图。目的在于提高在移动中放小球的能力，改善临场应变能力。

2. 同伴在底线喂送多球，练习者在网前、中场做放小球练习；同伴在底线喂送多球，练习者在后场做放小球练习。

二、反弹球训练方法

（一）单人训练法

1. 自抛反弹练习

原地面对挡网 3～5 米，向上自抛球，然后降低身体重心，待球刚弹起时的上升期，做自抛反弹球练习。练习时眼睛盯球，手腕放松，打准球。

2. 离墙 8 米左右，将球打向稍高的位置，等球弹回落地后进行反弹球练习。等球弹回后再挑向高处，进行第二次落地的反弹球练习。反复进行练习。控制好节奏，击准球，保持连续击球。目的是提高球感及球拍的控球能力。

3. 离墙 5 米左右，对墙打一次稍高的球，再打一次刚落地的反弹球上墙。反复练习。

（二）两人组合训练法

1. 中场反弹球

同伴在网前与中场练习者进行截击与反弹球的连续练习，尽量争取多回合练习。

2. 底线反弹球

同伴在网前喂送多球，练习者在底线附近进行反弹球练习。要求击球过网并有一定的深度。

3. 移动中反弹球

同伴站在底线向对面底线练习者送球，球送至中场附近，练习者正手或反手击球后，上至中场，同伴把球击向练习者脚下，练习者用正手或反手击反弹球。练习者回击球时要有目的地把球击向同伴脚下，练习者眼睛盯球，降低重心，减小引拍，挡击回球。此练习主要是提高处理反弹球应变能力。

第六节 网球运动员身体素质训练

身体素质是运动员和网球爱好者学习和掌握技术、战术的基础，对提高运动能力、延长运动寿命、防止和减少运动损伤有着重要的作用。网球比赛是由许多个短时间的剧烈运动和休息组成的运动。因此，它是一项有"间歇"的体育运动。运动员在球场上的比赛时间从1小时到三四个小时不等。由于球速较快，回合多，运动员必须具备良好的速度、力量和耐力素质，才能应对长时间的比赛，加强身体素质训练也是比赛获胜的重要保障。

一、身体素质构成

身体素质是人体活动的一种能力，指人体在运动、劳动与生活中所表现出来的力量、速度、耐力、灵敏性及柔韧性等人体机能能力。

（一）力量

力量是指整个身体或身体某个部分肌肉在收缩和舒张时所表现出来的能力，是肌肉耐力增长和增加各类速度的一个重要因素，有助于灵敏性的发展。力量素质能使自己的各部分肌肉力量和球拍击球的技术合为一体，在球拍与球接触的一刹那，把力量全部变成使球迅速向前飞进的能量。击球力量来源于腿部，经髋、腰及肩传到臂，最后达到手、球拍。不论是发球、抽球、截击，还是挑高球、高压球都要求全身协调用力。

（二）速度

速度是指在单位时间里完成动作的次数或是身体快速位移的能力，可以反映人体中枢神经系统的机能状态和神经与肌肉的调节机能，也可以综合地反映人体的爆发力、灵敏性、柔韧性等素质。其表现形式有反应速度、动作速度和周期性运动中的位移速度。在网球比赛中，要想在快速而又复杂的比赛中获胜，首先要求运动员必须具备良好的专项速度素质。网球运动所需要的专项速度是指运动员完成某个动作的速度，即为打好一个球的脚步移动速度、击球速度和反应速度。运动员的移动路线可以分为向前、向侧、向后三个部分。

（三）耐力

耐力是指人体长时间进行肌肉活动的能力，也称抗疲劳能力。耐力素质体现了肌肉耐力、心肺耐力和全身耐力的综合状况，它与肌肉组织的功能、心肺系统的功能以及身体其他基础系统功能的提高密切相关。耐力的训练能促进心血管系统机能的改善和肌肉耐力的增强。职业网球比赛一般要 9～10 天，一天一场，业余赛事最少也要 2 天，一天 2 场以上，而且越到比赛的后期越是紧张、激烈。因而，网球运动对专项耐力素质的训练要求较高。在以往的大型比赛中，常能看到有些运动员到比赛后期动作迟缓、球速减慢，影响了击球质量，甚至影响了比赛的胜负。所以，应重视发展网球运动员的专项耐力素质。

（四）灵敏性

灵敏性是一种复杂的素质，是人体活动中的综合表现，指人体在复杂多变的条件下，对刺激做出快速、准确的反应，灵活完成动作的能力。灵敏性是一种综合性的能力，需要速度、平衡能力、柔韧性等多种能力要素的共同协调作用才能达到一定的水平。网球运动员只有具备灵敏和协调的身体素质，才能在不断变化的比赛中完成各种复杂的击球动作。

（五）柔韧性

柔韧性是人体各个关节的活动幅度、关节周围组织的弹性和伸展性的表现，是人体运动时加大动作幅度的能力。它对掌握运动技术、预防受伤、保持肌肉的弹性和爆发力、维持身体姿态等方面都具有很重要的意义。柔韧性的好坏，不仅取决于结构方面的特点，而且也取决于神经系统支配骨骼肌的机能状态。网球项目对运动员上肢各关节和下肢各关节的灵活性有着较高的要求，特别是髋、膝和踝关节的灵活性，对提高步法移动能力和各种击球动作有很大的作用。在网球运动中，运动员具有良好的柔韧素质可以提高在比赛中的控球能力。如在发球时，良好的柔韧性可以使弹性势能转化为击球一瞬间的动能，使发出去的球速度更快、力量更大。

二、提高身体素质训练方法

（一）提高力量素质训练方法

1. 上肢力量训练

（1）单杠上做引体向上。

（2）双杠上做双臂支撑屈伸。

（3）俯卧撑起击掌。

（4）俯卧撑记时间：脚尖着地，上臂与前臂成 90°弯曲，身体挺直，抬头挺胸 2 分钟一组，连续做 3 组。

（5）哑铃练习——推举：身体直立，两臂屈臂，两手握哑铃于头侧，然后做屈伸动作，提高肱三头肌力量。

（6）俯卧撑练习：两手撑的位置靠近腹部，身体保持在一个平面，支撑快起、慢落，身体不要塌腰，每组10～20次。

（7）立卧撑练习：做俯卧撑时，身体不要接触地面，撑起的同时收腹站立，其他和俯卧撑要求相同，每组10～20次。

（8）举哑铃练习：两脚自然站立，上体正直，挺胸抬头，两臂屈臂快举、慢落。下落的两肩打开，每组15～30次。

（9）哑铃扩胸练习：两脚自然站立，上体正直，两臂平举伸直扩胸，身体不要前后晃动，每组10～20次。

（10）持哑铃屈伸臂练习：两臂同时或交叉进行，上体保持正直，每组20～30次。

（11）杠铃挺举练习：两脚自然开立或与肩同宽，提拉翻腕时，肘关节向前方抬起，挺举时可以并步挺或跨步挺，每组5～10次。

（12）杠铃抓举练习：两脚与肩同宽，两手握杠宽于肩，提拉同时迅速翻腕、后伸顶肩举起，每组5～10次。

（13）杠铃卧推练习：两手握杠稍宽于肩，推时快起、慢落，每组5～10次。

（14）引体向上练习：双手正握杠，握杠的宽度与肩同宽即可，身体不要左右摆动，每组10～20次。

（15）双杠臂屈伸练习：选择低双杠，练习时身体与地面保持垂直，每组5～10次。

（16）组合器械练习：利用组合器械发展上肢力量练习，根据身体素质情况分组，练习次数保持在10～20次均可。

2. 提高下肢力量训练

（1）蹲马步：要求双腿分开略宽于肩膀，大小腿成90°，弯曲进行深蹲马步练习3分钟为一组，共做3组。

（2）深蹲走鸭子步。

（3）台阶跑。

（4）单腿跳：可做10步以上的单腿跳，应尽力跳。

（5）跨步跳：可做5步以上的跨步跳，应尽力跳。

（6）在单双打边线上分别单腿左右踩线跳。

（7）立定跳远：10次1组，3组以上，应尽力跳。

（8）负重深蹲：杠铃放在颈后，抬头挺胸直腰，肩胛收缩，将横杠准确放在隆起的斜方肌和三角肌上，两手臂侧抬，双手握杠。没有杠铃的话，可以 2 人配合，1 人骑在练习者脖颈上负重练习。每组 5～10 次深蹲。

（9）负重半蹲：每组 5～10 次。

（10）负重半蹲跳：每组 8～10 次。

（11）跨步蹲：肩扛杠铃，躯干保持紧张，大胆向前适当跨步，下蹲时膝关节不超过脚尖，下蹲至大腿与地面平行，然后蹲起还原。每组 6～8 次。

3. 提高腰腹力量训练

（1）仰卧起坐：身体仰卧，屈膝成 90°左右，脚部平放。根据本身腹肌的力量决定双手的位置。初学者可以把手靠于身体两侧，当适应了或体能改善后，便可以把手交叉贴于胸前。最后，亦可以尝试把手交叉放于头后面。当腹肌把身体向上拉起接近 45°时应收紧腹部肌肉并稍作停顿，然后慢慢把身体下降回原位。当背部着地的时候，便可以开始下一个循环的动作。连续做 10～15 次。

（2）仰卧起坐转体：在正常仰卧起坐的基础上，每一个起来的动作后面加一个转身，要求是将右手手肘过左膝盖，左手手肘过右膝盖。每个转向连续做 10～15 次。

（3）仰卧两头起：平躺，两腿并拢自然伸直，两臂于头后自然伸直。起坐时，两腿两臂同时上举下压，向身体中间靠拢，以髋为轴使身体形成对折，然后恢复原状，再继续做两头起的运动。连续做 10～15 次。

（4）双手弯曲向前（后）投实心球：双手持球，面对（背对）出球方向，两脚平行或前后站立在投掷线后，膝关节微屈。两手将球举过头顶，用力将球投出。

（5）悬垂举腿：双手握高杠使身体悬垂空中，收腹屈髋使双腿保持伸直状向躯干方向叠收，举腿动作尽量慢做，稍作停顿后慢慢放腿恢复悬垂状，再继续练习。连续做 10～15 次。

（二）提高速度素质练习方法

（1）各种快跑：如小步跑、高抬腿跑、行进间用球拍拍球跑，听口令立即起跑，距离 5～10 米为宜。

（2）采用 30～50 米冲刺跑，400 米变速跑。这三个练习应采用全力加速跑。

（3）碰线折返跑：从双打边线外开始起跑，从碰最近的线开始，每碰到一条线就转身跑回开始的位置，碰起跑线后再转身向前跑动，依次往返直到触碰完场上所有的线，即双打边线—单打边线—发球中线—另一单打边线—另一双打边线。

（4）"米"字形跑：从发球线中点处开始，跑至各个交叉点处后返回（见图5-6）。

（5）放球折返跑：在半场底线中点处放个桶（球拍也可以），桶（拍面上）内放7个球，按信号从中点出发，由第一人每次只拿一个球来回奔跑，依次将球放到各个交叉点处，第二个人也每次只拿一个球来回奔跑，依次将球拾回桶内（拍面上），此过程中球不能掉出桶（拍面）（见图5-7）。

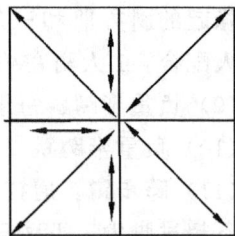

图5-6 "米"字形跑线路图

（6）提高挥拍速度练习

按照自己的节拍、速度进行徒手挥拍练习；给球拍套上拍套进行挥拍练习；在端线把网球扔过网或发球线，强调"鞭打"动作，以提高挥臂速度。

（7）围追堵截

在一块场地中间画两条平行线，相距2米，将参赛者分为人数相等的甲、乙两组，面对面分别站在两条线旁，然后在场地两端各画

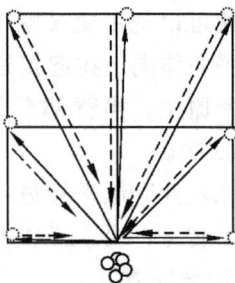

图5-7 放球折返跑线路图

两条终点线，与平行线相距20米。当发令员喊1，两组队员原地不动，发令员喊2，甲组队员迅速追乙组队员，乙组队员立即转身向本方终点线奔去，最后以抓获较多队员为胜方。发令员喊3，乙组反过来追甲组，方法相同。负方应有相应的惩罚。

（三）提高耐力素质训练方法

1. 长距离跑：每周进行三次30分钟跑。

2. 间歇训练：间歇训练包括高低强度混合练习，如冲刺100米、慢跑100米、再冲刺100米等。这种练习应持续20～25分钟。

3. 定时跑或定距离跑：男子12分钟跑完2400米，女子12分钟跑完2200米。大练习者跑时心率一般控制在150～170次/分的负荷强度，适应后适当增加跑的距离。

4. 50～100米快慢交替跑，时间为5分钟。

5. 越野跑：沿校园公路或校外公路人行道跑，要求3000米以上，时间为15分钟左右。

6. 组合练习：练习者在练习过程中可进行冲刺跑30米，侧步交叉跑30米，高抬腿跑30米，跳起摸高10次，变向跑30米，蛙跳15米等。

7. 多球训练：在练习过程中，可安排几种学过的技术在网球场上进行训练，要尽量安排跑动范围较大的多球训练，每组练习时间可根据练习难度而定。

（四）提高柔韧性素质训练方法

柔韧性练习一般在身体充分活动后进行，一套柔韧性练习至少应包括对颈、肩、肘、手腕、躯干、腰、髋、膝和踝等主要关节肌肉部分的牵拉，其方法多种多样，练习者可根据现实条件自由选择，如：

1. 颈部伸展

双腿盘起坐在地上，使下巴触胸—向天上望—向右肩方向侧看—向左肩方向侧看；在保持肩膀低下的情况下，设法用右耳触右肩；重复做左边，每种伸展动作至少要持续 10 秒。

2. 肩部柔韧性练习：双臂自然下垂。首先向前抬右臂，然后上举，掠过右耳，然后向后绕臂，后放下至体侧。用左臂重复这一动作；熟练后，双臂同时做同上同下绕臂动作；双臂同时做相反方向绕臂动作，即右臂上左臂下，右臂下左臂上的绕臂动作。

3. 肩部伸展

双臂放于胸前，用左手抱住右肘，将其向胸部拉肘，左右交替进行来达到三角肌的收缩；双臂放于头后，用左手抱住右肘，将其向左侧拉；双臂在身后双手交叉伸展，左右肩变换进行，重复做。

4. 肘和腕的伸展

肘伸直，掌向上，用另一只手慢慢地将手腕后压（伸展）。将手掌向下，并慢慢地将手腕向下压（弯曲）。这两个练习可达到牵拉手臂前、后部肌肉的目的。两只手臂都要做。

5. 肘部伸展

内收肌水平牵引：将一只手从下钩住另一曲小臂的肘关节，向内横向牵引，使小臂以大臂为轴做旋转运动，持续7～10秒。

6. 腰腹伸展

双脚分开坐着或站立，两手叉腰，整个身体向左转。然后整个身体向右转。持续 7～10 秒。

两脚分开站立。举右臂至头上，左手叉腰，向左侧尽量弯腰。可重复另一侧。持续 7～10 秒。

7. 四头肌拉伸

站立扶一固定物，将踝关节拉向臀部，确保膝部紧靠大腿内侧。后拉踝关节，膝部应对着地面，大腿正面应感到伸展。持续 7～10 秒。

8. 步压腿

用步行姿势站立，一只脚在后并伸直，另一只脚在前屈膝。将全部重心移至前腿，后腿脚跟和地面保持接触，小腿伸直保持 10 秒。前后腿交换练习。

9. 大腿内侧伸展

坐在地板上，脚掌并拢，尽量靠向腹股沟。双膝慢慢地下压，感到大腿内侧的伸展。持续 10 秒。

10. 大腿后部肌肉伸展

坐在地上，左腿屈膝，将右腿向前或向身体侧面伸，可选择较舒服的一种。用手触摸伸展腿的脚后跟来放松大腿后部，持续 15 秒。保持后背平直，并抬头，腰部向伸展的右腿所指方向前屈，持续至少 30 秒。同样进行另一侧。

11. 踝关节

膝关节伸直坐下，使脚尖指向天。两踝分开约 30 厘米，用脚尖做最大程度的环绕动作。每方向做 15 次。

（五）提高灵敏素质训练方法

1. 双脚开合跳

开始时两脚与肩同宽分开站立。向前跳，落地时双脚并拢。原地跳，落地时两脚分开。向后跳至起跳点，落地时双脚并拢。原地跳，落地时双脚分开。重复这一组练习。

2. 单腿控制平衡

两人单足站立，互相推，设法迫使对方双脚落地。

3. 快速启动快速制动

根据信号在快速跑动中做启动、急停、急跑，返回时结合变方向跑、转身跑和后退跑。

4. 颠球追逐

在网球场上，练习者手握球拍进行颠球练习，一边颠球一边追逐同伴并用非持拍手碰触同伴，同时闪躲避免同伴碰触自己。

5. 喊号接球

在半个网球场上，练习者围成一圈，由抛网球的练习者指定各位同学的号码，然后同学们绕圈按一定方向慢跑（如顺时针），抛球者将网球抛起后呼叫一位同学的号码，被呼叫者必须在球第二次落地前把球接住，成功者归队，由原来的抛球者继续呼叫其他号码，失败者替换原来的抛球者呼喊号码。没有被呼叫的练习者继续绕圈慢跑。

6. 快速找线

练习者绕着一片网球场地慢跑，教师呼叫"单打边线"、"端线"、"中线"、"双打边线"、"中心带"或"发球线"，练习者要在 3 秒内跑到教师呼叫的线上，慢者罚做 20 个俯卧撑。

第七节　网球运动员心理素质训练

心理素质训练简称心理训练，所谓心理训练，是指有目的、有意识地对运动员的心理施加积极影响，并采用相应的方法和途径，使运动员形成良好的训练和比赛心理状态的过程。随着运动技术水平的不断提高，运动员生理技能的挖掘已逐渐接近极限，再靠加大运动负荷的做法已无多少余地，运动员（特别是优秀运动员）最大的潜力所在则是其心理能力。吉米·康纳斯曾说过，在职业网球这一水平，心理因素占 95％。当比赛双方实力相当时（技术、速度、力量等），心理因素往往对比赛的结果起着至关重要的作用，如注意力、信心和拼劲等。运动实践证明，许多优秀运动员在比赛关键时刻取胜，大都归结为心理上的优势，而不少比赛失常的运动员都是因为精神过度紧张；对于业余选手来说，也应把重点首先放在自信心、竞争意识和心理品质的培养上。

心理训练的目的是培养和发展运动员在紧张的训练和比赛中所必需的心理品质和个性心理特征，使运动员学会控制和调节自己的心理状态，以便更好地适应训练和比赛，以取得更好成绩。

网球运动员心理训练往往和技战术、身体素质训练融合在一起进行。根据运动员训练和比赛活动的需要以及心理品质形成的规律，对网球运动员的心理素质训练可分以下几种：

一、知觉视觉训练

网球体积小、速度快、变化多，这就要求运动员有良好的知觉视觉。准确、明晰的知觉视觉，对网球运动员具有重要意义。在比赛中，对方的击球动作、击球时的拍面角度和方向，球在空间运行的特点，对方的动向，这一系列复杂的过程，只有在知觉视觉准确辨认的基础上，才有可能完成有效的应答行动。

在日常训练中，教练员要有意识、有目的地采用各种有效的方法和途径，对运动员的知觉视觉进行科学训练，这样将更快地提高运动员的知觉视觉能力。例如：

1. 采用各种手势信号让运动员随手势做各种动作；

2. 在场地中设置标志，"打准练习目标"；

3. 教练员将准备好的若干个球放置在场内不同位置，让运动员由背向球转向面对球，并快速说出球数等。

这些手段和方法均能有效提高运动员的知觉视觉能力。

二、注意力集中和分配的训练

（一）注意力集中训练

注意力集中是全神贯注于一个确定目标，不为其他内外刺激而产生分心的能力，也就是抗干扰能力。运动员注意力集中是非常重要的，在很多项目中，注意力稍有分散就会降低动作的成功率。在网球训练和比赛中，运动员的精神更需要高度集中，因为网球是技巧性很强的项目，技术复杂细腻，稍有分心就会影响技战术质量。在比赛中，运动员的注意力集中，发挥稳定，能排除周围的不良刺激和干扰，处于情绪陶醉状态，就能在任何情况下都能作出正确的判断，及时作出决定。网球运动在比赛中要保持长时间精神高度集中，这种能力需要刻苦锻炼才能获得。教练员可根据运动员的年龄、个性、训练水平和在集中注意力上存在的差异，有针对性地提出要求。如：

1. 在启蒙和基础训练阶段常要求运动员眼睛盯住来球，集中全部注意力在球上，如在离开自己 5 米处摆放一个球，让运动员盯住球上的字 2 分钟，转身看空中球的虚像，闭眼在头脑中重现球的虚像，要求球的细节越多越好，能够细到球的标牌、纹路；先盯球，再看球拍的甜点，并将球移动到球拍的甜点上。

2. 少年运动员易兴奋，疲劳时精神易分散，此时可安排竞赛和游戏的内容使之兴奋，继续把注意力集中在球上。

3. 为了强化集中注意力的训练，尤其是在训练的后期部分运动员体力下降时，可安排一些速度快、精确度高的练习，如凌空对打截击球（在质量和数量上有特定要求）。融合技、战术训练，经常有目的地提出要求，集中注意力的能力可以提高。

4. 闭目静坐：比赛场上人多声杂，意外刺激也不断出现，当外界影响而情绪波动时，可在比赛间歇（如交换场区）时闭目坐在凳子上，把思想引向自身内部的感觉畅通、心跳有力等，这样就隔断外界信息，有效地防止干扰，使心情逐渐趋于平静。

（二）注意力分配训练

所谓注意力分配是指在同一时间内，把注意力分配到两种以上的对象或活动上去。注意力分配是注意力集中的一种特殊表现，只有高度的集中才能有合理的分配。在比赛中，运动员会受到大量的、无规律的复杂刺激，这便要求运动员具有善于分配注意的能力。

教练员可以在练习中，采取多种方法来提高运动员注意力集中和分配能力，如：

1.在多种干扰条件进行训练和比赛。干扰条件包括外部的如气候、观众、环境等和内部的如疲劳、情绪激动等。

2.平时比赛中要求运动员自己既当运动员又当裁判员，记错分、判错分要受到一定惩罚。锻炼合理分配注意力的能力。

三、自我暗示

自我暗示训练是利用语言等刺激物对运动员的心理施加影响，并进而控制行为的过程。自我暗示能够提高动作的稳定性并增加成功率。自我暗示训练可以在练习或比赛中采用积极的提示语言，反复提醒自己。

自我暗示训练包括以下六个步骤：

1.正确理解到认知和它的表现方式，如言语对情绪和行为的决定作用。

2.确定训练或比赛中常出现的消极想法，如：糟糕，我这个坏动作（习惯）又出来啦；倒霉，怎么又遇到这个裁判？

3.确定如何认识这种消极想法。

4.以积极的提示语取代消极想法，如"裁判我没办法改变，关键还在我自己"。

5.不断重复相应的句子，如：这下完了—还有机会，拼搏到底。

6.通过不断重复和定时检查，举一反三，养成对待困难的积极态度和良好习惯。

在具体实施时，要求运动员首先想象各种应急情境；然后演练事先准备好的自我陈述句子；最后在真实应急情境中使用自我陈述方法。一些常用的自我暗示语包括："我做得不错，只有很少的错误需下次克服"、"别激动"、"只考虑自己必须做的事情"、"深深地呼吸和放松"、"将精力完全集中于自己所要完成的任务上"等等。

四、意志力的训练

所谓意志力，是自觉地确定目的，根据目的来调整自己的行动，克服各种困难，从而实现目的的心理过程。一个人意志力的表现是与克服困难相连的，根据网球运动的特点，运动员需要具备的主要意志品质是：自觉性、主动性、自制力和自信心。

自觉性是指一个人在行动中有明确的目的，并充分认识到自己的行为对社会的意义。它促使人们能积极主动地对待当前的行动，从而加速目的的实现。在网球训练中，就要求运动员在运动中自觉长期地去执行训练计划。例如，怎样在无规律的练习中自觉练习注意力的集中与分配，怎样提高判断力，怎样达到技术质量要求，怎样正确运用战术，怎样形成良好的比赛作风等，这些都要求运动员有很高的自觉性才能实现。

主动性是自觉性的具体表现，如要求运动员带着问题去练，与教练共同探讨技术、战术问题；在比赛中，要求运动员积极主动地去运用技战术，依据场上情况，主动地变化技战术等。

自制力主要是指运动员在训练和比赛中抵抗内心和外界各种不良刺激和干扰，以保证良好训练效果和比赛中技战术正常运用的自我控制能力。教练员应要求运动员在遇到困难时，正确看待困难，事先做好完成复杂练习的计划。在比赛中，要逐步培养起稳定的情绪，不怕场内外的种种干扰。

自信心是指运动员相信自己通过努力一定能实现既定目标的信念。自信心的培养需要运动员和教练员的共同努力，教练员要注意把握好训练的难易程度和技术水平提高的幅度大小对运动员的影响；注意以良好的刺激增强运动员的自信心。同时更应注意对不同类型比赛的研究，让运动员在不同水平、不同竞技状态参加不同类型的比赛，用比赛，尤其是教学训练性比赛来培养运动员的自信心。

提高意志品质的训练方法有多种多样，如：

1. 打球计数：在技术训练中使用多球计数时，采用一种计净好球数，命中指定区为有效（失误则扣除计数）和连续成功数如规定连续成功5次（当第4次出现失误则从零开始）的计数办法（同时提出质量要求，如力量太小虽命中不计数也不算失误等）；在三拍战术的组合练习中，三拍都命中为有效，第一、第二拍失误从零开始，要求完成若干组。对心理稳定性和意志品质都有很好的锻炼效果。

2. 避免为失误找借口：不把比赛不理想的原因归咎于阳光、风向、场地条件、司线员误判等，不理睬自己无能为力的客观条件，抑制自己的不安愤怒情绪，端正对待失误的态度和控制比赛节奏等。

3. 不担心输：网球选手面对的难题之一是怕输的问题。很多选手说：从比赛前到比赛中以至比赛结束被"不能输，不能失误，不能让教练、朋友和双亲失望"等担心占据着自己的整个身心，教练员从队员的启蒙开始就尽量避免灌输这种怕输思想，对比赛结果胜败不要责备，对其的不规范的技术和战术进行批评，但也不是严加斥责。不根据运动员是否已经获胜或失败，而要根据其是否已经把学到的技术运用好和场上的行为表现来评判比赛结果。例如，当询问一场比赛的结果时，不要这样问："你赢了吗？"而应是："比赛你打得怎样？你反手击球怎样？"等。在这种教练环境下的队员在比赛中就不会一边思考比赛结果而一边进行比赛。

4. 自我调节：根据人体身心相互作用的观点，在精神过度紧张时，可通过身体活动来缓解或发泄。所以，当比赛感到情绪不稳定、精神紧张时，可通过轻微活动手脚、轻松散步或适当的准备活动，再配合深呼吸动作，能有效地缓解精神紧张状况。

5. 调节呼吸：人在精神过度紧张时，往往感到胸闷气短，呼吸急促；所以有意识地放慢节奏的深呼吸可以缓解精神紧张。调节的方式尤以腹式呼吸法效果最好。坐式、立式都可进行。

6. 自我暗示：在比赛场上心理不稳定时，可采用积极的自我暗示："镇静、放松"、"现在情况很正常"、"我感觉很舒服"或暗示自己各部位肌肉放松等方法，以此稳定情绪。当然，具体的暗示语要因各人的习惯而定。

7. 转移注意：当临场感到胜负的压力而情绪紧张、意志力不佳时，不妨通过与队友或他人的谈话诱导或改变思维定式，暂时不想比赛，去想大自然的美景，或想自己过去某种愉快的体验，或者听听轻松的音乐等，使紧张的情绪得到暂时的宽松和调剂。

>>> 复习思考题

1. 发球、接发球各有什么侧重？
2. 怎样训练好正反手击球？
3. 截击、高压、反弹球有什么方法训练？
4. 身体素质训练包括哪些内容？
5. 怎样训练心理素质？

第六章　网球运动基本战术及其训练方法

在网球比赛中，战略是运动员整场比赛的战术指导思想，是针对不同对手选择、制定的比赛方案。所有优秀运动员在比赛中都运用一定的战略、战术。当运动员以防守或以进攻作为自己的战略思想时，打法是有区别的。防守型打法的选手，能有条不紊地、耐心地按自己的战略意图去比赛；进攻型的选手总是在寻找对手的弱点，哪怕是一时的弱点，他们也会立刻抓住发起猛攻。

网球战术是指运动员在比赛中为赢得比赛或达到期望的结果而采取的策略和行动，是战略的具体实施办法。战术可以在整场比赛中不断变化，以便适应并破坏对方的战略、战术。网球比赛的战术包括组织与实施比赛各方面的问题，诸如发球与上网、正手与反手、深球与浅球、上旋与下旋、加力与卸力等。

第一节　网球运动基本战略

网球运动基本战略可分为初中级战略和提高战略。

一、初中级战略

（一）稳扎稳打、减少失误

在网球比赛中，最重要的是要做到减少非受迫性失误，特别在难以打出制胜球时，寻求回球安全是至关重要的。尤其对于初级阶段的球员来说，主动进攻得分的能力一般不强，得分、失分主要依靠对方和己方的失误来实现，这样，失误少的一方就很可能赢得比赛。

（二）打对方弱手侧

一般情况下球员（包括职业球员）正反手击球能力都不均衡，绝大多数人反手都比正手弱，而且初中级选手的反手可能是他最大的心病所在，所以不管和谁比赛，首先考虑到的是打对方的反手，攻击其弱点，迫使对方回球失误。

（三）打斜线球

当你和对手底线相持的时候，如果没有好的机会尽量打斜线对角球。这主要基于三方面考虑：第一，球网中间最低，减少了下网的机会；第二，斜线的距离最长，减少了出界的机会；第三，斜线球过网后，如果对方打直线，

网

·

球

116

可能因为球网高，距离短而失误，此时，对方可能最好的回球也是对角斜线球，如此你就可以比打直线球少跑一些距离。

（四）发挥自己的长处

要了解自己技术上的长处，比赛中善于使用擅长技术。如果你正手技术比反手技术好，就要尽量多使用正手进行进攻，在时间上允许时，可以在反手位侧身打正手球。如果不能准确地击反弹后处于上升期的球，就应退至底线后，以击反弹后处于下降期的球为主。

（五）发球确保成功率

网球发球技术相对复杂，技术难度高，对大部分网球初中级球员而言，发出力量大、角度刁的球是不现实的。即使你的发球很慢，但只要发到对方反手，一般的初中级选手是很难一拍把你打死的。对于业余选手和网球爱好者两次发球都选择上旋发球，也是一个不错的做法。只要你把球发过去，保持命中率，还是有机会拿下这一分的。对于一些初级选手，有时二发也可以选择下手发球，避免网球比赛演变为"双误"比赛。

二、高级战略

（一）善于调动不善于跑动的对手

调动的战术，所要针对的是那些倚仗正手或其地某种攻击利器，而不喜欢频繁跑动的人。对于那些在跑动中越战越勇的家伙不能使用这一招，对他们倒不如将球打向中部、打深，再伺机变招打出大角度或把他们调到网前，尽量不让他们找到进攻节奏。

（二）制造机会球

制造机会球，尽量让对手只能打防守球不能起拍进攻，具体策略有：

1. 用攻击性的重球打向对方深处；

2. 大角度把对手拉出其所在的位置制造空当；

3. 打有弧度落点深的旋转球，把对手逼到底线后的位置，迫使他回出浅球；

4. 打对手薄弱之处，使其不能回出有质量的球；

5. 让对手来回奔跑。

现实中要根据对手水平区别使用，否则会适得其反变成对手的机会。

（三）有机会勇敢上网

如今发球上网的人越来越少。主张发球上网的人总是希望有更多的人选择发球上网。尽管眼下发球上网的人很少，但有理由相信，现在有很多优秀选手都可以发球上网。一些优秀的上网选手，如埃德博格、桑普拉斯和费德勒等，他们常常在对手不知不觉中跑到发球区内截击。

那么今后的趋势是否又到了发球上网的"轮回"了呢？这就取决于教练员了。一般情况是当教练员看到大多数网球高手都是靠底线抽击赢球时，他肯定也让他的队员老实地待在底线上。只有当教练员们发现发球上网普遍流行时，他们才敢于将他们的球员送到网前去。

（四）接一发球斜线过网，接二发上前一步攻其反手

即使面对一位发球上网选手，接发球打斜线也是最安全的路径。在很多情况下，试图接发球得分或得到巨大优势的想法很容易失误。接二发时，要让对手为一发失误付出代价，上前一步是一个有效手段。如果这时对手想发力把你逼回去，也许一两次会得手，但双误定会增加，一发也会受到影响。

第二节　网球比赛基本战术打法

网球比赛中基本战术打法主要为利于自己的攻击、反击和防守，同时抵消对方的攻击力量，寻找并利用对方的弱点打击对方的士气等条件来确定的。网球打法有三种类型，即上网型、底线型和综合型。运动员可根据自己的技术、身体素质及心理属性，来确定合理的打法类型。

一、底线型打法

运动员基本上保持在底线抽球，较少上网。利用球的落点、速度和旋转变化迫使对手处于被动。优秀底线型运动员均能掌握扎实的正、反手击落地球技术，并具有相当强的威胁性，利用快速有力的抽击，打出落点深而角度刁的球，能够一拍接一拍地运用上旋球与对手对攻，迫使对手处于被动局面。当出现中场浅球时，能以快速前压的动作进行致命一击，这种打法类型虽在比赛中很少上网，但一有机会也能抓住时机进行网前攻击。另外在接发球和破网技术方面，能顶住对方强有力的发球，既会用隐蔽动作完成破网技术，又会抽挑结合，使对方网前难以发挥威力。

二、上网型打法

积极创造一切机会和条件上网，上网后利用控制速度和角度的截击球造成对方还击困难。这种打法积极主动、富有攻击性，但也有一定冒险性。优秀的上网型运动员都掌握发球上网和随球上网的战术，发球技术凶狠、力量大、角度刁钻，很有威胁性，截击球和高压球的杀伤力强。

运用发球上网战术要求发球有力，落点变化多，上网速度快，中场截击攻击力强，能为近网攻击创造有利条件，网前截击迎前动作快，击球角度大、落点变化丰富。随球上网要求能创造有利时机，随球上网一拍击球质量高，

上网快，判断准，网前截击威力大。高压球要求判断准，反应和移动快，下拍坚决果断，落点好，保护后场的能力强。

三、综合型打法

所谓综合型，是底线和上网两种打法的综合运用。

优秀综合型运动员的技术，无论是发球、接发球，还是截击和高压球，其技术都较为均衡和全面。能够根据对手特点，在不同的情况下采用相应战术。有时底线对抽，有时伺机上网截击，时而发力猛抽，时而稳扎稳打，有时削放轻球，有时挑出上旋高球，充分发挥多样化技术，并结合敏捷步法，机智灵活地争取主动。

第三节　网球运动单打战术

单打比赛中要有独立作战的能力，既能控制住球，不轻易失分，又能积极发力进攻。在战术运用上要根据自己技术特点及场上情况灵活采取不同的战术打法。

一、单打基本战术

（一）发球战术

发球是一分的开始，只有发好球才能确保处于有利的局面。当今网球比赛发球已经成为最直接、简便、有效的得分武器。相反，丢掉一个发球局便意味着处于整盘，甚至整场比赛的不利地位，所以发球在比赛中至关重要。

最好的发球是力量、落点及旋转的完美结合。一般来说，比赛中的第一发球采用速度较快的平击发球，发向对方场地的内角或外角，以加强攻击性，给对方造成压力。第二发球都采用旋转强烈且稳定性高的上旋、侧旋球，发向对手的中路或其薄弱之处。通常第一发球快速、冲击力强；第二发球应具有稳健性，以保持较高的命中率，可尽量减少双误。具体表现在以下几方面：

1. 发球的站位

单打发球的站位一般来说距中点较近，因为有利于准备下一次击球。但根据自身的特点和对手的站位可以有所改变。例如，右区选手稍靠近边线一侧站位发球，有利于发出角度更大的外角球，可以充分将对手拉出场地，更有利于下一拍球的进攻。

2. 发球落点

发球落点通常取决于球的旋转类型和飞行路线。在右区，通常用平击球发对手的内角，用带切的侧旋发球发对手的外角，用稳健的上旋球发对手的中路追身；在左区，通常采用平击球发对手的内角或外角，用带切的侧旋发球发对手的内角，用上旋球发对手的中路追身或外角。

3. 发球上网

是否要发球上网在发球之前就应该决定，如果准备在第一发球后上网，发球时可站在靠近端线中点标志的地方，发球要深，一发发向对方接发较弱的一边。这种发球通常抛球要更靠前一些，并尽量向前上方跳起，然后向网前冲去；在对方击球时，应该立刻跳步停住，以便判断来球的方向，然后再对着球，向前去做网前第一次截击，多数情况下，利用良好的一发上网截击得分，至于移动到什么地方击球，则取决于发球的落点和接球员回球的角度，尽可能地沿回球线路移动上网截击。要注意的是：不要希望在第一次截击时得分，除非对方回球又高又软，否则应当力图把球打深，但尽量击向对手的弱处，使对手留在端线，迫使其回球质量不高，同时使自己可以来到网前，站在更具有威胁性的位置上，再通过第二拍击垮对手。大部分中上水平的运动员，特别是专业运动员，都会利用第一发球的成功，立即上网截击。

（二）接发球战术

在接对方发角度大而弹出边线的球时，若球速快，可用进攻方法还击；亦可还击大角度球，以牵制对方发球后的抢攻。接大角度球时，不要向后跑，而应向球落点处直线迎击球，用抽球还击。接发球时应选择合适位置，其标志是正手和反手各有50%的机会接球。切忌在中场等球，应将中场视为接球时不站人的区域。

如果用一种方法接发球效果不佳，就应改变或使用不同的方法，站位的前后变化，打得轻重变化，角度大小的变化等。对付不同的发球，可用不同的接发球战术以赢得主动。

1. 接一发

（1）接一发时要稳，力求不让对方一发"轻易"得分。

（2）如对手留在后场，接发球时用挡击打一个深的直线球，或有角度的球或用上旋高球送至对方反手。根据接发球的类型，上网截击或留在后场。

2. 接二发

（1）每当出现机会时，应有攻击二发的意识。攻击二发时，当球上升至肩高时击球，以保持场上的主动。

（2）用正手侧身攻或跑动中正手打直线球，偶尔打一个轻吊球。

3. 对不同的区域、不同的发球类型有针对性应答

（1）对方左区平击发球：球至外角，坚决地沿发球飞行的轨迹还击。

（2）对方左区侧旋发球：球至内角，以一深度球还击到对方的底线中央。

（3）对方左区上旋发球：球至外角后高跳，可还击至对方的反手角或以小斜线还击。

（4）对方右区平击发球：利用深度和速度沿发球飞行的轨迹还击。

（5）对方右区侧旋发球：尽可能早还击至发球队员一侧，对方如上网，则对准其脚面还击或对准其人体还击。

（6）对方右区上旋发球：球至外角，坚决地将球还击至对手的脚边或以小斜线还击。

（三）底线战术

底线战术是以底线正、反拍击球为基础组织的战术。它的指导思想必须是用速度、旋转、落点的变化来创造进攻机会。底线型打法的主要战术有：对攻、拉攻、侧身攻、紧逼攻、防反攻等。

1. 对攻战术

底线型打法的两面对攻战术，是利用底线正反手连续抽击进攻能力，配合速度和落点变化与对方展开阵地战，达到限制对方的目的。具体战术方法如下：

（1）以正反拍抽击球的速度、力量攻击对方的弱点，用速度压住对方；

（2）用正反拍强有力地抽击球，连续攻击其一点；

（3）用正反拍的有力击球，调动对方大角度跑动，同时寻找进攻得分机会；

（4）在调动对方两边跑动时，突然连续打重复球，再突然变线；

（5）在 3/4 的场地内用正手进攻和回击所有可能的回球；

（6）反手打斜线是为了底线对攻，打直线是为了随球上网抢分；

（7）感到紧张时，勿放小球；

（8）坚持打深，使用斜线对攻战术以争取时间和控制。伺机采用组合击球战术（如打深的直线球后接打对角斜线球）。

2. 拉攻战术

拉攻战术是底线型打法中比较普遍的一种战术。它是以正、反手拉上旋球，或正拍拉上旋，反拍切削球，来使对方左右跑动，一旦出现机会，立即致命一击。

（1）正、反拍拉强力上旋球于对方底线两角深处，不给对方上网及底线反攻的机会，寻找机会进行突击。

（2）正、反拍拉上旋球时，适当增加拉正、反拍小斜线球，增加对方跑动距离并出现质量低的回球，然后伺机进攻。

（3）逼拉对方反拍深区，伺机正拍偷袭。

（4）如对方主动打你的反手，争取朝反手方向移动，用正手攻击。

（5）处于被动时，多打控制球，少发力，用高而深的慢速球变换速度，击打角度刁或速度快的来球。

3. 侧身攻战术

侧身攻战术是底线型打法中的一项主要进攻手段。它是利用强有力的正拍抽击球，配合良好的判断和步法移动，在 2/3 的场地上用正拍对对方施加有力的攻击。具体战术方法如下：

（1）连续用正拍对对方进行攻击，创造得分机会。

（2）用正拍进攻，调动对方移动；反拍控制落点，伺机侧身用正拍突击进攻。

（3）用全场正拍进攻对方反手位，再变线突袭正手位。

（4）用正拍进行攻击时，连续打出重复球（即回马枪）。

4. 紧逼战术

底线型打法的紧逼战术是以其快速的节奏对对方进行攻击的一种重要手段，也是当今世界上优秀选手们常用的一种攻击对方的战术。紧逼战术主要是发挥其良好的底线正、反拍抽击球技术，迎击上升期球。准确的落点控制，节节紧逼，以达到攻击对方的目的。具体战术打法有：

（1）接发球时就紧逼向前进攻，使对方发球时产生心理压力和发完球有来不及准备的感觉。

（2）连逼对方反拍，突袭正拍，伺机上网。

（3）紧逼对方两边，使其被动或回球质量下降，伺机上网。

5. 防守反击战术

防守反击战术在底线型打法中占有很重要的位置，在执行防守反击战术时利用良好的底线控球能力。发挥反应判断快、步法耐力好、击球准确的特点，来调动对方，以达到在防守中寻找机会进行反击的目的。

（1）在对方运用发球上网战术进攻时，接发球可采用迎上借力接球，把球打到对方脚下或两边小角，然后第二拍准备反击破网。

（2）对方进行底线紧逼进攻战术时，可采用底线正、反拍拉上旋球到对方底线两角深处，不给对方进攻得分机会，然后再伺机进行反击。

（3）在对方运用随球上网进攻时，应提高底线穿越第一拍的成功率和突击性，即穿越球的质量，以寻求第二次反击穿越的机会。

（四）上网战术

上网战术的指导思想就是利用网前进攻为主要得分手段。它的基本战术可分为发球上网、随球上网、接发球上网、偷袭上网及放小球上网等。

1. 发球上网战术

发球上网是上网者利用发球的速度进行主动进攻，先发制人的一项战术，是上网型打法者在比赛中的主要得分手段，其战术方法有：

（1）用第一发侧旋球，发向对方发球区右区外角，然后上网，冲至发球线中线偏左，封住对方正拍直线球，截击球至对方反拍区（见图 6-1）。

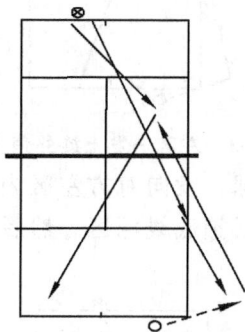

图 6-1　右区一发侧旋外角上网

（2）用第一发球平击球或用第一发球的力量发上旋球，发向对方发球区右区内角，然后上网，冲至发球线中线，判断来球，截击至对方底线正、反拍深区，随中场截击贴近网（见图 6-2）。

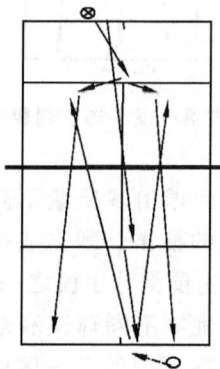

图 6-2　右区一发平击、上旋内角上网

（3）用第一发球的力量发上旋球，发向对方发球区左区外角，然后上网，冲至发球中线偏右，封对方反拍直线球，把球截击至对方正拍区（见图 6-3）。

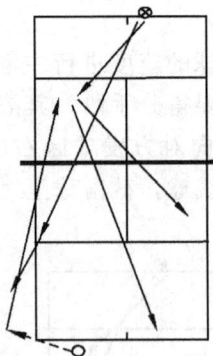

图 6-3　左区一发上旋外角上网

（4）用发平击球或侧旋球，发向对方左区内角，然后快速冲到网前，判断来球，截击球至对方正、反拍底线深区。然后人随球跟进，准备近网截击（见图 6-4）。

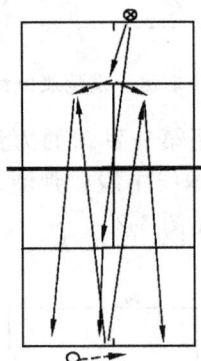

图 6-4　左区一发平击、侧旋内角上网

2. 随球上网战术

随球上网战术是指当对方回球出现质量不高的中场球（在发球线前后的球）时，果断地使用控制落点的抽击、削击或推击，然后随向前势头上网的一项战术，是比赛上网战术中主要得分手段之一。具体实施方法有：

（1）利用平击、侧旋、上旋等不同球速和落点的发球，使对方接发球出现浅球或中场球。如回球落点在正拍的 2/3 区时，则可用正拍进攻，然后随球上网；如回球落点在反拍的 1/3 区时，则可用反拍进攻，然后随球上网（见图 6-5）。

网
·
球

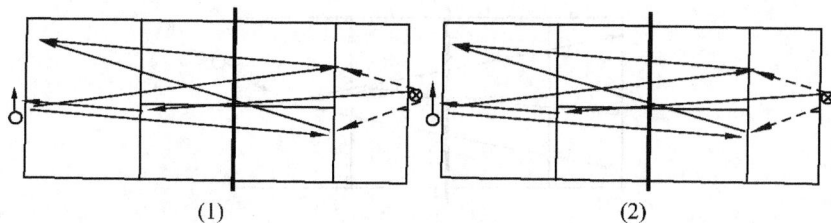

图 6-5　右区发内角正手攻随球上网

（2）在底线相持中，利用抽击球的速度、力量、旋转等变化来控制对方，使其回出质量不高的浅球或中场球，趁机强攻制造随球上网的机会。

（3）利用抽击强上旋球，把对方压在后场，等待时机突击上网。

3. 接发球上网战术

接发球时必须树立积极主动的战术思想，采取先发制人战略。上网型打法应积极利用快速多变的手段来接发球，尤其是接对方的第二发球，抢攻上网或削深上网，以便充分发挥自己上快攻打法的特点，接发球上网主要有以下几种方法：

（1）接右区外角发球时，可用正拍抽击或削球，回击对手反手位深处上网（见图 6-6（1））。

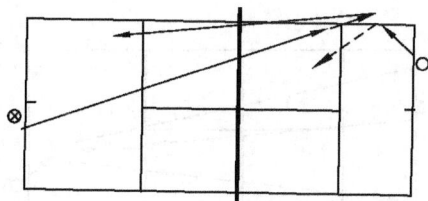

图 6-6（1）　随球上网战术

（2）接右区内角发球时，可用反拍抽击或削球，回击对方反手位上网（见图 6-6（2））。

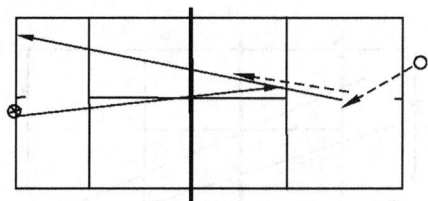

图 6-6（2）　随球上网战术

（3）接右区内角发球时，可用正拍侧身攻，打向对方弱侧上网（见图 6-6（3））。

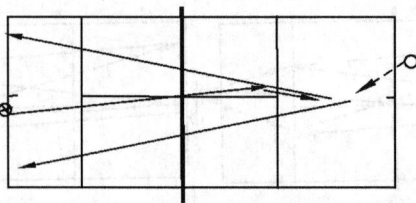

图 6-6（3） 随球上网战术

（4）接左区外角发球时，根据对方技术情况，利用反拍抽击或削球，一般以打直线上网为佳，一是距离短，对方准备时间不足；二是上网后容易封住角度（见图 6-6（4））。

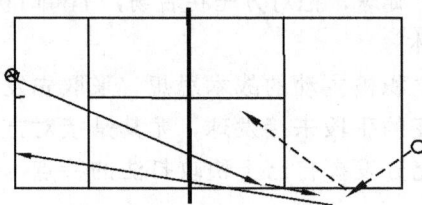

图 6-6（4） 随球上网战术

（5）接左区内角发球时，可用侧身正拍抽击或削球回击对方左右两点上网（见图 6-6（5））。

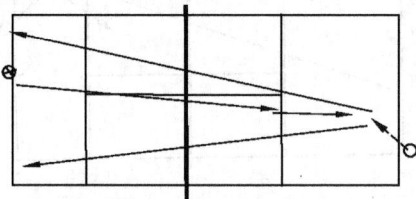

图 6-6（5） 随球上网战术

（6）接左区外角二发时，可用反拍抽击球，回击对方斜线或直线上网（见图 6-6（6））。

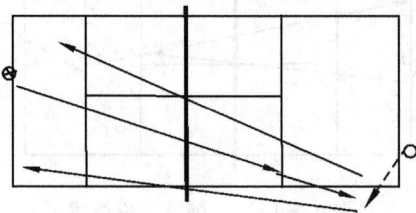

图 6-6（6） 随球上网战术

二、单打战术的基本要求及影响因素

（一）球员的气势

在每一场网球赛中都有一些关键分和优劣转折点。气势是一名网球选手能够控制比赛的精神力量，它是影响网球比赛结果的关键因素之一。好的选手能够控制对手的气势，当比赛的形势对自己有利时，他能占据上风；当形势对自己不利时，他能够适时扭转局势。研究表明，连续得分有助于形成气势和锐气。多数情况下，连续得 3 分或 3 分以上的选手总是获胜。每一分都是重要的，有些得分更影响比赛的进展。当然，完美的情形应是选手用同样的努力和强度打每一分，而不是过分看重某一分的得失。

（二）比赛场地

1. 地面条件

慢速场地，如红土、沙土地，石粒、沥青、多孔混凝土等。其特点是：地面较粗糙，与球的摩擦较大；球弹跳较高，球速较慢。这种场地球弹跳较高，球速较慢。球员在此类场地上有充足时间抢救险球，有足够的时间感觉、反应和判断，因此可以有较大幅度的引拍，可采用全面技术打法。

快速场地，如天然草地和塑胶室内场地。其特点有：地面非常平滑，与球的摩擦很小；球弹跳不高，球速又快又低。这种场地上要求球员步法快、短、稳健，引拍动作要小，应具备良好的反应能力才能做出快速反应击球。此种场地适合发球上网的快攻型打法。

中速场地，如塑胶地面、室外涂塑地面等。其特点是：地面较平滑，与球的摩擦较小；球弹跳中等高度，球速较快。这种场地介于快速场地与慢速场地之间，反应时间稍短，动作可以适当加大，战术多趋于进攻型打法。

2. 不同比赛场地采取的战略

慢速场地

（1）击球多用拉上旋的方式，球越过球网以高远弧度落在对方深区。

（2）要对长时间的底线对攻做好精神准备。

（3）有效地利用转体加大击球力量。

（4）在沙地要有耐心地实施你的"战略"。

（5）练习侧滑步和前滑步。

（6）学习使用放小球作为一种得分手段。

（7）发球时发上旋球或有角度的球，而不是仅仅追求大力发球。

（8）采用令对手疲劳的战术，因为慢速场地能让对手救起多数险球。

中速球场

（1）有效地利用脚步动作。

（2）发球时使用的旋转和力量要富于变化。

（3）使用各种类型的旋转，但应多用击上旋球和半高球。

（4）综合采用不同旋转和不同角度的击球。

（5）攻击浅球时击向对手身后，并随球上网截击。

（6）针对不同的对手需要采用不同的战术。

（7）使用攻击型的挑高球。

（三）不同天气条件采取的战略

1. 风向

（1）朝向自己

击球过网时稍高些，击球时加力，提前做好击球准备。采用上旋高球，尽量不打穿越球。适当采用放小球。发球时稍靠前调整抛球。

（2）朝向对手

击球过网时要低，多打上旋球，力求多打截击球。可打穿越球，避免跳高球。用侧旋和下旋控制击球。发球时稍靠后调整抛球。

（3）横穿球场

根据风向，朝边线或场内击球。采用发下旋球和侧旋球上网。

（4）变化无常

精力集中看球，快速移动，保持平衡和控制。使用简练的技术，打成功率。

2. 太阳光

在有太阳的天气条件下比赛要注意以下几点：

（1）变换发球位置。在不同的位置抛球，要保证一发成功率。

（2）让对手在向阳一端接一发。

（3）比赛过程中背向阳光时可挑高球，如果阳光变化，则改变战术。

（4）双打配对中配备左手握拍选手，这样，两人都不必对着太阳发球。

3. 雨天

（1）由于球较重应提前准备，降低重心，随球动作稍大些。击球时多提拉，加速击球。

（2）步法要稳，保持平衡。可能时，要换球鞋。必要时，变化打法。

第四节　双打战术

网球双打比赛和单打比赛一样具有悠久的历史，深受业余网球爱好者的喜欢，它是在个人单打技术的基础上，互相配合进行的比赛活动，但网球双打与单打战术特点不同，双打的显著特点是网前的激烈争夺，谁控制了网前，谁就有更多的进攻得分机会。由于一个队员上网站在网前，既可以缩小防守空间，又能够运用截击球和高压球将球击到对方难以还击的地方，造成双打比赛攻防转换速度比单打快，这对球员技术及各方面的要求较高，诸如发球、接发球、截击和高压球的水平；场上的反应判断能力；网前处理球的冷静；进攻及防反能力等。最重要的是运动员具有较高的战术意识，要机动、灵活。

一、双打站位与战术

（一）发球局站位与战术

1. 常见站位

（1）右区发球局站位

①前后站位

发球员 A 应站在底线中点与双打边线的中间或略偏右 20～30 厘米的位置上（见图 6-7），同伴 B 站在网前左侧距网 2 米左右、在左侧双打边线和发球区中线之间的位置上，B 的站住以保护左边区为主兼顾中路的原则，避免边区空当过大被接发球员 C 以直线穿越的危险；而中路来球可交予发球员 A 在网前拦截。这样的发球局站位给对方 C 的感觉是：网前 B 已摆好封网的架势，不但要接好球，还要尽量避开 B 的抢攻。

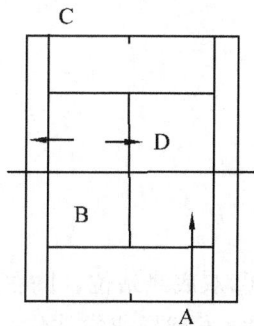

图 6-7 右区发球一般站位

发球员 A 的站位应考虑以下战术意识：

Ⅰ. 发球后上网占据右区半场进攻有利位置，A 可与同伴 B 在网前封住接发球的角度，在网前快攻。

Ⅱ. 发球员 A 的站位应使发球落点更加灵活，既可以用大力侧上旋发球将球发至边区外角把对方接球者拉出场外，也可以变化落点攻击对方内角反拍位（大多数右手持拍者），变幻莫测的发球落点对双打战术非常重要。

Ⅲ. 发球员 A 与网前同伴 B 保持合理的距离，即使战术变化需要抢网交叉换位，A 向左前跑动距离也比较适中。

②双底线站位

这种站位很简单，发球方队员都站在底线后，发球者发完球后仍然留在底线，同伴也在自己的半区底线附近活动，均不主动上网封堵对手，靠底线抽球寻找机会。

网前信心不足但底线技术出众的选手多使用双底线战术。虽然这种战术已较落后，现已很少使用。但是对于初学者或者业余网球爱好者而言还是比较实用的一项战术方法。

（2）左区发球局站位

①同侧站位

发球员 A 在左区双打边线与中点之间略偏左的位置发球（见图 6-8），这样的站位可以更容易发出拉对方出场外和反手位的外角球。即使在站位上向左多调整一些也不会影响突袭对方内角的球。像右区发球站位一样，同伴 B 在网前右区，站在距网约 2 米，距发球中线与右侧双打边线之间，以确保右侧不被直线穿越为主、兼顾中路，并与发球员 A 在网前默契配合。

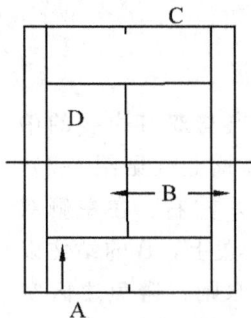

图 6-8 左区发球一般站位

②双底线站位：同右区双底线站位。

2. 发球局非常站位

（1）右区发球站位

①同侧站位

在右区发球时如果发现接球员擅长回击小斜线球（见图 6-9（1）），由于小斜线球角度特别大，不但网前同伴难于抢截，就算发球员冲上网后也很难处理，这就容易造成第三拍击球被动，出现此种情况时，可以调整站位为如图 6-9（2）所示的同侧站位法。

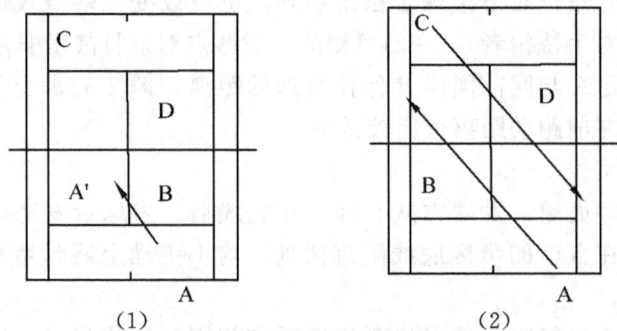

（1）   （2）

图 6-9 右区发球同侧站位

这种站位告诫接发员"斜线接发球行不通，请回直线球"，发球员为便于上网封住左半区，应站在右侧底线后接近中点的位置（像单打右区发球站位）以便发球后冲至 A′处，与网前同伴共同组织网前的进攻。同伴在网前的站位以封住回击的斜线为主，并适当向中区调整与发球后上网的 A 在网前截击对方的来球。

②澳式站位

同伴蹲于中线处但离网很近，发球员发球后按和同伴预定好的计划移动抢网，打对方个措手不及；同伴向相反方向移动封网。采用这种站位时，发球方队员要提前商定好相应的暗示，让发球员知道网前同伴要往哪个方向移动。发球员要像单打发球一样站在底线中点右侧附近，发球后要迅速向斜前方上网；同伴要降低重心避免被发球员发来的球击伤，在接发球员接球瞬间要立刻向预定方向移动封网。这种方法首先在擅长双打的澳大利亚使用，所以又叫澳式双打站位。此方法如图 6-10 所示。

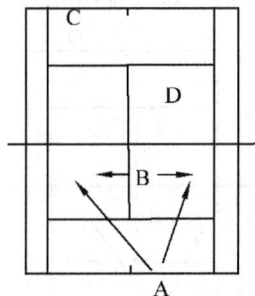

图 6-10　右区发球澳式站位

（2）左区发球的站位

①同侧站位

与右区相似，如果发现对方接球员在左区接发球擅长打破网小斜线（见图 6-11（1）），使我方上网进攻受阻，网前同伴很难抢网，而且发球员上网后也很难上网截击时，就要果断改变站位为左区的同侧站位以封住小斜线的接发球（见图 6-11（2）），同伴向前与发球员同在左场区，发球员在发球时站在底线中点左边靠近中点附近，以利于发球后上网封住对方的直线接发球。这样的站位迫使接发员打出直线为主的回击，或者挑高球。

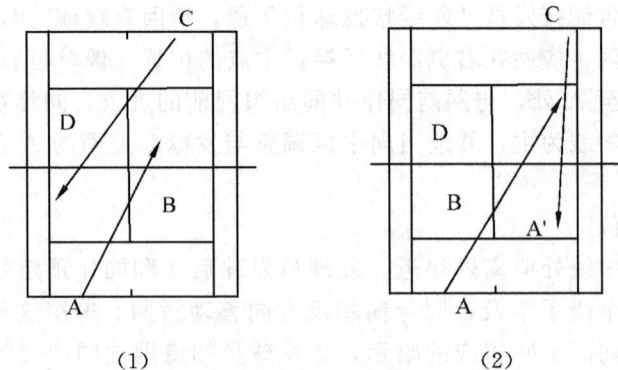

（1）　　　　　　　　　　　　（2）

图 6-11　左区发球同侧站位

②澳式站位

同右区澳式站位法，网前选手仍然蹲在发球中线距离球网较近处，发球员位于底线中点左侧靠近中点处发球（见图 6-12）。

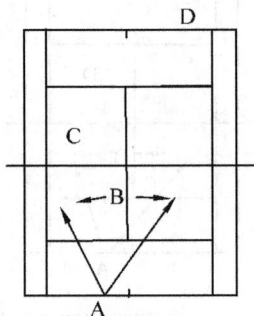

图 6-12　左区发球澳式站位

3. 发球局战术

（1）站位与落点

双打比赛中发球的威胁性不仅表现在力量和速度上，准确、多变的落点配合以同伴在网前的抢攻会给比赛带来巨大的优势。不管右区或左区，站位靠近底线中点发向发球区内角的球，大多能使对方接发球打不出角度（见图 6-13（1）），为同伴在网前的抢网创造条件。与此发球站位相反，越靠近边线的站位，越容易将球发向外角。如果再加上些侧外旋，落点可以更斜，把对方拉出场外回击，使中间出现较大空当（见图 6-13（2））。

（2）常见战术

①前后站位：即同伴在网前，发球员发球后不上网而留守底线，形成一前一后的站位（见图 6-13（3））。

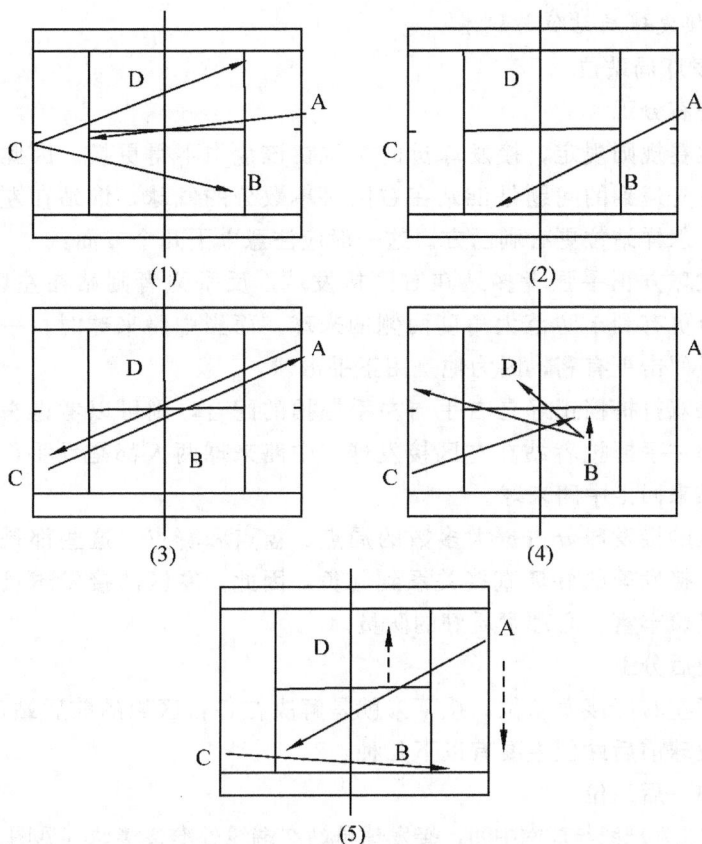

(1)

(2)

(3)

(4)

(5)

图 6-13　发球局战术图示

②常规抢网：抢网是指网前者横向或向斜前方移动，拦截对方打过来的斜线球。它要求网前者有敏捷的思维、准确的判断及快速的步法，所以是否抢网两人要事先商定。发球前要作出是否抢网的决定。例如，网前人把手放在背后，用握拳或张开手指向发球员表示他抢不抢网，但最好要有口头上的交流。需要注意的是，千万不能让对方猜透你的意图或听见你们的交流，而且一旦作出决定就要坚决执行。常规抢网是在判断来球的方向后，网前同伴抢到球网中央发球中线附近，抢后仍回原来位置，抢网截击球一般击向两人的中间或接发球员同伴的脚下（见图 6-13（4））。

③换位抢网：即网前队员抢网截击后与发球员交叉换位，原先左区的队员换至右区，右区的队员到左区（见图 6-13（5））。此种抢网需要动作坚决果断、双方配合默契，网前的队员多在背后给发球的同伴做手势（暗号），提示下面将采用换位抢网战术。

（二）接发球局站位与战术

1. 接发球局站位

（1）左右分工

双打比赛规则规定，接发球员的站位在该盘中不得更换。因此双打比赛中接发球首先遇到的问题是谁站在右区接单数分的发球，谁站在左区接双数分的发球，怎样站位更有利己方。这一般应注意以下几个方面：

①接发球方正手强者多站在右区接发球，反手强者则站在左区接发球，这样的站位更有利于防范大角度两侧的来球，而当中路来球时，一般以左侧站位的队员回击更有利，因为他是用正手击球。

②如果双打搭档正好是右手与左手握拍的配合，则可以考虑右手握拍者站在右区，左手握拍者站在左区接发球。中路来球两人都是反手，可事先商定主要有谁来回击中路来球。

③左区的接发球分占据大多数的局点、盘点和赛点，这些都是非常重要的关键分，接发球的好坏直接关系到胜负，因此，左区的接发球员应该是技术全面、经验丰富、心理素质好的队员。

（2）前后分工

确定了左右区接发站位，接下来就是解决在各自区域的前后站位问题了。目前，接发球前后站位主要有以下几种：

①一前一后站位

同伴站在发球线与球网中间，接发球员站在端线处准备接球（见图6-14（1））。这是较为常见的接发球站位方法。这种站位方法一般用于如下情况：

a. 接对方第二发球或较弱的发球。

b. 准备抢攻（包括接发球配合抢网进攻）。

②双底线站位

同伴与接发球员都站在端线处（见图6-14（2））。接发球员与同伴的站位，应根据对方发球与网前截击球的成功率来进行调整，在接发球破网的防守反击中伺机上网，抢占网前的有利位置。

双底线战术一般在以下情况使用：

a. 对方的第一发球攻击力很强，接发球员接球被动时，同伴应该退守底线比较有利。

b. 发球方的发球与抢网配合默契，屡屡得手时，网前人应该退下来共同防守。

c. 对方采用同侧站位、澳式站位等特殊站位，接发球员很不适应时，双方都应该在底线进行防守。

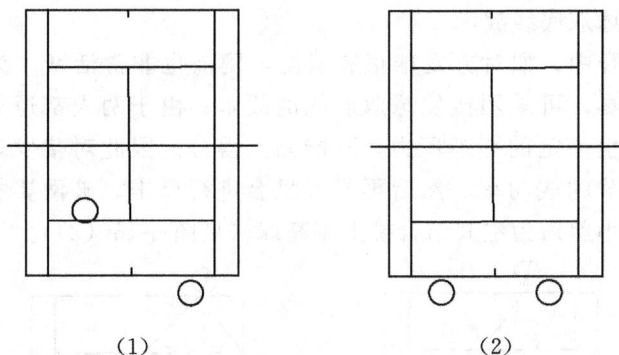

图 6-14　接发球站位图示

2. 接发球局战术

（1）接发球上网

为了抢占网前有利位置，当对方发球时，接发球员迎上前去接发球并随接发球结束动作冲至网前。由于是向前迎击球，因此回接球的速度比较快，能给对方发球上网截击或抢网造成很大威胁。同时对接发球员的要求也比较高，要求接发球员判断好，动作迅速，朝发球上网者的脚下或双打边线处击球（见图 6-15（1）、图 6-15（2））。

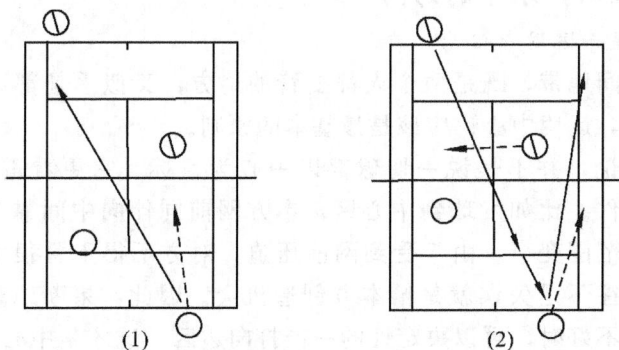

图 6-15　接发球局双上网战术图示

（2）接发球抢网战术

在高水平的双打比赛中，接发球抢网战术经常被运用。此战术的运用，能增加发球上网者中场截击球的心理负担而产生回球失误或回球质量不高。在运用此战术时，接发球员要与同伴密切配合，当对方中场拦截质量不高的球时，应立即移动抢网，给对方致命一击；接发球员发现同伴抢网，也应立即补位。

注意接发球同伴抢网时不要移动过早，以免被对方发觉而出现空当（见图 6-16（1））。

（3）接发球双底线战术

在双打比赛中，如对方发球很有威胁，网前也非常活跃，为了破坏对方快速进攻的节奏，可采用接发球双底线的战术；由于两人都退守底线，使对方网前截击产生一定的心理压力，不能马上得分。因此对接发球员来说，首先应注意接发球的成功率，然后再寻找机会进行反击。破网要打得凶狠，以破中路和两边小斜角为主并结合挑上旋高球（见图6-16（2））。

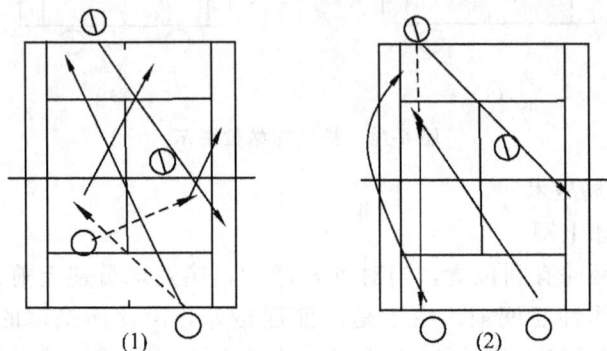

图6-16 接发球抢网和双底线战术图示

二、提高双打水平的窍门

（一）掌握并运用中心论

双打的中间地带，既是两个人都要管的地方，又似乎是都可以不管的地方。在双打中，运用中心论应该是最基本的原则。

所谓中心论，并不是说一切球都以中心为目标，它更看重通过"中心"为攻击创造条件。比如发球到中心区，本方网前同伴向中间靠拢，使对方接发回球的路线范围变窄。由于受到网前压迫，对方不得不冒很大险强行发动攻击，这样往往不是失误就是给本方创造机会。因此，果断地朝中间打，当对方回球效果不好时，再以决定性的一击打向边区，这才是中心论的精髓。

需要强调的是，瞄向中心区击球，不能仅仅打入场内就了事，必须是扎实、清晰的击球。如果打出没有攻击性的球，反而容易遭到对方攻击。中心论所谓"清晰"是：a. 果断的、有攻击性的击球；b. 尽可能使用平击球打法；c. 挑出让对手触不到的高球；d. 在只能削球时选择挑高球；e. 在近网截击球时，尽可能截向对方脚下。

（二）发球攻击

双打必须掌握从发球就开始进攻的技术。发球要点是尽可能将球抛到前上方。但注意不能因为着急上网就边击球边前移，这样身体就会前倒而不利于发球的稳定，应该完成击球之后再向前起动。

发球后的身体姿势会有些前倾，以这个姿势顺势向前跑动时要注意视线稳定保持在一条线上，这样可以有效地抑制多余动作。发球时要把发快速球、慢速球、边线球和发中心线球结合使用，并且根据自己的发球类型判断回球路线、站好位置。

（三）接发球上网

接发球类似截击的有利挥拍，由于要尽快向网前靠近，挥拍过大起动就慢同时导致挥拍过晚。另外，接发球回球打对手脚下，如果能够打出下沉球，对方的回球通常会偏高，这样就为自己创造机会球。接发球上网要想对准中心或者边线左右攻击是有难度的，需要特别娴熟的技术，所以首先集中精力朝发球人脚下打下沉球。

（四）直线进攻

接发球瞄准对方网前选手打直线攻击，这一击并不一定非要得分，主要是为了破坏对方阵形，最好打出有速度的平击球，直冲对方，不要让对方抓住机会。当然最好不要让对手看出你的意图。

（五）截击放高球

双打通常是越靠近网越能创造对本方有利的局势。当 4 人都在前场截击对打时，最好边截击边贴近网。当对手贴到网前，对己方威胁自然很大，这里有一种可以"起死回生"的打法，就是截击放高球。要想放高球成功，必须判断对手哪个更近网，然后跳过其头顶上方。

截击放高球技术要点是击球时拍面稍稍打开，击球后将拍面向上稍提起完成随挥动作。截击击球点是在腰部高度靠下一点的位置，所以膝关节弯曲程度一定要合适。

（六）澳式站位

目前，澳式站位是职业高手使用较多的站位方式。所谓澳式站位是当本方发球时，网前选手站到了中心线附近，两人之间连成一条基本与网垂直的直线。这种站位的主要目的是封堵对方擅长的斜线接发球，从站位上就告诉对方"此路不通，请改变路线"。

澳式站位要和同伴预先约定好移动方向，注意不要让对手看出自己向哪个方向移动，同时又能飞快地移动到位。同时，为了不妨碍发球，网前选手需要全蹲姿势做好准备，但要在发球人击球之前快速移动到预定的位置，所以起动时机十分关键，移动过早易被对方识破，过晚来不及对球做出反应，所以要反复练习一步跨出的步法。此外，如果再加上假动作迷惑对手就能有更好的效果。对于发球选手，基本策略就是把球发到中心区，然后向网前选手移动的相反方向冲跑。

第五节　网球战术训练

一、单打战术训练

一、发球战术训练

（一）发球控制落点训练（见图 6-17（1））

目的：控制发球的落点和变化发球性质。

方法与要求：多球训练，两个发球区同时练习，一发、二发分开进行，在各区发球区外角、中路和内角安置三个目标，以全部击倒为止。

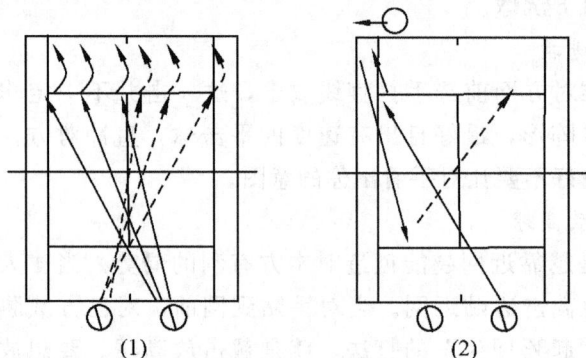

图 6-17　发球战术训练图示

（二）发球抢攻训练

目的：提高发球后的抢攻能力与从发球到底线进攻的连贯性（见图 6-17（2））。

方法与要求：

1. 两个发球区均发外角球，接发员右区只准接直线左区只准接斜线，发球者前迎来球起反拍抢攻，打空当赢得主动。

2. 两个发球区均发内角球，接发员只准把球接到发球员正手区域，发球员前迎来球，起正拍抢攻，打空当找机会。

（三）发球上网战术

目的：提高发球后快速上网的勇气和能力，增强网前技术稳定性和威胁性。

方法与要求：

1. 发球上网，教练补球，上网截击组合练习：

要求：底线左右区以第一发球的力量发球，发球结束迅速上网，中途对教练补球做中场截击，然后继续上至网前对教练补球做近网截击。

2．发球上网，教练补球，高压球组合练习：

要求：底线左右区以第一发球的力量发球，发球结束迅速上网至网前，对教练补球做近网截击，然后教练补中场高球，练习者迅速后撤击中场高压球。

二、接发球战术训练法

（一）接发球控制落点训练

目的：提高底线接发落点准确性。

方法与要求：

1．两人同时发球，同时相对应发球区两人接发；接发接斜线并争取 10 球的来回。

2．两人同时发球，同时相对应发球区两人接发；接发接直线并争取 10 球的来回。

（二）接发球上网训练

目的：提高接发球攻击性和随接发上网能力。

方法与要求：

1．一人发二发，另外一人接发，攻击对方反手位，要提高二发攻击性和落点准确性，接发后迅速上网，封堵对方回球，主要封斜线回球。

2．一人发二发，另外一人接发，攻击对方正手小斜线，提高其落点准确性，接发后要迅速上网，封堵对方回球，主要封直线回球。

三、底线对抗训练

（一）底线正反手直线对攻练习

双方站在端线之后，正反手互相打直线球，球的落点在后场（发球底线以后区域），否则算失分。

（二）底线正反手斜线对攻练习

双方站在端线之后，两人可先打正手斜线，然后换边，两人互相打反手斜线球。球的落点在后场发球底线以后区域，否则算失分。

（三）底线正反手变线对攻练习

一人正手打完直线后，迅速跑到反手区回击对方打过来的斜线球，即一人专门打直线，另一人专门打斜线，双方在一定时间后交换练习。

（四）底线攻防转换练习

一方主动进攻，使对手左右跑动，不要让对手有规律地移动，交替打两个角，使对手总是在猜测判断，一旦对手打出一个浅球，就向前打随击球上网。另一方则练习防守，将对方打过来的球回到一个固定的区域里。

二、双打战术训练

单打战术的单项技术训练方法同样适合双打战术训练，除此之外还有一些双打战术专门的训练方法，本节主要从发球局和接发球局两个角度对双打战术进行讲解。

一、发球局战术训练

（一）双底线战术

目的：提高底线防守和底线破网能力。

方法与要求：发球时采用双底线站位，发球方发球后不立即上网和同伴同守底线，第三拍击球目标主要是上网者脚下与身后区域、对方两侧小斜线和对方两队员之间区域。

（二）一上一下战术

目的：提高网前队员抢网能力和双方队员补位配合默契度。

方法与要求：事先发球方队员要商定暗号，说明网前同伴是否抢网。若决定不抢网，发球队员发球后留守底线防守区域，网前队员在网前封堵自己防守区域；若决定抢网，发球队员发球后，要和网前同伴换区域防守，网前同伴在接发队员触球瞬间迅速往自己的异侧区域网前移动封网。在来回球中后场队员要视网前同伴的位置决定是否换防区域，同伴往左封网，自己往右防守后场；同伴往右封网，自己则往左防守后场。

（三）发球双上网战术

目的：提高网前队员抢网能力和发球队员发球上网能力及双方网前配合默契度。

方法与要求：发球方队员以第一发球力度发球，随着发球动作结束迅速向自己防守方网前移动，途经中场稍停顿准备中场截击和防止对方挑高球，然后迅速继续往近网移动与同伴合作封网，两人之间的来球，一般有正手队员负责。要求第一发球必须发球上网形成双上网战术部署。

（四）澳式站位战术

目的：提高网前队员抢网能力，增强两名队员间配合。

方法与要求：发球前发球方队员要商定一个暗号以决定网前队员向左还是向右抢网，发球队员告诉同伴他发球的类型、旋转和落点，以便同伴决定抢网方向。发球队员以单打发球站位开始发球，发球时注意观察网前同伴给自己的暗号。若同伴暗示自己要向左抢网，则发球后迅速防守右区，可选择留守底线或者上网；若同伴暗示自己要向右抢网，则发球后迅速防守左区，同样可选择留守底线或上网。

二、接发球局战术训练

（一）双底线战术

目的：提高接发球员底线防守和防转攻的能力。

网·球

140

方法与要求：接发球采取双底线站位，对方发第一发球时主要以推挡形式把球处理到对方深区角落，第二发球敢于上前一步大角度强攻。对攻阶段拉上旋球攻击对方两侧和中间区域，如果对方上网则挑过上网者头顶，把球抛向其后方区域或上旋击其脚下。碰到机会球勇于上网截击和高压球结束一分。

（二）一上一下战术

目的：提高接发球队员接发威胁性、随接发上网能力和网前同伴抢网能力。

方法与要求：接发球采取前后站位，接第一发球时主要以推挡形式把球处理到对方场区深处角落，然后留守底线；网前同伴站位靠后些，准备防守对方的截击球，并逐步往网前移动。接第二发球时主动向前一步，准备攻击二发，主要攻击目标是对方单双打边线之间区域和对方两名队员之间及后场高球，然后留守底线；网前同伴站位往前移动，给对方回球形成一定威胁，并随时注意抢网。

（三）双上网战术

目的：提高接发队员接发威胁性、随球上网能力，增强网前双方配合。

方法与要求：站位与方法同一上一下战术，不同的是接发队员接发球后随球上网与同伴一起封堵网前，两人之间区域由正手方负责，要求同发球上网相同。

>>> **复习思考题**

1. 网球单、双打各有什么战术？
2. 简述单、双打战术训练方法。

第七章　网球教学

第一节　网球教学大纲与进度的制定

一、教学大纲

网球教学大纲是以纲要形式编写的有关教学目标、教学内容和教学要求的指导性文件，是教师进行网球教学的主要依据，也是衡量网球教学质量的重要标准。网球教学大纲一般包括下列内容。

（一）大纲说明

包括制定大纲的主要依据、教学的指导思想、教学内容的学时分配以及课程目标、要求等。

（二）教学的目的与任务

根据培养目标，结合网球运动教学的特点，明确提出本课程的理论知识、技战术、规则、能力培养和素质教育等方面的具体任务。

（三）教学内容

教学内容应包括理论、实践和能力培养三部分的内容。基本理论应包括网球运动概述、技战术理论分析、网球教材教法、竞赛组织工作、规则与裁判法、场地设施与管理、课余训练指导；实践部分的基本技战术教学内容要列出技战术名称，标明教材内容的层次关系，即普修内容与专修内容或重点内容与一般内容；能力培养要提出具体内容，如运用教学原则、选择教学方法与手段、组织教学工作的能力；讲述网球技战术理论方法的能力；自学、自练、自评和创新能力；辅导课外活动、组织竞赛和裁判工作能力等。

（四）教学的基本要求

教师自身要加强职业道德和行为规范，努力提高业务素质，不断更新理论知识，联系网球课程教学实际，以身作则，教书育人，真正成为练习者的楷模。在教学过程中，重视教学方法的改革与创新，注重运用多样化、现代化的教学手段，提倡教学相长，培养练习者的自学、自练、自评能力和创新能力。

（五）成绩考核

成绩考核应包括考核的内容、方法、标准及技评与达标、理论与实践和能力考核的比重等。

（六）教学基本条件

为有效地保证教学的正常进行，必须配备必要的场地设备与器材。

（七）教材

为了提高教学质量，保证教学任务的顺利完成，对教师必备的书籍和参考用书应有明确要求，即使用与大纲内容有关的教材。此外，也要选择其他比较权威的网球专著和杂志，扩大知识面，丰富补充教材内容与教学方法。

二、教学进度

网球教学进度是根据网球教学大纲提出的目的任务、教材内容、教学时数，由任课教师结合练习者人数、场地器材等情况来制订的教学计划。简单地说，制定教学进度就是安排每一次课的教学内容。

网球普修课的教学进度一般分以下几个阶段：

第一阶段：入门阶段

1. 理论课：宣布本学期学习内容，网球运动概述；

2. 准备姿势，移动步法，握拍法，底线正手挥拍练习；

3. 底线正手徒手挥拍练习及结合球练习；

4. 底线反手握拍、挥拍练习及结合球练习；

5. 底线原地正手结合球练习，底线移动正手结合球练习；

6. 底线原地反手结合球练习，底线移动中反手练习。

第二阶段：提高阶段

1. 底线正反手移动练习，下手发球；

2. 上手发球技术：抛球、挥拍、击球分解动作至完整动作练习；

3. 接发球、发球与接发球结合练习

4. 底线正反手练习，发球、接发球练习；

5. 网前正反手截击练习；

6. 底线正反手对角线练习结合网前正反手截击练习；

7. 底线混合正反手多球练习；

8. 理论：比赛计分法、裁判法等；

9. 底线正反手技术、发球、接发球技术，网前正反手截击技术。

第三阶段：教学比赛阶段

1. 底线正反手移动打定线练习，模拟比赛；

2. 底线正反手定点变线练习，底线削球技术，模拟比赛；

3. 底线挑高球、高压球技术，模拟比赛；

4. 发球、接发球组合练习，模拟比赛；

5. 分组循环教学比赛；

6. 理论课：网球技战术；

7. 底线正反手上旋球技术，模拟比赛；

8. 底线正反手上网截击组合技术，模拟比赛；

9. 网前正反手截击、高压球组合技术，模拟比赛；

10. 网球基本战术，双打比赛；

11. 班级教学比赛，裁判实习。

第四阶段：考试阶段

1. 复习；

2. 技术技能考试；

3. 理论考试。

第二节　网球教学原则与方法

一、网球教学的原则

网球教学的原则是根据网球教学的基本任务和客观规律，对网球教师提出的基本要求。结合长期的教学实践和需要，提出以下几种网球教学原则。

（一）现实性原则

现实性原则是指在网球教学过程中，教学的任务、要求、内容、组织教法和运动负荷的安排等都要从客观现实出发，并力求符合练习者的年龄、性别、身体发展水平、身体素质、心理素质、接受能力以及学校的场地等现实条件和地区气候变化特点等实际情况出发，合理安排教学。

（二）直观性原则

直观性原则是指在网球教学过程中，结合网球运功规律，充分利用练习者的听觉、视觉、肌肉本体感觉和已有的知识、技能，以获得生动形象的表象，通过教师的正确示范和广泛运用图片、电影、录像等现代化的教学手段，从而达到有利于练习者掌握网球的知识和技能的目的。

（三）自觉积极性原则

自觉积极性原则是指在网球教学中，教师通过各种教学组织形式和教学手段、方法，培养、激发练习者学习网球运动基本理论知识和基本技能的强烈愿望，使之在学习过程中自觉发挥最大的主观能动性，把认真完成学习任务变成自主学习的行为。教学中使用自觉积极性原则应注意以下几点：

1. 明确学习目的

网球运动教学一开始，就应向练习者进行学习目的教育，使练习者认识网球运动在健身、竞赛等方面的意义，增强练习者学习网球运动的自觉性和积极性。教学开始时，应向练习者宣布教学的目的、任务、要求、考核项目与标准。每次课开始时也须使练习者明确本课的任务、内容与要求。在学习每一动作时，应向练习者讲明所学动作的作用，使练习者始终能有目的地进行学习。

2. 培养练习者对网球运动的兴趣

兴趣是最好的老师。在网球运动教学中，培养兴趣至关重要。有兴趣，练习者就会努力克服困难，认真研究技术，自觉进行练习。在教学过程的各个阶段中，要根据练习者的情况，提出切合实际的要求，使练习者通过一定的努力能够达到。要使练习者在每次课上都有新的体会，都能看到自己的进步。对基础较差、进步较慢的练习者，要以鼓励、督促教学为主，运用适合他们的教学方法，加快他们掌握动作的过程。对基础好、进步快的练习者，适当提高教学要求，使他们能学到更多的知识和技能。课程的组织应多样化，动静结合，不同身体部位的动作练习要穿插进行，并适当采用游戏、比赛等方法，使网球运动教学成为一个生动、活泼的过程。

3. 了解和把握练习者心理活动规律

在网球运动教学中，教师要善于了解和把握练习者心理活动规律，有针对性地解决教学过程中出现的不良心理现象和由此引起的具体问题。刚学会打网球时容易出现忽视动作质量的冒进心理；遇到困难、完不成任务或任务完成不尽如人意时会出现悲观失望心理；纠正错误、改进动作效果不明显时易产生焦虑心理。教学中，教师应根据导致练习者产生以上各种不良心理现象的原因，"因人而异，对症下药"，采用正确方法来消除不良心理。

4. 发挥教师的主导作用

要调动练习者学习的自觉积极性，必须发挥教师的主导作用。教师既要为人师表，教书育人，热爱自己的工作，注意自己的言谈举止，又要严格要求练习者，建立良好的师生关系。在教学上应做到精益求精，上课时精神振作，口令清晰洪亮，手势清楚大方，讲解言简意赅、生动易懂，富有说服力和启发性。教师还应努力提高示范的质量，通过准确、优美、轻松、自如的动作示范，激发练习者的学习兴趣。

（四）巩固性原则

巩固性原则是指在网球教学过程中，为使练习者熟练地掌握网球技战术，通过多次多球反复地练习，从量变过渡到质变，达到动力定型、运用自如的程度。巩固性原则是由条件反射强化和消退的理论及人体技能适应性规律所决定。网球技能的掌握是大脑皮层建立动力定型的结果，如果不及时提高，动力定型就会消退。

在网球运动教学中运用巩固性原则，应注意以下几点：

1. 集中安排网球课

网球课最好相对集中，每周安排2～3次课，以利于运动技能的巩固，避免因课与课间隔太久而发生运动技能的消退。

2. 反复练习

在教学中，要组织练习者进行反复、经常的练习。在初步掌握动作后，就应进行大量的练习，使动作从量变到质变，逐步形成正确的动力定型。反复练习不是简单的重复，而是要不断提出新的、更高的要求，并经常进行技术评定，使练习者看到自己的进步，激发练习者学习的主动性，促进运动技能的巩固与提高。

3. 改变练习条件，提高练习难度

在网球运动教学中，改变练习条件对巩固提高所学知识、技术和技能可以起到良好的促进作用。改变练习条件，不仅可以检查练习者掌握技能的熟练程度，使练习者的运动技能得到进一步的发展，还可以丰富教学手段，提高练习者对学习的新鲜感。例如，在学习了反手击球和反手削球后，可以进行正手击球→反手击球→正手击球→反手削球的跑动中变换练习，或者是在双方对打几个回合后，一方在打出落地深的回球后，随球上网截击。

（五）系统性原则

系统性原则是指在网球教学过程中，教学的内容、方法以及运动负荷必须根据人的认识规律、运动技能的形成规律、人体生理技能活动能力变化规律、技能形态改善和增强规律等进行合理安排。教学过程中运用系统性原则时要注意：

1. 系统性教学和练习内容应按照由易到难、由简到繁、由主要到次要的方式进行。如学习正手反手击落地球技术时采取原地击自由落体球——原地击近距离抛球——原地击较远距离抛球——移动击原地抛球——……——移动中击隔网喂球，直到熟练掌握正反手击落地球技术。

2. 练习负荷应由小到大、由弱到强、由无球到有球，再到结合球网和场地及比赛实践。如刚开始练习时采取原地击球，然后是小范围移动击球，最后是大范围移动击球练习等。

如上述原则系统地多球练习、巩固、提高，直到形成熟练的网球技能。

二、网球教学方法

网球教学法是指在网球教学过程中，教师根据网球教学的目的、任务和内容所采用的方法和手段。网球教学法有教法和学法两层含义。

（一）网球教学法

依据教学实践，网球教学常用的教学法有以下几种：

1. 语言法

语言法是指在网球教学过程中，教师运用各种形式的语言刺激，指导练习者掌握练习内容，进行练习的一种方法。网球教学过程中，教师运用语言传递，指导练习者掌握技术动作和技能，加强练习者对网球技术动作方法与要领的理解，从而加速对网球基本理论、技战术的掌握。

在网球教学中，运用语言刺激的形式有讲解、口令指导、口头评价以及"默念"和"自我暗示"等。

（1）讲解

指教师用语言向练习者说明教学任务、动作名称、作用、要领、做法及要求，以指导练习者掌握网球技战术和技能。在网球教学中，讲解是一种重要的教学手段。它是教师运用语言启发练习者积极思维，加深对教材内容的理解，促进对技术、技能掌握的基本方法。讲解的科学性和艺术性，是教师教学水平的一个重要标志，对教学效果有很大的影响。讲解要追求生动形象、简明扼要、与示范紧密结合。

（2）口令指导

口令指导是用简洁的语言，以命令的形式来进行教学的一种语言刺激形式。

（3）口头评价

口头评价指在网球教学过程中，教师按一定的标准、要求，口头给练习者进行一定评价的方法，如"好球"、"很好"、"重心再降低些"等。

（4）"默念"和"自我暗示"

默念是指在做动作前、默想整个动作或动作要领、发力和击球方向等。自我暗示是指在练习过程中、暗自默念技术动作的关键字句，如底线抽球的引拍、上步、击球、随挥等动作要领。

2. 直观法

直观法是指在教学过程中，借助视觉、听觉、肌肉本体感觉等器官来感知动作的一种教学方法。网球教学中常用的直观方法有动作示范、教具和模型、电影、录像、多媒体等现代教学手段。

（1）动作示范

指教师（或练习者）以具体动作为示范，使练习者对所要学习的动作规范、结构、要领和方法有一个清晰地了解，使其建立正确的动作表象，提高练习者学习的兴趣。教师的正确示范是网球运动教学的一种最基本手段，它能使练习者通过视觉真切地感知整体动作概念，从而帮助练习者掌握正确的网球技术。教学中正确、优美、恰当的示范可以有效地激发他们的学习欲望。

（2）教具和模型教学

教具和模型教学是指通过挂图、图表、照片等直观教具所进行的一种教学方法。采用该方法有助于练习者建立正确的动作表象，了解技术动作的全过程。

（3）电影、录像、多媒体教学

这些教学方法是现代电化教学手段，是一种生动、形象、富有真实感的一种教学方法。该方法的灵活运用，能引起练习者的学习兴趣，有助于练习者明确技术的进程，还可以根据教学的需要快放、慢放动作，甚至定格，对动作进行深入的分解和剖析。

3. 完整与分解法

（1）完整法

完整法是指从技术动作的开始到结束，不分部分和段落，完整地进行教学方法。完整教学法一般是在动作比较简单（如准备姿势），或者动作虽然比较复杂（如上手发球动作的完整动作），但难以进行分解的技术或为了不破坏动作结构时采用。

（2）分解法

包括把完整的技术动作合理地分成几个部分，依次进行教学。先分后合，最后达到掌握完整技术的一种教学方法。

（3）完整与分解综合运用

分解教学与完整教学是相对而言的，对于整体来说是分解，对于局部来说则是完整。采用哪一种教法，应根据动作的复杂程度和学习者的接受能力而定。学习简单动作时，完整法优于分解法；而学习复杂动作时，分解法又优于完整法。动作的复杂程度，对练习者来说也是相对的。同样的技术，对基础好、学习能力强者，可能是简单技术，宜采用完整法施教；而对基础差、学习能力弱者，则可能是复杂技术，宜采用分解法施教。

在网球教学中，应把分解教学与完整教学很好地结合起来。应以掌握完整技术为目的，通过分解练习体会动作要领，并积极创造条件向完整练习过渡。在完整教学中，亦可以用分解法来加强局部动作的练习。

网球教学中常用的方法是"完整、分解、再完整"练习法，这是一种以完整教学为主导，把分解法和完整法很好地结合起来的教学方法。在教师示范、讲解后，应让练习者完整试练，初步建立完整动作概念，然后再进行一定的分解练习，使练习者初步掌握分解动作要领，接着又转入完整动作的练习。

另一种常用的方法是"分解、完整、再分解、再完整"练习法。在教学中，进行分解练习，让练习者初步体会分解动作要领后，即转入完整练习；然后再进行分解练习，改进局部技术，最后再进行完整练习，通过几次循环，达到完整掌握动作技术的目的。

4. 预防与纠正错误法

在网球教学中，由于种种原因，练习者难免会产生这样或那样的错误动作，如挥拍时手臂僵直，拍头下吊；发球时产生拉拍动作等。如不及时纠正，就会形成错误的动力定型，影响正确技能的掌握和提高，严重者甚至会引起运动损伤。因此，在教学中，教师必须采取积极有效的措施，来预防和及时纠正错误动作。

（1）预防法

预防法指教师在教学过程中，所采用的有效预防错误动作的各种手段与方法。在教学中，教师应根据教材内容、特点，对练习者可能产生的错误要预先提醒，或在教学手段上注意预防，对已发生或偶然产生的错误动作要及时指正，防止练习者错误动作的形成，减少错误动作的发生和定型。

（2）纠正错误法

纠正错误法是指针对练习者个人出现的错误或集体存在的共性错误以及战术配合中形成的错误，教师有针对性地采取的纠错手段和方法。在教学过程中，常用的纠正错误动作的方法有正误对比法、降低难度法、附加条件法、限制教学法等。

5. 游戏法

游戏法是指以游戏的方式，在规则允许的范围内，充分发挥练习者的主动性和创造性，以达到网球教材内容所规定的目标，而组织练习者进行学习的一种方法。

6. 比赛法

比赛法也称竞赛法，是指在竞赛条件和环境中进行教学和训练，达到检验教学效果和提高网球技战术运用能力的一种教学方法。

（二）网球学练法

学练法是指在网球教学训练过程中，练习者在教师的指导下，按照一定的计划和要求，独自进行自学、自练、自评的方法。依据教学实践，练习者常用的学练方法有以下几种：

1. 自学法

自学法是指练习者自主学习网球基本理论、领会动作要领、掌握技术环节的一种方法。它包括阅读法、观察法、比较法、讨论法等。

（1）阅读法　练习者通过阅读网球教材，来感知和理解网球技术原理的一种方法。

（2）观察法　练习者通过提前观摩将要学习的技术动作，进行有目的地感知，初步建立动作概念和表象的方法。

（3）比较法　练习者就同类的某项技术动作进行对照，然后再进行综合分析的方法。

（4）讨论法　练习者依据教师提出的问题，相互交流个人看法，相互讨论、启发学习的方法。

2. 自练法

自练法是以练习者的独立练习为主，是练习者自发、有目的地反复练习网球某一技术动作的一种方法。常用的自练方法包括模仿练习法、反馈练习法、强化练习法等。

（1）模仿练习法

模仿练习法指按照教师提供与演示的动作模式、或其他类型的标准动作为样板来进行模仿，从而形成稳定的网球技术和技能定型的方法。

（2）反馈练习法

反馈练习法指为了掌握网球某项技战术并产生积极效果，不断获取反馈信息，以加强自我诊断与自我矫正，不断改进和提高技战术质量与效果的方法。

（3）强化练习法

强化练习法指在多次反复练习的基础上，创设比较复杂的练习条件和外部环境，通过自我强化练习的途径，来巩固网球技战术的方法。

3. 自评法

自评法是指练习者在练习过程中，对自己学练的标准、质量与效果进行自我判断，进而采取控制与调节的一种方法。它包括目标评价法、动作评价法、负荷评价法、效果评价法等。

（1）目标评价法

目标评价法指练习者对自己的练习目标、自我监督意识及实施目标和意志与行为进行评价的方法。

（2）动作评价法

动作评价法指练习者在练习过程中，对自己掌握技战术的质量和效果进行评价的方法。

（3）负荷评价法

负荷评价法指练习者在练习过程中，依据人体生理机能和心理状态的变化，评价身心负荷的方法。

（4）效果评价法

效果评价法指练习者自身通过一定的检测手段（如测验、技评与达标等），对一学期或一学年的学练结果进行技战术、心理、体能等评价的方法。

第三节　网球教学的任务与阶段性特点

一、网球教学的基本任务

第一，通过网球教学，培养练习者严密的组织纪律性、团结协作的集体主义精神和勤学苦练、顽强拼搏的优良作风，培养良好的竞争意识。

第二，网球教学过程中，通过学习网球运动的基本理论知识，掌握网球基本技战术和基本技能，具有从事初级网球课程教学的能力，做到会打、会讲、会教、会学。

第三，掌握开展学校课外活动与组织基层网球竞赛的基本手段和方法，初步具备担任网球裁判工作的能力。

第四，具备网球专项身体素质，丰富健身知识，促进练习者身体正常发育和技能的全面发展，为提高体能和运动技术水平打好基础。

第五，通过网球教学，使练习者学会科学锻炼身体的方法、手段，养成经常锻炼身体的良好习惯。

二、网球教学的阶段性特点

网球教学，与其他体育教学一样，学习并形成动力定型的过程，主要有三个阶段，即动作泛化阶段、动作分化阶段、动作定型阶段。

（一）动作泛化阶段

动作的泛化阶段就是粗略地掌握基本技术动作的阶段。指初学网球基本技术时，表现出的挥拍击球动作紧张、不协调，缺乏对球拍和球的控制力，并伴有一些多余动作，如击球后身体后仰等。

由于人体内外界的刺激，通过感受器传到大脑皮质，引起大脑皮质细胞强烈兴奋，另外因为皮质内抑制尚未确立，大脑皮质中的兴奋与抑制都呈现扩散状态，使条件反射暂时联系不确定。这个阶段的网球教学主要是通过网球基本击球动作的示范和模仿，使练习者建立起正确的击球感性认识，预防错误动作，排除不必要的多余动作。让练习者通过反复地挥拍击球，结合对球的飞行轨迹和方向的判断，粗略地掌握网球击球的基本技术动作。泛化阶段应注意几点：（1）教师的示范、讲解；（2）学生通过模仿、体会肌肉感觉；

（3）精讲多练，多体会；（4）抓要点、放细节。

这个阶段的具体教学特点是动作示范要做完整、准确，让练习者建立起完整的技术概念；结合讲解，将整个击球动作分解成握拍准备、向后引拍、向前挥拍击球、随挥的四个过程，再进行相邻技术环节的连贯练习，逐步掌握整个完整击球技术动作。同时，还要注意加强练习者的自信心和意志力的培养。

（二）动作分化阶段

分化阶段是改进和提高技术动作的阶段。此阶段基本技术初步定型，能在球速较慢的情况下比较准确、轻松地完成击球动作，但还不太熟练，技术上也有些问题，甚至会忘记已初步掌握的技术动作。

这个阶段的教学任务，是进一步建立正确击球技术动作的表象，消除多余和错误的动作，基本达到准确、有效地击球。大脑皮质内抑制已经建立，大脑皮质运动中枢兴奋和抑制过程逐渐集中，使条件反射较为稳定。

这个阶段的教学特点，是加强击球动作各个过程间的连贯与协调，结合对球的准确判断，提高击球动作的节奏性。如教正手击球时，用"一、二、三"来提示练习者向后引拍到位、"四"向前挥击球的口令，来提高击球动作的连贯性和节奏感。分化阶段应注意几点：（1）消除错误、改进技术；（2）提高动作准确性、协调性、实效性；（3）多措施、多手段；（4）注意观察，抓主要问题；（5）有针对性的措施及时纠正。

本阶段还要注意击球动作的反复性，练习者经常会出现已掌握的技术动作又不会做的现象。应根据造成这种状况的原因，如身体疲劳、以前的坏习惯的复苏和干扰、练习方法不当、环境变化的影响和精神状态不佳等，要具体问题具体分析，适当地作出调整，克服困难，不断地巩固基本击球技术。

（三）动作定型阶段

指能十分准确、熟练、轻松、自然地完成基本击球技术，形成了巩固的技术动力定型阶段。这个阶段通过反复练习掌握了固定的正确技术动作，并达到运用自如时期。

这个阶段的教学任务，是巩固已形成的击球动作，使练习者在比较复杂的条件下也能较好地完成击球技术动作，而且保证有一定的击球质量。大脑皮质的兴奋和抑制在时间和空间上更加集中和精确，条件反射亦十分稳定。

由于当动力定型发展到巩固过程后，并非一劳永逸。一方面还应继续在巩固的情况下精益求精，不断提高动作质量，使动力定型更加完善和巩固；另一方面，如果不再进行练习，动力定型将会消退，动作技术愈复杂，难度愈大，消退也愈快。巩固阶段应注意几点：（1）大量的反复练习，使动作达到自动化；（2）注意练习手段的变化；（3）分组比赛的方法，调动练习积极性，增强学员的练习兴趣。这个阶段的教学特点是，通过大量的重复练习，提高眼、手、脚协同配合击球的感觉，并且能达到自动化程度。练习方法由易到难，不断变换。如喂送球的距离逐渐拉长至底线、喂送球的速度由慢到快、喂送球的落点由近身到稍远身前后左右高低等。

以上形成击球基本技术的三个阶段，是紧密联系的，也是相对的，没有绝对的界限可言。在实际教学中，应针对练习者掌握击球基本技术的具体情况，一方面在各个阶段采用不同的教学方法和手段；另一方面也应注意各个阶段之间的内在联系，从而使练习者能较快地、准确有效地掌握网球击球基本技术，并掌握一定的练习方法。

第四节 网球教学的基本内容

一节网球教学训练课一般由准备活动、技战术教学和放松活动组成。准备活动与放松活动的内容都应符合技战术教学内容的要求，而技战术教学内容的安排则应根据网球运动的体系结构来有计划地系统安排。

一、准备活动

准备活动是指在每次打网球或进行网球教学训练之前进行的热身活动，其目的是使身心机能尽快进入临战状态，以便更好地发挥技战术水平，并预防运动损伤的产生。不同运动项目对准备活动的要求是不一样的，理论上准备活动应与不同运动项目的特点相符合，这是进行准备活动的基本要求。因此，打网球前的准备活动应与网球运动的技战术要求相适应。另外，准备活动不必千篇一律，可在基本要求内有所变动。具体安排准备活动时应注意以下几个问题：

- 准备活动时间最少 20 分钟；
- 气温较高时准备活动时间可适当缩短，气温较低时要适当延长准备活动时间；
- 提前到达球场，为准备活动提供足够的时间。

（一）跑

跑是进行准备活动的最常见、最基本的方式。在网球运动中，准备活动的跑根据功能的不同可分为慢跑和小步跑两种。

1. 慢跑

慢跑几乎是所有准备活动的开始，其功能在于使身体如机动车般"预热"以解除身体各肌肉关节的"僵冷呆滞"状态。慢跑时应注意以下几点：

● 慢跑的目的是使身体微微发热，因此夏季慢跑的时间应比冬天短；

● 慢跑要舒缓而有弹性。

2. 小步跑

小步跑的目的在于提高步法的灵活性，同时小步跑也是网球中常用的步法。进行小步跑练习时应注意以下几点：

● 练习的范围小；

● 练习的步频快；

● 练习的路线富于变化。

（二）伸展练习

伸展练习是保证身体各肌肉、关节和韧带不受损伤的重要手段。网球准备活动中需要进行伸展的身体部位主要是那些在打球过程中常用的身体部位，如颈、腰、肩、肘、腕、髋、膝、踝等出关节韧带。进行伸展练习应以循序渐进为原则，练习形式则以静力性为主，而练习方法则多种多样。以下举例对其中的某一种方法加以阐述：

1. 颈部伸展

双腿盘起坐在地上，①使下巴触胸，然后抬头看天，重复练习；②向左偏头，然后向右偏头，重复练习；③在保持肩膀尽量下降的情况下。尽量用右耳触右肩，用左耳触左肩。每种姿势保持 15 秒左右。

2. 踝关节的伸展

两腿开立并保持膝关节伸直，将脚尖翘起，做最大程度的绕环动作，每个方向 15 次左右。

3. 肩部伸展

肩部伸展的练习可采用以下两种方式：

（1）站立，用一只手努力地触摸同侧的肩，同时另一只手扶住该手的肘部并将其轻缓地向后拉，拉至极限处停留 15 秒左右，如此每只手重复 3 次。

（2）站立，一只手伸直并指向斜下方，另一只手用力将其往身体上拉，至三角肌感觉紧张时停留 15 秒左右。

4. 腰部伸展

（1）双腿直立，双手叉腰，尽力挺身，使腰部前后弯曲，至极限处保持 20 秒左右。如此重复 3 次。

（2）双脚开立与肩同宽，将一只手置于同侧的臀部上，然后身体和另一只手向该侧尽力倾斜（注意不要向前倾斜，脚跟不要离地），至极限处保持 15 秒左右，如此每侧重复 3 次。

（3）双脚开立与肩同宽，脚尖朝前，双手抱头，慢慢向一侧转动肩膀到极限处，坚持 15 秒左右，如此反复练习 3 次。

二、网球技术教学

网球技术的教学是网球教学的主要内容。技术教学质量的好坏决定着今后战术教学的好坏。技术教学包括步法教学和击球技术教学。

（一）步法教学

步法对一个网球运动员而言，其作用是非常重要的，当一个球员的技战术水平处于停滞不前的状况时，进行有针对性的步法训练往往能起到事半功倍的效果。通常单独的步法练习在网球教学训练中并不常用，而结合击球练习的步法练习则比较常见。

常见的步法练习一般分为以下三种：

1. 分别进行并步、跑步、侧身跑、后退跑、跨步、垫步等基本步法的练习；

2. 以上基本步法结合各种徒手或持拍击球的练习；

3. 各种基本步法组合结合各种徒手或持拍击球的练习。

（二）击球技术教学

底线技术包括正反手平击球、正反手击上旋球、正反手削球、正反手截击球、正反手放小球、高压球等技术。由于前面已经对网球技战术教学的基本方法、步骤都进行了较为详细的讲述，本节重点阐述人数较多时网球击球技术的教学组织形式。

与篮球、足球、排球等其他球类运动的教学不同，网球教学对场地的要求较高。由于一块网球场无法同时满足过多的练习者使用。因此，为了在人数较多情况下使每一位练习者都得到足够的练习时间，教师或教练员在组织教学与训练时应注意以下两点：

1. 每一节网球教学或训练课，对人数应有所限制，最好每块场地保持在 4～10 人；

2. 采取合理有效的练习组织形式，保证每个练习者的训练时间和密度。尽量使所有练习者都能同时进行练习，如果无法达到这一点，也不应使某些练习者休息过长的时间。

为达到以上目标，教师和教练员一般采取以下方法：

1. 当某些练习者在场上进行练习时，可以让其余学习者在场外进行诸如对墙击球练习等其他练习形式；

2. 将练习者分成 2～4 人一组成一列或一路，排头的练习者首先进行 4～6 次有球练习后，跑至本队尾，同组的第二人进行练习，如此不断循环。期间非练习者可当做有球练习者的影子，跟随有球练习者的动作和节奏进行徒手

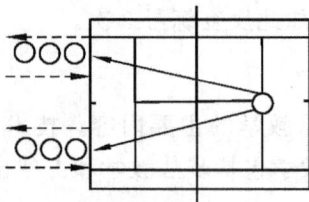

图 7-1　技术教学组织图示

练习（见图 7-1）。

3. 将练习者分为 2 组，每组又分 2 分队。一组练习正手击球，另一组练习反手击球，其中每组的 1 队首先作为练习者称练习队，另 1 队首先在场地对面捡球称为捡球队，捡球队把捡到的球放到喂球者旁的球筐后，跑至另一组练习者队伍末尾作为另一组的练习队员等待练习，练习队的人连续击球 4～6 次后跑到场地对面捡球最少捡够自己打出球的数。两组如此循环进行正手练习组和反手练习组的互相转换、练习队和捡球队互相转换（见图 7-2）。

三、放松练习

在网球场上尽兴之后，许多人喜欢坐在场边喝饮料、聊天，然后收拾衣物离场，其实这是不科学的结束训练的方式。

运动后进行科学的放松整理活动，可使心血管系统、呼吸系统的活动继续保持在一个较高的水平上，促进肌肉的恢复，有利于偿还运动时所欠的"氧债"，避免由于局部循环障碍而影响代谢过程。运动后及时做一些拉长肌肉韧带的静力牵拉练习和按摩放松活动，能促进肌肉的乳酸代谢，以缓解肌肉和关节的酸痛感觉，促进肌肉疲劳的恢复，减少再次运动时由于肌肉没有恢复而造成的伤害。

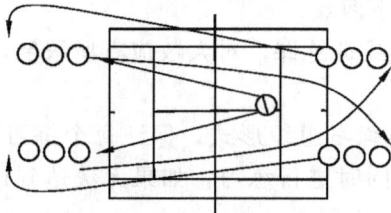

图 7-2　技术教学组织图示

网球初学者由于还没有形成正确的动力定型，打球时往往过多地用蛮力而不是巧劲，一节课或一场球下来，肌肉关节产生强烈的疲劳感，所以网球初学者更需要科学的放松整理运动。如果每次打完球都能拿出 10 分钟或再多一点的时间做做放松运动，那对缓解肌肉的紧张状况、恢复肌肉的弹性有事半功倍的积极作用。但要提醒的是，放松运动不能做得太剧烈，因为骤然的拉伸会适得其反。

放松包括肌肉放松和心理放松两部分。肌肉放松方法主要是采用手揉捏、敲打、抖动或用球拍敲打等方法对负荷量较大的肌肉部位进行放松，如肩、臂、大腿、小腿部肌肉。或者选择温水浴、桑拿浴、按摩、理疗、吸氧等方法。心理放松主要是采取意念放松来进行。一般来说，运动过程中或运动后都应注意放松整理活动。

以下列举几种常用的放松法：

（一）肌肉放松

1. 上肢肌肉放松活动

站立，上肢前倾，双肩双臂反复抖动至发热止。

2. 下肢肌肉放松运动

（1）仰卧、举腿、拍打、按摩，颤抖大腿内、前、后侧和小腿后侧，以及臀、腹、侧腰部。

（2）拉压左右脚跟腱。开始用力轻，弧度小一些，慢慢加大力量，拉至最大限度时静止 30 秒左右，然后双手揉捏、抖动放松小腿。

（3）单足站立，静力拉大腿肌肉至最大限度时静止 30 秒钟左右，坐姿压腿至最大限度时静止 20 秒左右，双手捏揉放松大腿，站立抖动放松大腿。

1. 腰背部肌肉放松

（1）双手抱膝，下蹲，低头，反复上下颤动至腰椎发热止。

（2）运动屈伸放松腰背，敲打背部。

2. 全身休整运动

站立，双膝屈，双手体前扶地，充分运用气息，深吸气于胸，"屏息"（即不呼也不吸，不是憋气）慢吐气于腹（即丹田）。如此反复几次，同时上肢慢慢抬起、直立，直至脉搏恢复至运动前正常脉搏止。

（二）意念放松

意念放松可以分为以下几个步骤：

（1）两腿分开站立与肩同宽，两手下垂，双眼闭目，心无杂念。然后慢慢用鼻子深吸气，再缓缓用嘴呼气。

（2）两腿分开站立与肩同宽，两手下垂，双眼闭目，心无杂念。然后两臂同时缓缓前举至水平位再慢慢下放，两臂前举时用鼻子深吸气，放下时用嘴呼气。

（3）两臂同时缓缓侧平举至水平位置再慢慢放下，举臂时吸气，放下时呼气。

（4）两臂前举至水平，然后同时向外扩展至侧举再慢慢放下，配合呼吸。

（5）两臂上举，头后仰展体，然后低头含胸屈体两手尽量向下、向上、向后时吸气，向前向下时呼气。

（6）仰卧在垫子上，身体完全放松，闭上眼睛，呼吸均匀。想象风平浪静时大海的波浪浮动或蔚蓝的天空中朵朵白云飘动的感觉。

>>> 复习思考题

1. 网球教学大纲、进度有哪些内容？
2. 网球教学的原则是什么？
3. 网球教学的任务是？教学阶段的特点体现在哪里？
4. 简述网球教学的基本内容。

第八章 网球训练计划的制订

第一节 专业训练计划的制订

科学地训练是现代网球运动训练的重要特征，训练的科学性主要表现在训练的计划性上。运动员按照计划，有系统、有目的、有控制地进行训练，可减少训练的盲目性，使训练少走弯路，顺利实现训练目标。现代较专业的网球训练内容体系由过去的身体、技术、战术三种训练内容，扩大为包括智力训练、心理训练和作风训练在内的六大训练内容。所以，在制订训练计划时，必须根据训练的基本原则，从实际出发，科学、正确地划分训练的各个阶段，确定各阶段训练内容、时间、训练进度和运动负荷。训练计划本身是对未来的训练活动预先作出的理论设计，它描绘了运动员由现实状态向实现目标状态转移的通路。

任何一个有一定时间跨度的训练计划，通常包括运动员的初始状态诊断，训练目标的建立，训练阶段的划分及其任务和内容的确定，比赛的安排，运动负荷的动态变化，训练方法与手段的选择等方面。

一、训练计划的种类

网球运动实践中，一般按训练时间的跨度来划分训练计划。每个大时间跨度的训练计划大都是由若干个小一级的时间跨度计划组合而成，它们互相间存在依赖关系。

（一）多年计划

多年计划是训练的长远规划，是根据网球运动员参加训练的具体情况来确定训练年限，并以此为依据确定训练目标、任务，制定出目标所要达到的技术、战术、身体素质及心理素质等方面的要求和指标。它不要求很详细、很具体，但目标必须明确，任务切合实际，以保证训练的系统性和可操作性。

（二）年度计划

年度训练计划是多年训练计划的基础。年度计划的任务能否完成，直接影响多年计划目标的实现。年度计划任务的确定、所制定的指标和要求、所采取的训练方法和措施等都应以多年计划为依据。

（三）阶段计划

阶段计划又称周期计划，它是完成年度计划的基础。它所制定的任务、指标和要求等均以年度计划为依据。周期一般可按季度、月份或根据比赛阶段和任务来划分。

（四）周计划

周计划是根据周期计划确定的任务和要求制订的一周训练计划。

（五）课时计划

课时计划是依据周计划制订一节训练课的训练安排。

以上计划中，多年计划和年度计划是宏观层面的战略性规划，计划内容是框架式的，不应追求过于详尽，它在实施过程中一般较为稳定；而阶段计划、周计划、课时计划则是训练实施的具体计划，在训练过程中可能要根据具体情况做适当调整。

二、计划的基本内容

虽然各种训练计划在其内容上各有侧重，但运动训练过程的基本结构都是一样的。通常训练计划的基本内容有：

（一）运动队构成

正确分析队伍的构成情况，是制订计划的重要依据，其内容应包括全队人数、队员的年龄、训练水平（运动员的技术等级、比赛成绩、素质水平等）、打法类型及心理状况。

（二）训练任务及指标

主要根据比赛任务，预测训练可能达到的成绩和所要达到的身体素质指标。提出任务和指标时，要依据实际情况科学地作出预测。

为完成计划指标，应提出在技术、战术训练方面重点解决的问题。安排内容时要注意处理好新技术的学习、原有技术的改进以及与战术训练的结合。处理好这三方面的关系，才能保证技术、战术训练呈现出逐步提高的趋势。

（三）训练内容的时间比例

每种较大时间跨度的训练计划，都有一个总的训练任务。而在总的训练任务之下又有许多具体的训练任务。为了完成各项具体任务，必须合理地安排训练时间，在不同的训练阶段，抓住重点，逐一去完成。关于训练内容的时间比例，一般根据不同训练时期的不同任务和运动员的不同训练水平来确定。训练时间的分配包括一般身体训练与专项身体训练的比例、技术训练与身体训练的比例、技术训练与战术训练的比例和统一安排与区别对待的比例（见表8-1）。

网

·

球

表 8-1　专业网球训练内容时间安排比例表

训练内容	身体训练		技术训练与身体训练		技术与战术训练		统一安排与区别对待	
	一般	专项	技术	身体	技术	战术	统一	区别
比例一	7	3	7	3	6	4	7	3
比例二	6	4	7.5	2.5	5	5	6	4

（四）训练进度

按照不同训练期的训练任务，把要训练的内容由浅入深、由简到繁、由粗到细、由分解到完整的顺序进行安排，切忌冒进。

（五）负荷安排

全年度训练应逐步加大运动负荷，但运动负荷的增加应要有节奏、有限度地进行。在训练中，要特别注意处理好负荷量和负荷强度的关系。在不同的训练阶段，负荷量的安排一般是由小逐步增大，到竞赛期逐步减少，再稍增大，到调整期达最小；而负荷强度在训练期开始较小后逐步增大，到竞赛期增至最大，调整期逐渐减小。掌握好负荷量和强度在不同训练阶段的变化规律，有利于合理安排运动负荷。此外，在安排运动负荷时，还应根据运动员的年龄和训练水平区别对待。

三、制订训练计划的依据

（一）运动员现实状态

运动员现实状态既是运动员参加训练活动的出发点，也是运动员通过一定时间的训练后可能达到的新的技术水平的重要条件。这里是指运动员在以往的比赛中的运动成绩（竞技水平及比赛名次）和已经达到的竞技水平。

（二）运动员的竞技潜力

同运动员已有的竞技能力一样，运动员的竞技潜力表现在三个方面，即表现在遗传效应、生活效应和训练效应的可能性之中。如对于正在生长发育中的少年儿童，就应充分考虑发育潜力，即还有多少遗传效应会在将来的训练过程中表现出来，促进其竞技能力的提高。理想的训练效应是运动员发展竞技潜能的主要途径。

（三）训练条件

良好的训练条件是取得理想训练效应的重要前提。这里首要的因素是教练员的事业心和业务水平，另外，还有医务监督、恢复、场地器材及家庭各方面的社会保证等。

综上所述，确定训练计划指标时需考虑的因素有：

1. 运动员起始状态：运动成绩、竞技能力、训练史。

2. 竞技潜力：生长发育潜力、训练潜力。

3. 训练条件：训练期限、教练员、场地器材、社会保证。

4. 比赛目的：训练性比赛、创造成绩及竞技名次。

5. 比赛条件：对手、规模设施、时间地点、裁判及评定手段。

四、制订训练计划的方法

（一）多年训练计划的制订

多年训练计划的制订是指对运动员从开始参加训练到达到高度竞技水平，直至停止训练活动这一全过程的整体规划。在制订多年度训练计划时必须明确两个问题，即划分训练阶段的问题和运动员在全部训练过程中进入各训练阶段的最佳年龄问题。确定这两点的基本依据是运动专项的特点及本专项最优秀运动员进入各训练阶段和取得优秀成绩的年龄特征。网球运动员进入各阶段的最佳年龄可大致确定如表 8-2 所示。

表 8-2　网球运动员各训练阶段最佳年龄表

训练阶段	年龄	训练年限	说明
启蒙阶段	6～9 岁	3 年	
基础阶段	10～13 岁	3 年	进体校
提高阶段	14～19 岁	6 年	进职业俱乐部
成熟阶段	20～22 岁	13 年	获全国冠军

在制订计划时，还应注意确定身体训练和技术训练的比例、一般身体训练与专项身体训练的比例、技术训练与战术训练的比例及运动负荷的变化趋势。其中，对不同情况运动负荷的变化趋势需特别注意，以使训练符合竞技能力形成和发展的客观规律。

（二）年度训练计划的制订

年度训练是组成多年系统训练的基本单位，是各种计划中最重要的计划。年度训练计划需确定周期的划分和大周期中各时期、各阶段的训练要点、解决的问题、主要内容安排。

1. 周期的划分

一般训练周期可分为单周期、双周期和多周期。单周期以一年为一个周期；双周期以半年为一个大周期，全年有两个大周期。确定大周期的主要根据是大型比赛的安排。多周期以参赛的次数多少确定周期，目前专业队和职业网球选手的训练大都采用多周期的训练。

2. 大周期中各时期、各阶段的训练特点

一个大周期可分为赛前准备期、比赛期和赛后休整期三个部分。其中准备期和比赛期又可分为若干个阶段。在制订训练计划时，要特别注意各个时期、阶段的衔接，以保持训练的连续性。

（三）周期训练计划的制订

周期训练计划有两种类型，一种是全年计划过程中的一个有机组成部分，另一种是短期的集中训练。

周期训练计划的构成及负荷特点：一个周期的训练过程，可以看作是若干个周训练过程的组合。在训练过程中，当为完成一个特定的训练任务而制订连续几周的专门阶段训练计划时，每个周期计划都由一组有独立任务的周训练计划所构成，其负荷结构有多种形式。

（四）周训练计划制订

周训练计划类型和负荷特点：根据训练任务、训练内容的不同，可把周训练分成基本训练周、赛前训练周、比赛周及恢复周四种，每一种的负荷特点都不一样。周训练计划结构的确定和内容安排有以下要求：

1. 在不同的训练课中，训练内容要交替安排，以充分利用运动员有限的竞技能力，避免训练过度，逐步提高运动员竞技水平。

2. 在安排身体素质、技术和战术训练时，要考虑运动员的机体状态。

3. 制订计划结构时，须将不同负荷后所必需的恢复时间和手段考虑进去，否则其他周的训练将会受到影响。

4. 制订计划的同时要安排好各种训练的比例。

（五）课时训练计划的制订

课时训练的任务和内容主要根据周计划的统一要求和运动员的现实状况来确定。每个课时的训练任务可以是单一的，也可以是综合的。一次综合训练中，训练内容以2～3项为宜。要合理安排练习内容和顺序。一次训练课由准备部分、基本部分和结束部分组成。准备部分一般连续进行 15 分钟左右；基本部分是训练课的核心部分，占时最多，为 60%～90%，其运动负荷有一次或几次达到高峰；结束部分应做一些轻松愉快的活动，以加快机体的恢复，通常连续 10 分钟左右即可。

第二节　业余自练计划的制订

对于业余网球爱好者来说，球技从初级水平上升到中级水平再到高级水平要经历一个长期的过程。无论在哪个阶段，不仅要考虑当时的水平状况，也要考虑到下一个阶段如何提高的问题。虽然不必像职业运动员那样制订多年训练计划、年度训练计划、周期训练计划、周训练计划及课时计划等相对详细的规划，但至少在自我练习的过程中要有系统、有目的、有要求、有步骤、有控制、有检查地进行各种训练。这一切都必须有一个周密的计划，否则只能是事倍功半。

科学的自我训练计划，应考虑本人的实际情况，包括年龄、身体、技术、心理、智力、特点、潜力等方面；还应结合本人所确定的阶段和最终目标来具体制订（如表 8-3）。特此，以不同级别技术水平自我训练计划为例，为网球业余爱好者制订自我锻炼计划时提供参考。

表 8-3　各级别自练计划训练内容示例表

级别	内容	基本技术									战术		身体素质	比赛
		正手击球	反手击球	发球	接发	截击球	挑高球	高压球	放小球	反弹球	单打	双打		
初级	1	√	√										√	
	2	√	√	√									√	
	3	√	√	√	√						√		√	√
	4	√	√	√	√	√						√	√	√
	5	√	√	√	√	√	√						√	√
中级	1	√	√										√	
	2	√	√	√	√								√	
	3	√	√			√							√	
	4	√	√	√	√	√	√						√	
	5	√	√	√	√	√	√	√	√		√	√	√	√
	6	√	√	√	√	√	√	√	√		√	√	√	√
高级	1	√	√										√	
	2	√	√	√										√
	3	√	√	√	√					√			√	
	4	√	√	√		√	√	√		√	√	√	√	
	5	√	√	√	√	√	√	√	√	√	√	√	√	√
	6	√	√	√	√	√	√	√	√	√	√	√	√	√

一、不同技术水平的训练安排

（一）初级水平

初级水平训练的主要任务是打基础，包括身体素质基础和基本技术基础。

1. 身体素质训练

在保持各项基本身体素质的基础上，突出解决脚步移动的灵活快速、发展腰背肌力量、腕部力量及挥拍的速度等。为掌握新技术和技、战术的全面化打好身体素质的基础。

2. 基本技术训练

在全面技术训练的基础上着重抓基础动作训练，重点是正反手抽球、发球和接发球技术，尽快形成正确的动力定型，为今后掌握新技术打好基础。战术方面应重点提高个人战术意识和个人战术变化，也要适当地进行基本技术的衔接训练。

3. 心理素质训练

从参加训练的初始，就要打下心理素质的基础。除了在各种训练中都有意识地贯彻心理训练的内容外，对某些心理特征要给以特殊的对待，即对优秀的心理品质要有意加以利用和发挥；对某些心理障碍要重点加以克服。

（二）中级水平

本阶段主要训练目标是在具有一定击球技术的基础上掌握特色技术。

1. 身体素质训练

身体素质的训练内容和方法要根据前一阶段对技、战术的适应情况，进行重点调整，也要根据技、战术运用的需要而扩充、改进和加强。

2. 技战术训练

在重点训练基本技术和进攻技术的前提下，着重提高连续稳定击球的能力，并根据个人的特点发展某项特色技术，进行专门训练，并提高在实战中的运用能力。在不断地掌握先进技术和特色技术的过程中，逐步加强比赛中战术运用的专项训练。

3. 心理素质训练

抓住个性化问题，在原有的基础上不断改进，绝不能放弃。

（三）高级水平

这个水平的训练着重抓整体战术运用，形成自己的攻防战术的特点，在此基础上加强针对性训练和形成良好的心理状态。

1. 身体素质训练

全面提高网球专项身体素质，尤其是爆发力、速度耐力和柔韧性等。

2. 技战术训练

根据自身的特点和分、局、盘取胜策略的要求，着重加强几项特色技术的掌握，达到实战中熟练运用的程度。以实用战术为中心，重点提高灵活运用的能力。

3.心理素质训练

这个时期要把心理训练当做训练和比赛中重点加强和具体解决的重要内容来抓。既要重视全面的心理问题，更要抓个体的心理问题，以保证在各级别比赛中能正常地发挥技战术水平。

二、业余初级水平技战术训练设计示例

在业余自练计划中，除了对自己的技术、战术、身体素质和心理训练有总体要求外，还要具体设计和确定在不同水平阶段所要掌握的技术；在战术打法上要形成什么样的风格，掌握哪些特色技术等；表8-4提出了针对业余初级技术水平选手的训练课示例，供网球爱好者参考。

表8-4　初级水平技战术训练示例详表

课次	内　　　容
1	(1) 原地向上或向下抛球； (2) 互抛互接球法； (3) 东方式握拍法，介绍大陆式、西方式握拍法； (4) 原地正手击球和步法练习； (5) 原地正手平击球自抛自击； (6) 对墙正手击球。
2	(1) 行进间向上颠球； (2) 原地正手击球和步伐练习； (3) 原地正手平击球，一抛一击； (4) 对墙正手击球。
3	(1) 行进间向上颠球或向下拍球； (2) 移动中正手击球和步法练习； (3) 移动中正手平击球一抛一击； (4) 一般身体练习。
4	(1) 原地反手击球和步法练习； (2) 原地反手平击球自抛自击； (3) 复习移动中正手平击球一送一击； (4) 对墙反手平击球。
5	(1) 正反手对墙击球； (2) 移动中反手击球和步法练习； (3) 移动中反手平击球自抛自击； (4) 正反手击球一送一击； (5) 专项素质练习。

课次	内　　　容
6	（1）对墙练习击落地球（由两跳逐步过渡到一跳）； （2）无球模仿正手击球，先原地后移动； （3）两人对练正手平击球。
7	（1）对墙练习击落地一跳球； （2）无球模仿反手击球，先原地后移动； （3）两人对练反手平击球； （4）一般身体训练。
8	（1）对墙练习击落地球； （2）正手直线球练习，一送一击； （3）正手斜线练习，一送一击； （4）两人对练正手直线、斜线球。
9	（1）对墙练习击落地球； （2）反手斜线球练习，一送一击； （3）两人对练反手斜线球； （4）复习正手直线或斜线击球练习。
10	（1）对墙练习击落地球； （2）反手斜线球练习，一送一击； （3）两人对练反手斜线球； （4）复习正手直线或斜线击球练习。
11	（1）对墙练习击落地球； （2）正手直线球（打深），一送一击； （3）反手直线球（打深），一送一击； （4）两人对练，一人正手击直线球，一人反手击直线球； （5）一般身体素质训练。
12	（1）正手斜线球（打深），一送一击； （2）反手斜线球（打深），一送一击； （3）两人对练正手斜线球； （4）两人对练反手斜线球； （5）专项素质训练。

第八章＼网球训练计划的制订

167

>>> **复习思考题**

1. 专业训练计划怎样制订？
2. 业余训练计划怎样制订？

第九章　网球规则、裁判法与竞赛组织工作

第一节　网球竞赛规则

第一条　场地设备

球场是一个长方形，长 23.77 米（78 英尺），宽 8.23 米（27 英尺）。用球网将全场横隔为二等区，球网悬挂在直径不超过 0.8 厘米（1/3 英寸）的绳或钢丝绳上，球网两端悬挂或越过在直径不超过 15 厘米（6 英寸）的圆形网柱或边长不超过 15 厘米（6 英寸）的正方形网柱顶上。网柱高不得超过网绳顶部 2.5 厘米（1 英寸）。网柱中心距边线外沿 0.914 米（3 英尺）。网柱高度应使网绳或钢丝绳的顶部距地面 1.07 米（3 英尺 6 英寸）。当一兼有双打和单打的场地（见规则第三十四条）挂着双打球网用于单打时，球网必须用高度为 1.07 米（3 英尺 6 英寸）的两根支柱支撑，这两根支柱称为"单打支柱"。它的直径或边长不得超过 7.5 厘米（3 英寸），单打支柱中心距单打场地边线外沿 0.914 米（3 英尺）。球网应充分展开，完全填满两柱间之空隙，网孔大小以不让球穿过为准。球网中央高 0.914 米（3 英尺），并用不超过 5 厘米（2 英寸）宽的白色中心带绷紧竖于地面。网顶的绳或钢丝绳要用白色网边布包缝，每边宽不得少于 5 厘米（2 英寸），也不得多于 6.3 厘米（2½ 英寸）。在球网、中心带、网边白布或单打支柱上均不得有广告。球场两端的界线叫端线；球场两边的界线叫边线。在球网两侧 6.40 米（21 英尺）处的场内各画一条与球网平行的横线叫做发球线。联结两发球线的中点画一条与边线平行的线，线宽 5 厘米（2 英寸）叫做中线，中线与球网呈"十"字形，将发球线与边线之间的地面分成四个相等的区域叫做发球区。在端线的中心，向场内画一条 10 厘米（4 英寸）长、5 厘米（2 英寸）宽的垂直于端线的短线叫做中点。全场除端线可宽至 10 厘米（4 英寸）外，其他各线的宽度均不得超过 5 厘米（2 英寸），也不得少于 2.5 厘米（1 英寸）。全场各区的丈量，除中线外都从各线的外沿计算。所有的线应是同一颜色。如在球场后面放置广告或其他物品时，则不得使用白色、黄色。任何浅颜色，只有当其不妨碍运动员视线时，方可使用。如广告放置在位于球场后面的司线员的座椅上，这些广告也不得使用白色或黄色。任何浅颜色，只有当其不妨碍运动员视线时，方可使用。

注：戴维斯杯，或国际网联主办的其他正式锦标赛规定，端线以外至少要有 6.40 米（21 英尺）的空地，边线以外至少要有 3.66 米（12 英尺）的空地。司线员的座椅可安置在球场后面 6.40 米（21 英尺）的空地内，或安置在球场旁边 3.66 米（12 英尺）的空地内，只要座椅凸出该区不超过 0.914 米（3 英尺）即可。

第二条　球场固定物

球场固定物包括球网、网柱、单打支柱、绳或钢丝绳、中心带、网边白布，还包括球场四周的挡网、看台、固定的或可移动的座位或座椅及其占有人；安置在场地周围上空的设备，以及在各自位置上的裁判员、辅助裁判员、脚误裁判员、司线员、拾球员等。

注：所谓"裁判员"，包括裁判员和那些在球场上有权获得一席位，以及被指定协助裁判员临场工作的所有人员。

第三条　球的大小、重量和弹力

球为白色或黄色，外表毛质均匀，接缝处没有缝线。球的直径是 6.35～6.67 厘米（2½～2⅝ 英寸），重量是 56.7～58.5 克（2～2¹⁄₁₆ 盎司）。球的弹力为：从 2.54 米（100 英寸）的高处自由落下时，能在混凝土地面上弹起 1.35～1.47 米（53～58 英寸）；气温在 20℃（68°F）时，如果在球上加压 8.165 千克（18 磅）时，推进变形应大于 0.56 厘米（0.22 英寸）、小于 0.74 厘米（0.29 英寸），复原变形应大于 0.89 厘米（0.3 英寸）、小于 1.08 厘米（0.425 英寸）。此两变形值为对球之三轴所施的各试验读数平均值，每两读数不得相差 0.08 厘米（0.03 英寸）。在海拔 1219 米（4000 英尺）以上地方比赛时，可以使用另外两种球。第一种球落地后弹起的高度应大于 121.92 厘米（48 英寸）、小于 135 厘米（53 英寸），其他规格同上所述，其球内压力应大于外界压力。这种球通常称之为"有压球"。第二种球落地后弹起的高度应大于 135 厘米（53 英寸）、小于 147 厘米（58 英寸），其他规格也同上所述，其球内压力几乎和外界压力相同，并且已置于特殊比赛的气压下有 60 天或更长时间。这种球通常称之为"零压球"或"无压球"。

第四条　球拍

球拍如不符合下列规格，则不得在比赛中使用。

（a）球拍的击球面必须是平的，由弦线上下交替编织或联结组成，其组成格式应完全一致。每条弦线必须与拍框联结，特别是穿线后其中心密度不能小于其他任何区域密度。弦线不应有附属物或突起物。如有附属物，只限用以限制或防止弦线的磨损、振动或分散重力，其大小和布置均应合理。

（b）拍框和拍柄的总长不得超过 81.28 厘米（32 英寸），总宽不得超过

31.75 厘米（12½ 英寸）。拍框内沿总长不得超过 39.37 厘米（15½ 英寸），总宽不得超过 29.21 厘米（11½ 英寸）。

(c) 拍框包括拍柄，不应有附属物或设备。如有附属物或设备，只限用以限制或防止拍框和拍柄的磨损、振动或分散重力。任何附属物或设备，其大小和布置必须合理。

(d) 拍框包括拍柄和弦线，在每一分的比赛期间，不应有任何可使运动员应质上改变其球拍形状或改变其重力分配的设备。

国际网联应裁决某一球拍或原形是否符合以上规格或能否批准它在比赛中使用。这样的裁决或是国际网联主动着手去做，或是根据某些当事人的申请。这些当事人包括运动员、器材制造商或国家的协会或它的会员。这些裁决与申请应根据国际网联适用的"回顾与听取程序"做出，其有关抄本可向秘书办公室索取。

例（1）球拍的击球面能否有一盘以上的拍弦？

答：不能。规则很清楚地提到，交叉的弦组成一个式样，而不是几个式样。

例（2）如果拍弦是在一个以上的平面上，是否可以认为拍弦式样大体上是平整的？

答：不可以。

例（3）拍弦上能安置振动减弱设备吗？如可以，设备安置在何处？

答：可以。该设备只可安置在交叉的弦组成的式样外边。

例（4）比赛进行中，当一名运动员拍弦突然断裂，他能否用该拍继续比赛？

答：可以。

第五条　发球员和接球员

运动员应各自站在球网的一边，先发球的运动员叫做发球员；另一边的运动员叫做接球员。

例（1）运动员在击球前或击球后超过了球网的假定延长线，是否判他失分？

答：不判失分。只要他不进入对方场区内即可（根据规则第二十条（e）款处理）。若有碍击球，对方可提请裁判员按规则第二十一条和第二十五条处理。

例（2）发球员要求接球员必须站在场内接球，是否必要？

答：没有必要。接球员在自己球场一侧可站在任何位置接球。

第六条　选择权

第一局比赛用掷钱币的方法来决定选择场区或首先发球权、接发球权。

得胜者，有权选择或要求对方选择。

（a）选择发球或接发球者，应让对方选择场区。

（b）选择场区者，应让对方选择发球或接发球。

第七条　发球

发球应按下列方法将球发送出去：

发球员在发球前，应先站在端线后、中点和边线的假定延长线之间的区域里，然后用手将球向空中任何方向抛起，在球接触地面以前用球拍击球（仅能用一只手的运动员，可用球拍将球抛起），球拍与球接触，就算完成球的发送。

例（1）单打比赛中，发球员可以站在端线后、单打边线与双打边线的假定延长线之间发球吗？

答：不可以。

例（2）发球时，发球员向上抛起两个或两个以上的球，是否判失误？

答：不判失误。重发球。若裁判员认为此举纯系故意而为，可按规则第二十一条处理。

第八条　脚误

发球员在整个发球动作中：

（a）不得通过行走或跑动改变原站的位置。发球员发球时如两脚轻微移动而未变更原位，不算行走或跑动。

（b）两脚只准站在端线后、中点和边线的假定延长线之间，不能触及其他区域。

脚是指踝关节以下部分。

第九条　发球员的位置

（a）每局开始发球时；发球员应先从右区端线后发球；得（失）一分后，应换到左区发球。这样每得（失）一分就轮流交换发球位置。如发球位置错误而未察觉，比分仍然有效；一旦察觉，应立即纠正。

（b）发出的球，在对方还击前，应从网上越过，落到对角的对方发球区内或其周围的线上。

第十条　发球失误

发球时发生下列任何一种情况，均判失误：

（a）发球员违反规则第七条、第八条和第九条的各项规定。

（b）未击中球。

（c）发出的球，在落地前触及固定物（球网、中心带、网边白布除外）。

例（1）发球员向上抛球准备发球时，又决定不击球而将球接住，是否算失误？

答：不算失误。

例（2）单打比赛在双打场地上进行，使用了单打支柱，发出的球触及单打支柱后落入规定的发球区内，是应判失误还是应判重发球？

答：判失误。因为单打支柱、双打支柱以及其间的球网、网边白布均系固定物（规则第二条、第十条及第二十四条的"注"）。

第十一条　第二次发球

发球员第一次发球失误后，应在原发球位置进行第二次发球。如第一次发球失误后，发觉发球位置错误时，应按规则第九条改在另区发球，但只能再发一次球。

例（1）发球员错区发球，失分后提出站位错误应判发球失误，该如何处理？

答：比分有效。下次发球应按比分站在正确的位置上进行。

例（2）比分 15：15 时，发球员站错位置在左区发球，得了该分，然后到右区发球，第一次发球失误后发觉发球位置有误，先前所得的一分是否有效？应该站在何处进行第二次发球？

答：原先得分有效，比分应是 30：15；该改站到左区发球，原先失误有效，只能进行第二次发球。

第十二条　发球时间

发球员须待接球员准备好后，才能发球。接球员做还击姿势就算已做准备；如接球员表示尚未准备，即使所发的球没有落到发球区内，他也不能要求判此球失误。

第十三条　重发球和重赛

凡根据规则必须重发球或比赛受到干扰时，裁判员应呼叫"重发球"。对此可作下列解释：

（a）宣报发球无效时，仅该球不算，重发球。

（b）其他情况下，该分重赛。

例（1）发球受到规则第十四条规定以外的一些原因的妨碍，是否只有重发球？

答：不。该分重赛。

例（2）"活球"期间球破了，是否应判重赛？

答：应该重赛。

第十四条　发球无效

下列任何一种情况，应判发球无效，并重发球：

（a）合法的发球触及球网、中心带、网边白布后，仍落到对方发球区内，或发球触及球网、中心带、网边白布后，在落地前触及接球员身体或其穿戴物件。

（b）不论发出的球是成功还是失败，接球员均未作准备（参阅规则第十二条）。如重发球，则那次发球不予计算，但原先的第一次发球失误不予取消。

第十五条　发球次序

第一局比赛终了，接球员成为发球员，发球员成为接球员。以后每局终了，均依次互相交换直至比赛结束。如发球次序发生错误时，发觉后应立即纠正，由应轮及发球的球员发球。发觉错误前，双方所得的分数都有效。如发觉前已有一次发球失误，则不予计算。如一局终了才发觉次序错误，则以后的发球次序就以该局为准按规定轮换。

第十六条　运动员何时交换场地

双方应在每盘的第一、第三、第五等单数局结束后，以及每盘结束双方局数之和为单数时，交换场地。如一盘结束，双方局数之和为双数，则不交换场地，须等下一盘第一局结束后再进行交换。如发生差错未按正常顺序交换场地，一经发现，应立即纠正场区，按原来顺序进行比赛。

第十七条　"活球"期

自球发出时起（除失误或重发外），至该分胜负判定时止，为"活球"期。

例：甲方运动员还击失误，裁判员未判，比赛继续进行。乙方运动员可否在往返对打结束后声称他应得这一分？

答：不可以。甲方还击失误，但比赛继续，只要乙方未受妨碍，乙方就不得有此要求。

第十八条　发球员得分

下列任何一种情况，判发球员得分：

（a）发出的球（发球无效除外，参阅规则第十四条）在着地前触及接球员或他穿戴的任何物件时。

（b）接球员违反规则第二十条的规定而失分时。

第十九条　接球员得分

下列任何一种情况，判接球员得分：

（a）发球员连续两次发球失误时。

（b）发球员违反规则第二十条的规定而失分时。

第二十条　失分

发生下列任何一种情况，均判失分：

（a）在球第二次着地前未能还击过网（规则第二十四条（a）款和（c）款除外）。

（b）还击的球触及对方场区界线以外的地面、固定物或其他物件（规则第二十四条（a）款和（c）款除外）。

（c）还击空中球失败（站在场外击空中球失败也算失分）。

（d）在比赛进行中，运动员故意用球拍拖带或接住球，或故意用球拍触球超过一次。

（e）"活球"期间运动员的身体、球拍（不论是否握在手中）或穿戴的其他物件触及球网、网柱、单打支柱、绳或钢丝绳、中心带、网边白布或对方场区以内的地面。

（f）来球尚未过网即在空中还击（过网击球）。

（g）除握在手中（不论单手或双手）的球拍外，运动员的身体或穿戴的物件触球。

（h）抛拍击球。

（i）比赛进行中，运动员故意改变其球拍形状。

例（1）发球时，球拍从发球员手中飞出，在球触地面前触网，这是一次发球失误还是发球员失分？

答：发球员失分。因为是在"活球"期间球拍触网（见规则第二十条（e）款）。

例（2）发球时，球拍从发球员手中飞出，在球接触发球区以外地面后触网，这是一次发球失误还是发球员失分？

答：这是一次发球失误。因为当球拍触网时，已成"死球"。

例（3）甲与乙和丙与丁比赛，甲发球给丁，丙在球着地前触网，然后由于球落在发球区外，判甲发球失误。试问丙、丁是否应失此分？

答：判"发球失误"是错误的。在宣判"发球失误"前，丙、丁已经失分。因为在"活球"期间，丙触网。

例（4）运动员可否在"活球"期间跳过球网到对方场区而不被判罚？

答：不可以。应判该运动员失分（见规则第二十条（c）款）。

例（5）甲削球刚过网，球又反弹至甲场区，乙够不着球，抛拍击球，拍与球一起落入甲方场区内，甲这时回球出界，乙失分还是得分？

答：乙方失分（见规则第二十条（e）款和（h）款）。

例（6）站在发球区外的运动员，在对方发来的球落地前被击中，他是得分还是失分？

答：被击中的球员失分（见规则第二十条（g）款。规则第十四条（a）

款除外）。

例（7）运动员站在场区外还击空中球或用手接住球，声称他应得此分，因该球明显出界，可以吗？

答：在任何情况下，他都不应得分。

（i）如他用手接住球，他失分（见规则第二十条（g）款）。

（ii）如他还击空中球失误，他也失分（见规则第二十条（c）款）。

（iii）如他还击空中球为有效还击，则比赛继续进行。

第二十一条　阻碍击球

甲方的举动妨碍乙方击球时，该举动若属故意，判甲方失分；若系无意则判该分重赛。

例（1）一方在击球过程中触碰了对方，是否应判罚？

答：不。除非裁判员认为根据规则第二十一条有应罚之处。

例（2）当球反弹后回过网去，追击该球的一方过网击球，但受到对方阻碍未能击球，应如何判决？

答：按照规则第二十一条，裁判员可判受阻方得分或指令该分重赛（见规则第二十五条）。

例（3）属于规则第二十一条之内的无意连击，是否构成影响对方击球的动作？

答：不构成。

第二十二条　压线球

落在线上的球都算界内球。

第二十三条　球触固定物

击出的球，落到对方场区地面后再触及固定物（球网、网柱、单打支柱、绳或钢丝绳、中心带、网边白布除外）时，判击球者得分；球在落地前触及固定物，判对方得分。

例：一方运动员还击，球触及裁判员或裁判椅，他声称该球正向场内飞入，应如何判决？

答：判击球者失分。

第二十四条　有效还击

下列任何一种情况，都是有效还击：

（a）球触球网、网柱、单打支柱、绳或钢丝绳、中心带或网边白布后，从网上越过落入对方场区内。

（b）对方发出或还击的球，落到本方有效场区内又反弹回去或被风吹回对方场区上空时，本方运动员挥拍过网击球，球落到对方场区内，其身体、衣服或球拍并未触及球网、网柱、单打支柱、或钢丝绳、中心带、网边白布或对方场区的地面。

(c) 球从网柱或单打支柱以外还击至对方场区（不论还击的球是高于还是低于球网或是触及网柱或单打支柱）。

(d) 合法击球后，球拍随球过网。

(e) 对方发出或击出的球，碰到本方场区内的另一球，而还击的运动员仍能回球到对方场区内。注：单打比赛时，为了方便起见，可在双打场上另装单打支柱。单打支柱以外的球网、双打网柱、绳或钢丝绳及网边白布等都算固定物，不算单打网柱或球网的一部分。还击的球，如果从单打支柱和双打网柱中间钢丝绳下穿过，并且没有触及钢丝绳、球网或双打网柱而落到有效场区以内，算有效还击。

例（1）一个向场外飞出的球，触及网柱或单打支柱而落入对方场区内，是否属于有效还击？

答：如果是发球，不属于有效还击（见规则第十条（c）款）；如果是回击来球，则属于有效还击（见规则第二十四条（a）款）。

例（2）运动员双手握拍击球，是否为有效还击？

答：是有效还击。

例（3）发球或来回击球过程中，球触及停留在场内的另一球，是否就此判得分或失分？

答：不应就此作出判决，比赛应继续进行。如果裁判员未能判别而继续比赛的球是否系原来所用的球时，应指令该分重赛。

例（4）运动员可否在球赛中使用一把以上的球拍？

答：不可以。规则的全部含义是一把。

例（5）运动员可否要求将停留在对方场区内的球取走？

答：可以。但不得在"活球"期间进行。

第二十五条　意外阻碍

运动员遇到不能控制的意外阻碍（球场固定物及规则第二十一条的规定除外），妨碍其击球时该分应重赛。

例（1）一位观众进入场内妨碍了运动员击球，运动员可否要求该分重赛？

答：如果裁判员认为运动员击球时受到他不能控制的情况妨碍，可判重赛；如果是场上固定物或场中安置的物件影响击球，则不判重赛。

例（2）运动员如遇例（1）情况受到意外阻碍，裁判员判重赛，发球方已发球失误一次，他还有两次发球机会吗？

答：有两次发球机会。因为规则说明在"活球"期间受到干扰，该分（而不单是该次击球）应该重赛。

例（3）依据规则第二十五条，甲方认为乙方受到意外阻碍，可否声称该分应重赛，而不还击对方来球？

答：不可以。

例（4）当球击中在空中的另一球，是否算好球？

答：应判该分重赛。但若空小球是本场一名运动员所造成的，裁判员可按规则第二十一条进行处理。

例（5）如果裁判员或司线员错报失误或出界，继而又予以纠正，两项判定何者有效？

答：应判重赛，并给两次发球机会。如果裁判员认为双方运动员在击球中均未受到影响，则纠正的判决有效。

例（6）若第一次发球失误，球反弹回来阻碍接球员接第二次发球，接球员能否请求重发球？

答：可以。除非他有机会将场中的球取走但却任其停留，则不得要求重发球。

例（7）当球触及场内静止的或移动的物体时，是否算好球？

答：应算好球。如果该静止物是在"活球"期间进入场内，应判重赛；如果"活球"期间球触及在场上滚动的或在球场上空运行的物体，则必须判重赛。

例（8）第一次发球失误，第二次发球有效，因出现规则第二十五条所述的情况，或因裁判员未能作出判定而需重赛时，应如何处理？

答：第一次发球失误不予计算，应判该分重赛。

第二十六条　胜一局

运动员每胜一球得一分，胜第一分记分 15，胜第二分记分 30，胜第三分记分 40，先得四分者胜一局。但遇双方各得三分时，则为"平分"。"平分"后，一方先得一分时，为"该运动员占先"。"占先"后再得一分，才算胜一局；如一方"占先"后，对方又得一分，则仍为"平分"。依此类推，直到一方在"平分"后净胜两分结束该局。

第二十七条　胜一盘

（a）一方先胜六局为胜一盘。但遇双方各得五局时，一方必须净胜两局才算胜一盘。

（b）决胜局计分制可作为本条规则（a）款平局时长盘制的变通办法，但要在比赛前宣布这一决定。决胜局计分制规则：决胜局计分制可应用于每盘的局数为六平时，但三盘两胜制的第三盘和五盘三胜制的第五盘不得使用此制度，应使用本条（a）款的长盘制，除非另有规定并在比赛前宣布。

决胜局计分制如下：

单打

（i）先得七分者为胜该局及该盘。若分数成六平时，比赛需延长到某方净胜两分时止。决胜局应全部采用数字计分制。

（ii）该轮及的发球员发第一分球，然后由对方发第二分及第三分球；此后轮流交替发球，每人连发两分球，直至决出该局与该盘的胜负为止。

（iii）该轮及的发球员在右区发第一分球后，即改由对方依次在左区和右区发第二、第三分球；此后轮流交替发球，每人连发两分球，其中第一分球均应在左区发球。如果出现从错误的半区发球，在发觉前已得的分数均有效，但在发觉后应立即纠正错误的站位。

（iv）运动员应在每六分及决胜局结束时交换场地。

（v）更换新球时，决胜局作为一局计算。如逢该局更换新球，应暂缓更换，待下一盘第二局开始时，再行更换。

双打

单打比赛的规定都适用于双打比赛。轮到发球的运动员发第一分球，此后发球次序仍按该盘比赛中原先的发球次序排定，每人轮流交替发两分球，直到决出该局与该盘的胜负为止。

轮换发球

运动员（或双打时一对运动员）在决胜局首先发球者，在下一盘第一局中为接球方。

例（1）虽然在比赛前已决定并宣布采用长盘制，但是在局数六平时用决胜局计分制比赛，试问已得分数是否有效？

答：如果在第二分球尚未开始比赛前发现此错误，则第一分有效，但应立即纠正错误。如果在第二分球已开始比赛后才发现此错误，则继续按决胜局计分制比赛。

例（2）虽然在比赛前已决定并宣布采用决胜局计分制，但是在局数六平时用长盘制比赛，试问已得分数是否有效？

答：如果在第二分球尚未开始比赛前发现此错误，则第一分有效，但应立即纠正错误。如果在第二分球已开始比赛后才发现此错误，则继续按长盘制比赛。如果此后局数到八平或更高的双数（即十平、十二平⋯）时，应采用决胜局计分制。

例（3）单打或双打比赛在决胜局时，某方运动员的发球次序错误，是否在发觉后仍按错误的发球次序轮流交替进行，直至该局结束时止？

答：如运动员已发完该轮次球，则按错误的发球次序轮流交替进行下去。如该运动员尚未发完该轮次球时，发现错误后应立即纠正发球次序，原先比分有效。

第二十八条　最多盘数

一场比赛最多盘数是五盘，女子参加时最多盘数是三盘。

第二十九条　临场官员的任务

比赛时如没有裁判员，裁判员的判定就是最后的判定。

比赛大会设有裁判长时，如运动员对裁判员涉及有关规则问题的判定有异议，可提请裁判长解决，裁判长的判定就是最后的判定。

比赛中设有司线员、司网和脚误裁判员等辅助人员时，对于具体发生的事例，他们的判定就是最后的判定。如果裁判员认为是明显误判，他有权纠正辅助人员的判定或指令该分重赛。当辅助人员不能作出判定时，应立即向裁判员示意，由裁判员作出判定。如裁判员对于具体发生的事例不能作出判定时，可指令该分重赛。

在戴维斯杯和其他团体赛中，球场上的裁判长有权更改任何判决，他还可以指示裁判员判该分重赛。

裁判长认为天色黑暗或因场地、气候等条件不能继续比赛时，可令比赛停止。补赛时双方运动员原有比分和原站方位仍然有效；经裁判长与双方运动员一致同意后，也可重赛。

例（1）裁判员判重赛，但某运动员声称该分不该重赛，可否请裁判长作出判定？

答：可以。有关网球规则的问题，即涉及特殊事例运用规则的问题，首先应由裁判员判定。但是如果裁判员不肯定或运动员对裁判员的判定有异议时，则可请裁判长作出判定，他的判定是最后的判定。

例（2）裁判员判球出界，但某运动员声称该球是好球，可否请裁判长作出判定？

答：不可以。这是具体发生的事例，即是在特殊事例中实际发生的情况，因此临场裁判人员的判定是最后的判定。

例（3）如果裁判员认为往返击球过程中有一明显错误，可否在这一往返击球结束时，改判司线员的判定？

答：不可以。除非他认为对方击球受阻碍。否则，裁判员只能在发现错误后，立即改判司线员的判决。

例（4）司线员判球出界，裁判员未能看清楚，虽然他认为这是界内球。

他可否改判司线员的判决？

答：不可以。裁判员只能在他毫不怀疑地认为司线员的判定是错误时，或在司线员判定为好球而他已看清球和界线之间确有距离时，或在司线员判定为出界或失误而他已看清是压线球或界内球时才能改判。

例（5）裁判员已报分，司线员可否改变他原来的判定？

答：可以。如果司线员发现自己判错，只要他是立即呼报"更正"就可以。

例（6）司线员判球出界后，运动员声称他的回击球是好球，裁判员可否改变司线员的判定？

答：不可以。裁判员绝不能因为运动员的抗议或申诉而进行改判。

第三十条　连续比赛和休息时间

从第一次发球开始，到全场结束，比赛应按下列规定连续进行。

（a）如第一次发球是失误，发球员必须毫不延误地开始第二次发球。接球员必须按发球员合理的速度进行比赛，当发球员准备发球时，接球员必须准备去接球。交换场地时，从前一局结束至下一局第一分发球球拍击球时，最多有一分三十秒的间歇。当有外界干扰使比赛无法连续进行时，裁判员可酌情处理。由国际网联承认的国际巡回赛和团体赛的组织者，可以决定分与分之间允许间歇的时间，在任何时候，间歇的时间都不得超过二十五秒。

（b）绝不应该为了使运动员能够恢复力量、呼吸或身体素质而暂停、延误或干扰比赛。虽然如此，但是如因事故而受伤，裁判员可允许一次暂停（三分钟）。由国际网联承认的国际巡回赛和团体赛的组织者，可以延长这一次暂停时间，从三分钟到五分钟。

（c）若某些情况非运动员所能控制，如运动员的服装、鞋或器材（不包括球拍），因料理不当而不能或难以继续比赛时，裁判员可暂停比赛，直到料理好。

（d）当需要和适宜时，裁判员在任何时候都可以暂停或延缓比赛。

（e）男子比赛在第三盘打完之后，女子比赛在第二盘打完之后，双方球员可以有不超过十分钟的休息时间。如果地处北纬15°及南纬15°之间的国家，则以不超过四十五分钟为限。此外，当出现球员无法控制的特殊情况时，裁判员有权暂停适当的时间。如果比赛被暂停至第二天才能恢复，则在第二天打完第三盘之后（女子第二盘之后）才有休息权。第一天未打完的一盘作一盘计算。如果在同一天内，比赛被暂停超过十分钟，在没有间断的情况下，要再连续打完三盘后（女子比赛打完两盘后）才有休息权。上一段没有打完的一盘作一盘计算。任何国家和（或）委员会在组织锦标赛、一般比赛时，有权从竞赛规程中变更或取消这一条款，只要在比赛开始前宣布即可。但国际网球锦标赛（戴维斯杯赛和联合会杯赛）除外。

（f）锦标赛的委员会有权决定给运动员做准备活动的时间，但不可超过五分钟，并且必须在比赛开始前宣布。

（g）当使用批准的罚分制（指三级罚分制）和不积累的罚分制（指每次罚一分制）时，裁判员应在上述罚分制条款的范围内作出裁决。

（h）根据运动员违反了比赛应连续进行的原则，裁判员在发出警告后，有权取消犯规运动员的比赛资格。

第三十一条　指导

团体赛中，在交换场地时，可由坐在场内的队长给予指导，但在决胜局换边时不得进行指导。在其他比赛时，运动员不能接受指导。应严格地遵守这些条款。在裁判员发出警告后，他有权取消犯规运动员的比赛资格。当使用批准的罚分制（指三级罚分制）时，裁判员应按照罚分制处罚。

例（1）如果以一种不妨碍别人的方法，用信号指导运动员，这时裁判员应警告运动员，还是应取消他的比赛资格？

答：裁判员一旦发现有人给予语言或手势的指导，必须立即采取行动。如果裁判员未发现有人指导，运动员可以提请裁判员注意有人在进行指导。

例（2）五盘三胜制比赛时，中间休息十分钟，或比赛中断运动员离开球场，他能否接受指导？

答：可以。如上所述，当运动员不在球场时，可任意进行指导。注："指导"包括任何建议与指示。

第三十二条　更换新球

假如在规定的局数以后应换新球，但在正确的次序未换新球，则此错误应等到该轮及发新球的运动员或在双打时该对运动员，在其下一轮发球局到来时予以纠正，更换新球。此后，应按原先规定的两次换球间的局数来更换新球。

双打竞赛规则

第一条　双打规则：除以下各条规定外，上述规则均适用于双打。

第二条　球场和球网

双打球场应为 10.97 米（36 英尺）宽，比单打球场每边多 1.37 米（4½英尺）。两发球线间的单打球场边线为发球区的边线。其余各项均和规则第一条相同。发球线与端线之间的单打边线，如认为需要，可以取消。

第三条　发球次序

应在每盘开始之前，决定发球次序如下：每盘第一局开始时，由发球方决定由何人首先发球，对方则同样地在第二局开始时决定由何人首先发球。第三局由第一局发球方的另一球员发球。第四局由第二局发球方的另一球员发球。此盘以下各局均按此次序发球。

例：双打比赛时，一方有一运动员未能及时报到。其同伴可否要求允许他一人与对方进行比赛？

答：不可以。

第四条　接球次序

应在每盘开始之前，决定接球次序如下：先接球的一方，应在第一局开始时，决定何人先接发球，并在这盘单数局继续先接发球。对方同样应在第二局开始时，决定何人先接发球，并在这盘双数局继续先接发球。他们的同伴应在每局中轮流接发球。

例：双打比赛，发球员的同伴或接球员的同伴，是否允许站在妨碍接球员视线的位置上？

答：可以。发球员的同伴或接球员的同伴可以按其愿望站在自己一侧球场内或外的任何位置。

第五条　发球次序错误

发球次序错误，应在发觉时立即纠正。但已得的分数或已成的失误都有效。如发觉时全局已经终了了，此后发球次序就以该局为准轮流发球。

第六条　接球次序错误

接球次序错误，发觉后仍按已错误的次序进行，等到下一接球局再行纠正。

第七条　发球失误或得分

发出的球，如违反第十条规定，或触及同队队员或他穿戴的物件时，都算失误。发出的球，在着地前触及接球员的同伴或他穿戴的物件时（规则第十四条（a）款除外），应判发球方得分。

第八条　还击

接发球后，双方应轮流由其中任何一名队员还击。如运动员在其同队队员击球后，再以球拍触球，则判对方得分。

第二节　网球竞赛裁判方法

一、网球比赛裁判程序与记分

一场网球比赛应由各种裁判员组成，他们是主裁判 1 名，司网裁判 1 名，司线员若干名。如"四大网球公开赛"临场执行裁判员多达 12 名，他们各负其责。而一名业余裁判员担任主裁判又该怎样临场工作和裁决一场网球比赛呢？下面向大家介绍常用的裁判程序和记分方法。

（一）裁判程序

1. 接受任务后，准备好用具，填写好记分表上有关内容。

2. 上场检查场地，测量网高，主持挑边。

3. 坐姿上体前倾，不可交叉腿，记分表拿在手中。比赛开始前，介绍双方运动员，然后宣布比赛开始。

4. 一分结束时，先报分，后记分。报分时声音要清楚、响亮，记分要快。用眼睛余光注视双方运动员及场上情况，报分时看失分方。

5. 注意场上情况，一旦发生外界干扰，立即叫暂停，不管此时球对哪方有利。

6. 一分开始前，先看接发球方是否准备好，再看发球方是否准备发球，确认接球方已准备好，且场上无意外干扰，再看发球方发球时有无脚误，直至球被击出，眼睛随球看有无擦网，球是否落在界内。

7. 对每分球的判断应在球落地后 1～3 秒内做出，宣报出界或做好球手势。3 秒内未报出界，就默认为是界内。

8. 硬地不检查球印。沙地比赛运动员必须在成"死球"时才能提出检查球印的要求。只有在主裁判对自己的判断有怀疑时才下去检查。

9. 改判要及时、果断，如果由于你的错误判断影响了运动员的比赛，应重赛。不可在运动员提出异议后改判，宣报比分后不能改判。所以在你不能做出正确判断之前，不要宣判比分。

10. 因天黑、下雨等原因影响比赛，主裁判可暂停比赛，但必须立即通知裁判长，由裁判长决定是否改期。决定之前，运动员、裁判员均不能离开场地。

11. 发生伤病时通知裁判长，带领医生到场。暂停时间按有关规定执行。

12. 比赛结束后记下比赛时间，立即走下裁判椅，收集比赛用球后，立即离开场地，切忌与运动员交谈。

13. 检查记分表是否有遗漏，完成后交给裁判长。

（二）记分法

1. 记分表要填写清楚。首先将比赛名称，双方队员姓名包括单位、场地号填写好（见表 9-1）。

2. 在主裁判的主持下挑边，选择场地和发球权，根据主裁判的位置，将首先发球的运动员姓名的首写字母填写在第一局空格中。第二局空格填写对方运动员姓名的首写字母，方位与第一局相同。第三局的方位改到另一方位。

表 9-1　网球竞赛计分表

局数	运动员姓名	第　盘																	本盘决胜局	局数总计
		开始时间　　　　　　　　　　　　　　　　　结束时间																		
		比　分																		
1																				
2																				
3																				
4																				
5																				
6																				
7																				
8																				
9																				
10																				
11																				
12																				
13																				
14																				

本盘获胜方＿＿＿＿＿＿＿＿＿＿

局数比＿＿＿＿＿＿＿＿＿＿

第四局同第三局，依此类推，交替进行。根据这一规律，在比赛前可将第一盘各发球局运动员姓名的首写字母和所在的方位填于空格中。

3. 在"局数总计"一格中可根据第一局运动员所在的方位，将双方运动员的姓名的首写字母或单位填于空格中。

4. 在一盘开始时间的空格中填写本盘开始比赛的时间。

5. 比分记在"比分"的下面方格内。上半部为发球方的得分。每一分球后用铅笔画一记号。

6. 获胜一局，即在局数总计格中填上本方获胜局数的累积数。

7. 在记分表中规定的换球局附近应做一明显标志，如"○、☆"等。

8. 当局数为6∶6时，即进行决胜局的比赛，采用抢7制，即谁先得7分谁就胜了该盘，在抢7局比分为5∶5时，要再净胜2分才能获胜，如7∶5、8∶6等。在"决胜局"一格中填写双方运动员姓名的首写字母或单位，决胜局的记分要用数字表示（如0、1、2、3、4…）。

9. 每盘结束，应迅速填写结束的时间和局数比。局数比一般表示为：6∶4、3∶6或7∶5。

10. 以后每盘的记分方法同上。比赛结束，应将获胜方及盘数比填写好，如2∶0。决胜局比分应填入括号内，如7∶6（7∶2）。

11. 最后主裁判签字，核对比分后送交给裁判长。

二、网球裁判分工与职责

（一）裁判长

裁判长是一切正式网球比赛所不可缺少的临场指挥官，由竞赛委员会推选，并由竞赛委员会发布公告通知参加比赛的各个单位，他是由该比赛的组织机构委派的全权代表，负责指挥整个大赛。比赛的级别不同，对裁判长资格的要求也不同。一般来讲，国际网联将裁判长分为两级：金牌裁判长和银牌裁判长，分别担任级别水平不同的比赛工作。国际大型比赛要由金牌裁判长担任，而地区性或较低级别的国际比赛则由银牌裁判长担任。我国国内的网球比赛，必须由中国网协批准的国家级裁判员担任裁判长一职。国际比赛中，根据比赛级别的不同，有的只设一名裁判长，有的设一名监督和一名裁判长。目前我国国内的比赛仍按照一名裁判长和若干名副裁判长的模式设置。只有在全国网球巡回赛上，参照国际惯例，设监督和裁判长各一人。

裁判长的主要职责如下。

1. 对竞赛规程、竞赛规则、行为准则、网球规则及由此产生的一切问题，他有权进行解释和处理。

2. 赛前，安排必要的裁判学习，使他们能全面了解所适用的一切规则与程序。

3. 指定裁判组长并保证其能正确地履行职责。

4. 安排每场比赛的主裁判和司线员。

5. 当有必要改善比赛中的裁判工作时，他可撤换主裁判，也可撤换或轮转司线、司网工作。

6. 保证每个球场，及其球网和网柱都能符合网球规则的要求。且每一块场地都要有以下设备：

（1）裁判椅：高度应在 1.82～2.44 米，其中心点位置应距网柱 0.914 米。若使用麦克风，必须固定安装，且须有开关。裁判椅周围不得安装可供公共广播的麦克风。

（2）司线椅：发球司线员和端线司线员的座椅应安放在其对应线的靠近挡网处的位置，以不妨碍运动员正常比赛为宜，约距边线 3.66 米，位置不可垫高。有阳光时，尽量背对光线；无阳光时，面对主裁判。中线及边线司线员的座椅，除另有安排，应放置在相应线的假定延长线后方，靠近边挡网，距底线不小于 6.4 米。

（3）司网椅：根据比赛的形式，安放在网柱后方或单打支柱侧后方，尽可能地放在主裁判对面。

（4）运动员椅：必须安排在主裁判椅的两侧，且应有遮阳伞。

（5）场上用品：每场比赛均应提供给运动员水或饮料，并备水杯、毛巾等。同时，应具备能量网和单打支柱的尺子。

7. 保证赛场周围的挡网，广告牌和后面的墙壁不能是白色、黄色或其他浅颜色，以免影响运动员的视线。

8. 赛前应召集各参赛队的教练员、领队开会，并通知他们比赛的有关事项（如用何种球、用球数、换球局数、地面条件、何种赛制等）。

9. 在运动员驻地及赛场显著位置设置布告栏以便贴各种通知、战表及成绩公告。

10. 确定参赛选手名单和种子选手名单，准备与抽签相关的各种资料、工具。

11. 进行公开性抽签。在相关位置张贴抽签表，以及次日的战表。

12. 以紧接前场的方式或限定开始时间的方式安排每日赛事。

在安排第一天的比赛前，裁判长可与前一周比赛的监督或裁判长联系，以便确定仍在其他地方比赛的运动员来参赛有无困难。在可能范围内，在不损害公平合理的赛程安排的条件下，裁判长在安排比赛时，对于有一定困难的运动员，可给予适当照顾。

（1）预选赛：应在正选赛开始前一天全部结束。除因天气或不可避免的因素干扰外，预选赛中运动员在一天内最多能安排两场单打。若在一天内赛完一轮以上的预选赛，其比赛顺序应由上至下或由下至上按抽签表顺序进行。

（2）正选赛：除天气或不可避免的因素外，运动员每天最多可安排一场单打和一场双打，除裁判长另有安排，应先安排单打，再打双打。

13．在前一场因特殊原因提前结束时，裁判长应通知下场比赛的运动员，以免运动员被动弃权。

14．决定某一场比赛是否更换场地或暂停。

若因天气或其他不可避免的因素，导致正在进行中的比赛无法顺利进行，裁判长有权暂停比赛或更换其他场地进行。

15．在比赛中，裁判长对有违反准则的运动员有权给予各种处罚，直至取消其比赛资格。对不利于比赛顺利进行的裁判员，根据实际情况可以进行调整或撤换。

16．赛前赛后，安排运动员进、退场。

17．比赛期间，运动员对裁判员涉及规则的问题为最后裁决，裁判长应始终在场，但不可做主裁判。

18．比赛结束后，安排有关人员出成绩册，并宣布比赛名次，向大会主办单位写出书面总结，给每位裁判员写书面鉴定，并与个人总结一起上交主办单位。

（二）裁判组长

裁判组长是在竞赛委员会推选的裁判员中由裁判长指定的工作能力强、态度认真的有威信的裁判员。其主要职责有：

1．召集足够用、合格的裁判员担任比赛裁判工作。

2．组织裁判员进行必要的赛前训练，并复习网球规则、竞赛规程和行为准则。

3．准备一份比赛中所负责的裁判员的名单，并标明各自的级别，交予裁判长。

4．经裁判长同意，制定安排裁判员每天的进场顺序。

5．赛前召开碰头会，介绍有关场次的安排和执法程序，如何呼报、裁判手势要求、场地轮转安排等。

6．评比裁判员的工作表现。

7．比赛中应随时在场，除非裁判长另有安排，否则不能上场做主裁判或司线员。

8．协助裁判长工作。

（三）裁判员

1. 熟悉网球规则、竞赛规程和行为准则，在比赛中要做到严肃、认真、公正、准确、作风正派、坚持原则。

2. 着装规范、得体。

3. 赛前提前于运动员到场，检查场地、各种设施是否符合要求，尽量不与运动员特别是即将对其执法的运动员交谈。

4. 上场时必须携带记分表、秒表、笔、量网尺、挑边器等工具。

5. 赛前检查运动员的服装是否符合《行为准则》中关于服装的要求，对不符合规定的应责令其在 15 分钟内更换，否则取消其比赛资格。在准备活动前，当双方运动员（队）均在场时，主裁判抛掷挑边器，以选择发球权或场地。如在比赛开始前、准备活动期间被暂停，抛掷挑边器的结果仍然有效，但获优先权的运动员有权重新选择。

6. 面对裁判椅，召集运动员进行赛前会议及组织挑边。

7. 确保比赛用网球的充足及一两个旧球。

8. 裁定比赛中一切事实问题。

9. 确保双方运动员及司线员能按规则行事。

9. 对运动员因有关规则所产生的问题而请裁判长的要求应得到允许。

11. 按照国际网联的裁判员职责和程序，在每分结束后要做出判断、面向失分方呼报（必要时要加以手势）及正确填写记分表。

12. 对于司线员的误判要及时更改。

13. 在沙土地场比赛时，因运动员提出界内外问题发生争议时，有义务责令司线员或亲自检查球印。

14. 尽力维持赛场秩序并负责引导球童，以有利于运动员正常比赛。

15. 用手中的秒表随时控制比赛正常运行。包括准备活动，分与分之间 20 秒的间隙、交换场地时的 90 秒以及规则条款中所规定的任何其他特定时间。

16. 换球前，应适当提前开启球筒，并做充分检查，以免因换球而延误比赛。

17. 在比赛中，因种种原因造成比赛中断时，要收集比赛用球以确保其是重新比赛的用球，并且要记录发球员的姓名、场上的球员位置、中止时间及分、局、盘等比分。

18. 比赛结束后，要立刻离开球场，认真正确填写完记分表，并交给裁判长。

19. 若有运动员违反《行为规则》，要向裁判长汇报，认真仔细填写违反行为准则罚款表，并交予裁判长。

（四）司线员

司线（网）员是由竞赛委员会推选的具备一定级别的裁判员，在大型比赛中是不可缺少的。司线员的编制有 11 人制、7 人制、6 人制、5 人制等。司线员在场上的位置是固定不变的。边线和中线司线员应在端线后 6.40 米的地方就座或站立；端线和发球线司线员应在边线后 3.70 米的地方就座或站立。具体工作职责如下。

1. 与其他司线员一起身着比赛统一规定的司线员服装。司线员不可穿影响运动员视力的白色、黄色或其他浅色的服装。

2. 赛前准时到场。

3. 选择视角最好的位置，观察自己所司之线。如果视线被运动员遮挡，应适当地进行移位调整。

4. 完成所负责之线的呼报，面对自己职责之外其他司线员或主裁判的判定不作任何评论。

5. 如遇运动员阻碍视线而未看见球的落点，应立即作出未看见的手势。

6. 意识到自己的误判时，要立刻进行更正。

7. 若主裁判改判你的判定，应遵从，不应与其对抗。当运动员被问及呼报和改判时，应予回答，将问题交给主裁判解决。

8. 负责底线、发球中线、边线时应负责呼报脚误。

9. 当主裁判未看见运动员违反《行为规则》时，应在不影响比赛的情况下向主裁判报告。

10. 不要为运动员拾球、递毛巾。

11. 比赛中不与观众交流。

12. 不为运动员鼓掌。

13. 未经主裁判同意，不得擅自离场。

14. 保持良好的工作姿态，呼报准确、声音洪亮，手势标准、意思到位。

第三节　网球运动竞赛组织工作

一、制定竞赛规程

竞赛规程是比赛的指导性文件，是组织和进行比赛的指南。竞赛规程包括竞赛名称、竞赛日期、竞赛地点、竞赛项目、参赛单位、参加人数、年龄规定、报名资格及方法、报名截止日期、比赛办法、竞赛规则、录取名次及奖励、积分方法、裁判员、采用的竞赛规则，以及精神文明运动员、运动队、

网 · 球

裁判员的评选及其他有关特殊规定等内容。在制定规程时，必须精心设计规程的各项内容。在确定比赛办法时，既要考虑比赛的日期要求，又要注意运动员竞赛负担量的规定。在安排比赛场次时，要考虑节假日的情况，尽量把半决赛和决赛安排在周六或周日进行。

二、报名工作

接受报名即确定抽签和编排的对象，报名表是竞赛编排工作的重要依据。

三、组织赛前练习

在安排练习场地时，应遵从机会均等的原则。每支参赛队至少应有一次进入比赛场地进行练习的机会，每队每天安排的练习时间原则上尽可能相等。

四、组织抽签

网球比赛抽签的准备工作包括接受并汇总报名、熟悉比赛方法、研究抽签方案、准备抽签用具、组织抽签班子和抽签实习。

（一）准备抽签用具

抽签用具包含抽签卡（包括"名签"和"号签"）、分区控制表、抽签说明词、抽签记录表、抽签备用品等。

在正式抽签前，应当进行抽签实习。通过实习可以发现该项目的抽签规律和在抽签中可能发生的问题。如条件允许，应在正式场地上进行彩排，以应对各种意外情况。

（二）确定抽签顺序的方法

1. 按参赛单位名称的笔画多少或字母顺序排列抽签顺序；

2. 采用抽签的办法决定抽签顺序；

3. 按参赛单位的人数和种子多少排列抽签顺序；

4. 按报名的先后排列抽签顺序。

（三）淘汰赛的抽签方法

目前，国际顶级网球比赛均采用单淘汰赛组织比赛。网球国际大赛的抽签程序为：（1）种子选手通过抽签确定相应的位置；（2）非种子选手不考虑是否为同单位选手，而通过抽签依次由上至下或由下至上进入未被种子和轮空占据的位置。至此，整个抽签工作即完成。

（四）循环赛的抽签方法

网球竞赛的团体比赛项目，较多采用分阶段循环赛的竞赛办法，这种竞赛办法的抽签一般采用"直接分组定位"的抽签方法，将种子队和非种子队直接确定到各个组内。

（五）单淘汰比赛抽签示例

在一些大赛中，如使用单淘汰制进行比赛时，组织者将考虑非种子同单位选手合理分开的问题，这种抽签较为复杂，特举例说明（见图9-1）。

有8个单位的28名选手参加网球男子单打比赛，各参赛单位人数分别为：

A队：6人　　　B队：5人　　　C队：4人　　　D队：4人

E队：3人　　　F队：3人　　　G队：2人　　　H队：1人

比赛采用单淘汰制，设8名种子：

1号种子：A1

2号种子：Cl

3～4号种子：B1、A2

5～8号种子：Dl、El、Fl、Gl

总参赛人数为28人，位置数选用接近28的2的乘方数：32

种子位置：1、32、9、24、13、20、5

轮空数：32－28＝4

轮空位置：2、31、10、23（即与1～4号种子相对应的位置）

1. 种子运动员抽签

种子运动员采用分批抽签一次定位。

（1）确定1号和2号种子的号码位置

根据网球竞赛规则规定，1号种子A1进入上半区顶部即1号位置。2号种子C1进入下半区底部即32号位置。

（2）确定3号、4号种子的号码位置

3号、4号种子应用抽签的办法分别抽入9号、24号位置，由于A1已进入1号位置，同单位的A2应进入A1不在的另一个1/2区，即进入24号位置。B1则进入9号位置。

（3）确定5～8号种子的位置

根据规则规定，5～8号种子分别抽签进入上半区第2、第4两个1/8区的顶部和下半区第5、第7两个1/8区的底部。由于无同队队员，5～8号种子：D1、E1、H、G1随机地一次抽入相应位置。假设D1抽入28号位、E1抽入5号位、F1抽入20号位、Gl抽入13号位。

2. 非种子运动员抽签

非种子运动员抽签分两步，先抽签"分区"，再抽签"定位"。按各单位报名人数由多到少的顺序，首先将同单位选手分至不同的1/2区、1/4区和1/8区内，然后按第1至第4个1/4区的次序，把各1/4区的选手抽入所剩的位置。

（1）非种子运动员抽签"分区"

抽 A 队。A 队有 6 名运动员。A1、A2 为种子运动员。已分别定位于第 1 个 1/4 区和第 3 个 1/4 区。A3、A4、A5、A6 可随机抽入第 2、第 4 个 1/4 区内，设 A3 进入第 2 个 1/4 区，A4 进入第 4 个 1/4 区。这时，A5、A6 能进入任意一个 1/4 区。设 A5 进入第 1 个 1/4 区，A6 进入第 3 个 1/4 区。

抽 B 队。B 队有 5 名运动员。B1 为种子运动员，已定位于第 2 个 1/4 区。

首先将 B2～B5 随机抽入第 1、第 3、第 4 个 1/4 区，设 B2 进入第 3 个 1/4 区，B3 进入第 1 个 1/4 区，B4 进入第 4 个 1/4 区。这时，B5 可抽入任意一个 1/4 区内。设 B5 抽入第 1 个 1/4 区内。

抽 C 队。C 队有 4 名运动员。C1 为种子运动员，已定位于第 4 个 1/4 区。将 C2、C3、C4 分别抽入第 1、第 2、第 3 个 1/4 区即可。设 C2 进入第 1 个 1/4 区，C3 进入第 2 个 1/4 区，C4 进入第 3 个 1/4 区。

抽 D 队。D 队有 4 名运动员。D1 为种子运动员，已定位于第 4 个 1/4 区。将 D2、D3、D4 分别抽入第 1、第 2、第 3 个 1/4 区即可。设 D2 进入第 2 个 1/4 区，D3 进入第 1 个 1/4 区，D4 进入第 3 个 1/4 区。

抽 E 队。E 队有 3 名运动员。E1 为种子运动员，已定位于第 1 个 1/4 区。将 E2、E3 分别抽入第 2、第 3、第 4 个 1/4 区即可。设 E2 进入第 2 个 1/4 区，E3 进入第 4 个 1/4 区。

抽 F 队。F 队有 3 名运动员。F1 为种子运动员，已定位于第 3 个 1/4 区。由于第一个 1/4 区的位置已满，不能再进入运动员。将 F2、F3 分别抽入第 2、第 4 个 1/4 区即可。设 F2 进入第 2 个 1/4 区，F3 进第 4 个 1/4 区。

抽 G 队。G 队有 2 名运动员。G1 为种子运动员，已定位于第 2 个 1/4 区。由于第一个 1/4 区和第 2 个 1/4 区的位置已满，不能再进入运动员。G2 只能抽入第 3、第 4 个 1/4 区。设 G2 进入第 4 个 1/4 区。

抽 H 队。H 队有 1 名运动员。至此，位置数只有第 3 个 1/4 区剩下 1。因此，H1 进入第 3 个 1/4 区。

非种子运动员在进行分区抽签时，根据主抽人的说明词，号签员应取出相应的区签，洗乱后放在桌面上（背面向上），主抽人取出非种子名签，洗乱后随意摆放在某区签上，然后揭开名签和号数，并宣布抽签分区结果。

（2）非种子运动员抽签"定位"

通过抽签分区，各队非种子运动员已被划入各个区内。现需要对各 1/4 区的运动员进行抽签"定位"，即把运动员抽到具体的号码位置上。

各 1/4 区运动员进行抽签定位时，应先把同单位的运动员合理分开，即分别抽入该区的不同 1/8 区的号码位置，然后再将其他运动员随机抽入剩下的号码位置。

按区进行抽签定位：抽第 1 区，第 1 个 1/4 区共 7 名运动员。其中种子运动员 2 名，非种子运动员 5 名。

第一步，抽出该区有两名同单位运动员的非种子运动员名签。即 A 队 A1、A5，B 队 B3、B5。

第二步，号签员将第 1 个 1/8 区的位置签洗乱后，摆放在主抽人桌面上的右侧（需拿出种子位置号码 1 号位置签，和本 1/8 区轮空位 2 号位置签），再将第 2 个 1/8 区的位置签洗乱后，摆放在主抽人桌面左侧（需拿出种子位置 8 号位置签）。

第三步：主抽人将 A5 盖在第 2 个 1/8 区的某一位置签上，B3、B5 分别随意盖在两个不同的 1/8 区的某一位置签上，保证同单位运动员分在不同 1/8 区。

第四步：重新收起未被放置名签的全部位置签共两张，重新洗乱摆放在桌上，主抽人将其余 2 名运动员的名签（C2、D3），洗乱后随意放在各张位置签上。随后，揭开名签和号签，逐一出示，并宣布运动员抽签的结果。

第 1 个 1/4 区的抽签定位结果如图 9-1 所示。

对第 2、第 3、第 4 个 1/4 区用同样方法对非种子运动员进行抽签定位，非种子运动员抽签定位结束。

抽签实施到此结束，对抽签结果进行复核、校对。

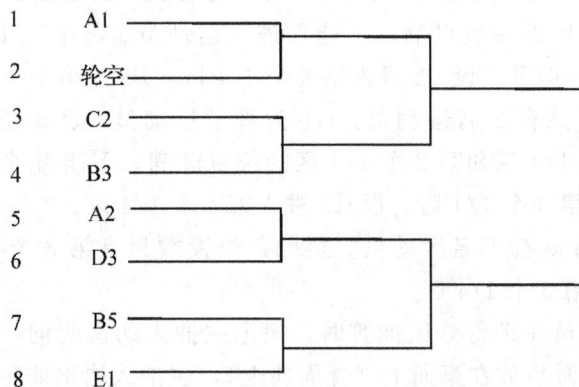

图 9-1　单淘汰抽签定位图

五、竞赛编排

网球比赛中，根据规则和规程的基本要求以及实际报名情况，用抽签确定每个队（选手）在各个项目比赛中的位置。而竞赛编排的任务，是在一定的时间内，科学合理地把全部的比赛安排在一定数量的比赛场地上，按一定的秩序进行比赛，也就是通过编排确定全部比赛的日期、时间和场地号。

编排工作是一项十分重要的工作，编排方案影响到运动队、比赛场地、安保以及电视直播等。编排方案一经确定，赛区所有工作都围绕着这个方案进行。

抽签完成后，要具体安排出整个比赛每一天的比赛场次、时间和场地等。在制定赛程表时，应考虑网球运动员的负担量以及先单打后双打的原则。在前几轮的比赛中，应采用紧跟前场的方法安排比赛秩序，即在一块场地上安排几场比赛，只限定第一场的开赛时间，而不写明以下各场的开赛时间。这种安排能保证场地和比赛时间得到充分利用，使比赛连续进行。在半决赛和决赛时，可采用限定比赛开始时间的方法进行安排，这样既有利于运动员的充分休息，又能为观众提供较准确的比赛时间和电视转播时间，有利于观众有选择地观看比赛。

（一）网球比赛编排原则

1．合理考虑场地容量

场地容量指每块场地在一天的时间里最多能安排多少场比赛。团体赛中，一块场地一般安排两场比赛。单项比赛，国内选手在三盘两胜中，平均比赛时间约为一个半小时。各种比赛中由于赛制不同，比赛时间可能有差异。但一般情况下，按一个半小时来安排一场比赛较为合理。通过这样的安排，组织者就能根据比赛的起止时间来估算一块场地的比赛场数。

2．以最大极限量编排

编排方案应立足于任何队，任何选手在每个项目的每次比赛中都有可能获得胜利，并以这样的原则来确定运动队和选手的最大极限量。

3．合理编排比赛场次

除非天气原因或其他不可避免的情况发生而使比赛赛程受到影响，每名运动员每天最多只可打一场单打和一场双打比赛，比赛时间不能早于运动员打完前一天或前1轮比赛的12小时后。团体比赛一个队每天不超过一场比赛。

4．男女混赛

在比赛中应安排有男、女队或男、女选手的比赛，不要搞"清一色"。

5．利于电视转播

举行重大国际比赛，一般都有电视台对部分重要、精彩场次进行转播，应考虑以下因素：

● 转播世界排名靠前的优秀运动员之间的比赛。

●转播有主办国著名运动员参加的比赛。

●转播主要赞助商要求转播的比赛。

●对以上比赛编排时要有预见性，如临时调动应符合规程规定。

6. 尽量避免出现连场

为了利于运动员体力恢复，编排时要尽量防止出现运动员连场比赛，尤其是单打比赛，如实在不可避免，连场的队员可根据上一场比赛时间的长短，决定可休息的时间。

7. 编排决赛只标日期

在编排决赛时，只标出日期。不排定具体的时间、场地号，以有利于电视转播和裁判长调度。

（二）比赛编排方法

网球基本上以单项比赛为主，国际上除了戴维斯杯、联合会杯等几个团体赛外，基本上都是以个人形式参加的单项赛。由于比赛场地少、运动员多以及需较短时间决出最后名次的特点，一般采用单淘汰赛赛制，如温布尔顿网球锦标赛、法国网球公开赛、澳大利亚网球公开赛和美国网球公开赛四大网球公开赛均采用单淘汰赛赛制。在国内，全国网球团体锦标赛第一阶段采用分组循环赛。在基层的网球比赛中，组织者可依比赛的目的和实际场地情况而选用不同的比赛编排方法。以下将对不同竞赛编排方法做详细阐述。

1. 单淘汰制

在比赛中失败一次即失去比赛资格的方法称为单淘汰制。它是将参赛选手（队）编成一定的比赛程序，由相邻的选手（队）进行比赛，负者淘汰，胜者晋升下一级的比赛，直到唯一的一名未被淘汰的参赛者，就成为这次竞赛的冠军。这种比赛方式在网球竞赛中被普遍采用。

单淘汰对参赛球员力求胜利起着积极促进作用。在比赛过程中，水平高的球员不断进入下一轮，比赛也逐渐形成高潮。这种方法可在参赛球员多、场地少、时间短的情况下采用，组织形式容易被大多数人理解。不足之处在于球员参赛场次少，得到的锻炼机会不够，球员获胜的偶然性较大，正确的种子编排较困难，合理性差。

淘汰竞赛方法的对抗性强、吸引力大和竞赛效率高的基本属性，很好地符合了体育竞赛的特点和要求，但也存在合理性差、偶然性大、不完整性等严重的缺陷。为了使淘汰赛具有更强的生命力，必须采用相应手段去克服这些缺陷。

（1）单淘汰赛合理性差的缺陷——设定"种子"选手

①种子和种子序号

确定种子和种子序号应根据技术水平来确定，技术水平的最直接依据是运动员（队）的比赛成绩。运动员比赛成绩可参照以下一些相关原则：

● 小比赛的成绩服从大比赛的成绩；

● 低水平比赛的成绩服从高水平的成绩；

● 远期比赛的成绩服从近期比赛的成绩；

● 世界级比赛的种子可根据最新的世界优秀选手电脑排名表确定。

②种子数目

种子数目应根据参加比赛的队数和人数的多少来确定。当单项比赛采用淘汰赛时，种子数目应为2的乘方数。根据不同的竞赛，或竞赛的某些特殊要求，有时也可不设种子。

③种子位置

根据单淘汰名次产生的规律性，种子的分布也应按其序号合理地进（抽）入不同的"区"内。

● 1号种子置放在1号位，将2号种子置放在16号位、32号位或64号位。

● 其他种子位置的确定实行按对抽签的办法。方法是一对种子进行一次抽签，先抽出的被置放在上半区，后抽出的置放在下半区。

（2）单淘汰赛偶然性强的缺陷——使用"抽签"

使每个运动员有相同的机会面临可能的机遇，保证竞赛的合理性。这种以机遇对机遇的对策性措施，即为"抽签"。

（3）单淘汰赛不完整性的缺陷——设置"轮空"、"附加赛"

通过设置"轮空"使第一轮比赛的号码位置数正好是2的n次方，以克服单淘汰赛秩序的不完整性。

①轮空

所谓轮空，即某个选手在不经过与另一名选手角逐的情况下，不战而胜，自动升一级。没有运动员的号码位置称为"轮空位置"。"某选手轮空"是指选手在该轮比赛没有对手，他的对手位置是轮空位置，轮空位置在2号时，1号选手轮空。

②选择号码位置数

应根据参赛人（对）数，选择最接近的、较大的2的n次方数作为安排竞赛秩序的号码位置数。较常用的号码位置数有：16、32、64、128。

③轮空位置数

轮空位置数＝号码位置数－运动员人（队）数。

④确定轮空位置

轮空位置应均匀地分布在各个区内。在种子与非种子之间，种子优先轮空；在种子内部，种子序号在前的优先轮空。如29人参加比赛，选择号码位置为32号，轮空位置数为3号，分别分配给1～3号种子。

⑤轮数及场数

参赛队（员）为2的几次方，则为几轮。若16人，则为2的4次方，则有4轮。若有17人则应根据网球竞赛编排不安排抢号的原则，则有5轮（第一轮只一场球）。标准的网球赛事都是单淘汰制，每进行一场（一轮）比赛，就只有一半的选手能够继续参加下一场。这里的一场，就是一轮。如果参加"大满员"比赛可以打到第七轮。

比赛的场数为参赛人数减1，如只有16支球队比赛，合计比赛场数为15。

⑥附加赛

单淘汰比赛可利用"附加赛"技术，排出竞赛所需的全部名次。比赛方法是，每一轮的胜者与胜者、负者与负者之间进行比赛，直至排出竞赛所需确定的名次顺序。

例如，竞赛要求排出前8名运动员的名次顺序，即另需在前8名运动员中安排附加赛。秩序表如图9-2所示。

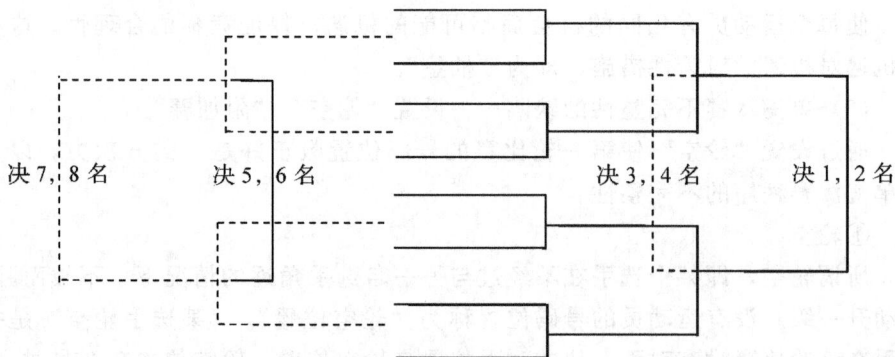

决7, 8名   决5, 6名   决3, 4名   决1, 2名

图9-2　附加赛秩序表

2. 单循环制

每个参加队（员）之间都要比赛，通过积分来决定名次的比赛编排方法称为单循环。在报名队（员）数少且场地又多、日期又长的情况下，可以用此法。特点是：编排相对合理，且参赛队（员）能参加更多的比赛，积累经

验。每个对手均出场一次为"一轮"，且每轮的次数是相同的。

单循环编排法的优点是：所有的参赛选手（对）之间都要进行比赛，最后的排名非常可靠；种子编排并不特别重要；能高效地利用多个比赛场地；没有运动员或运动队被淘汰。

单循环编排法的缺点是：要进行较多场次的比赛；存在较多实力悬殊比赛的可能性。

（1）单循环比赛轮次和场次计算

在单循环赛中，各队（或运动员）均出场比赛一次，称为"一轮"。每两个队员之间比赛一次，称为一场。

单循环场数的计算公式：

$$总场数 = \frac{n(n-1)}{2}$$

n 为参赛队数或人数。

单循环赛轮数的计算公式：

n 为偶数时　　轮数＝$n-1$　　　　如6个队参赛比赛　轮数＝$6-1=5$

n 为奇数时　　轮数＝n　　　　　如7个队参加比赛　轮数＝7

计算轮数和比赛场数的意义在于，它能使比赛组织者在筹备比赛时，根据场地数量，计算出比赛轮数和场数，从而估算出比赛需要多少天打完，以及需要多少名裁判员。

（2）比赛秩序的确定

为使竞赛获得最佳效果，解决比赛秩序中机会不均等情况，确定较理想的单循环竞赛秩序，一般采用逆时针轮转法来确定比赛秩序，目前国内网球比赛如全国网球锦标赛团体比赛即使用此种方法。

逆时针轮转法：

这种轮转方法把1号位固定不动，其他号位每轮逆时针方向轮转一个位置，即可排出下一轮全部轮次的比赛秩序，例如，8个队参加比赛排法如下：

第一轮	第二轮	第三轮	第四轮	第五轮	第六轮	第七轮
1——8	1——7	1——6	1——5	1——4	1——3	1——2
2——7	8——6	7——5	6——4	5——3	4——2	3——8
3——6	2——5	8——4	7——3	6——2	5——8	4——7
4——5	3——4	2——3	8——2	7——8	6——7	5——6

如参赛队（员）数是单数时，用"0"补成双数进行轮转，与"0"队相遇者轮空，即该场不比赛，如：7个队参加比赛编排如下：

第一轮	第二轮	第三轮	第四轮	第五轮	第六轮	第七轮
1——0	1——7	1——6	1——5	1——4	1——3	1——2
2——7	0——6	7——5	6——4	5——3	4——2	3——0
3——6	2——5	0——4	7——3	6——2	5——8	4——7
4——5	3——4	2——3	0——2	7——0	6——7	5——6

"逆时针轮转法"的特点：保证了各队（员）比赛进度的一致；最可能成为冠、亚军决赛的比赛安排在整个比赛秩序的最后一轮，使比赛在最后阶段进入高潮。最强选手"1"的比赛对手实力由弱到强，最强的一个对手"2"，在最后一轮相遇，在理论上体现了对最强队的照顾；各轮比赛强弱的搭配相对均匀。

顺时针轮转法：

先确定最后一轮的比赛，再固定1号位，其他位置按顺时针轮转一个号位的方法，倒推出各轮的比赛秩序。

第一轮	第二轮	第三轮	第四轮	第五轮	第六轮	第七轮
1——4	1——6	1——8	1——7	1——5	1——3	1——2
2——6	4——8	6——7	8——5	7——3	5——2	3——4
3——8	2——7	4——5	6——3	8——2	7——4	5——6
5——7	3——5	2——3	4——2	6——4	8——6	7——8

大轮转、小调动：在"逆时针轮转法"的基础上，根据特殊需要对某个场次或轮次进行个别的"小调动"。比如：为了满足电视转播的要求，把需要转播的轮次与其他轮次互相调换，也可把需转播的场次在同一轮中的顺序加以调整，以满足特定转播时间的要求。

循环赛名次排定：

在循环赛中参赛者的名次按其在同一比赛中的比赛成绩排定。获胜次数多者，名次排前；若遇两队或两个以上的队积分相同，则依照以下顺序排列名次。

两队获胜次数相同，则相互间比赛的胜者，名次靠前。

两队以上获胜次数相同，则依下列顺序排列名次（同一轮次的判定名次中，只剩两个队仍然相同的情况下，按照两队之间的胜负关系决定名次）。

在全部循环赛中的净胜场数；

在全部循环赛中的净胜盘数的百分比；

在全部循环赛中的净胜局数的百分比；

在全部循环赛中的净胜分数的百分比；

抽签决定名次。

（3）混合制

一次竞赛中同时利用循环制和淘汰制称为混合制。在网球比赛中主要有以下几种形式。

①先淘汰后循环

先采用单淘汰赛的方法，将大多数或绝大多数的运动队（员）淘汰，最后剩下少数优秀队（员）再进行单循环赛。这种竞赛办法，可使少数优秀队（员）得到更多的锻炼，或对他们进行更好地选拔。在队内选拔赛和基层比赛中可考虑选用本方法，以达到比赛的目的。

②先循环后淘汰

整个竞赛分为两个阶段：第一阶段，将参加比赛的队（员）分成若干小组，分组进行单循环赛；第二阶段，由各个小组相应的同名次进行单淘汰赛，决出部分或全部名次。这种竞赛办法，不仅可以有效地控制整个竞赛总量和各队（员）比赛强度，而且能使竞赛在最后阶段逐步推向高潮。全国网球团体锦标赛即采用这种组合方式，决出比赛的前八名。

>>> **复习思考题**

1. 简述网球场次的计算，单淘汰抽签的办法。
2. 简述单循环编排方法。
3. 简述裁判员的职责。

第十章　网球运动常见损伤与预防

预防运动损伤的发生是网球教学训练与比赛中应加以足够重视的问题，如果无法有效地预防或处理运动损伤，球员就无法进行正常的有计划的训练活动，就无法在比赛中充分发挥自己的技战术水平，就无法有效延长球员的运动寿命。以下将介绍网球运动中常见运动损伤的预防及其处理方法。

第一节　起水泡

起水泡对于初学网球的人来说是一种非常常见的运动损伤。起水泡的部位一般是手部的拇指关节内侧、掌际与拍柄后部相接触的部位以及脚前掌。

起水泡的主要原因有：

1. 正常原因

一般爱好者初学网球时，有些人总会磨出水泡。主要原因是，握力较差，手掌皮肤较细嫩。当不能有效击球而使球拍被动转动时．增加了手掌皮肤与拍柄的转动摩擦，从而产生了水泡。

2. 非正常原因

有些爱好者打球，特别容易磨出水泡，那就不仅仅是皮肤细嫩的问题了。首先是技术动作不准确，造成经常将球打在球拍的甜区外、拍框边缘等处，增加了手掌与拍柄之间的摩擦强度；其次是在击球准备、引拍、挥拍的整个过程中，手腕过于紧张、握拍太紧、太死；最后是拍柄不合适，拍柄太粗或太细，柄皮太梗或不吸汗而且太滑。

预防起水泡主要有以下方法：

- 加强练习以增强手部皮肤的耐磨性。
- 选择拍柄粗细合适的球拍。
- 更换柔软防滑的柄皮或在原有柄皮上缠一层柔软的吸汗带。
- 选择大小合适、穿着舒适的运动服。
- 选择减震效果较好的球拍成为球拍安装减震器。
- 提高击球的准确性，避免击球瞬间球拍过多地被动旋转。
- 握拍自然放松，只在击球瞬间才用力握紧球拍。

对已经磨出水泡的处理方法：

- 遵循避免感染的原则，注意保持水泡周围皮肤的干燥与清洁。

● 小而无破裂的水泡在经过一段时间后就会自然痊愈，不需要进行特别处理。

● 对一些大水泡，则需刺穿水泡边缘，挤出水泡内的液体，然后进行简单的包扎。

值得注意的是，为避免水泡下的真皮受到感染，请保留水泡的表皮，切勿将其随意撕去。

第二节　肌肉拉伤

肌肉拉伤是指肌纤维的细微损伤、肌纤维的撕裂或断裂。造成肌肉拉伤的原因有：准备活动不够充分到位；训练水平不够，肌肉的弹性、力量较差；疲劳或运动量过大，动作粗暴；气温过低或湿度过大。

预防肌肉拉伤主要有以下方法：

● 打球前一定要进行充分到位的准备活动。

● 加强训练，特别是加强易伤部位对抗肌的力量和柔韧性的练习。

● 打球时控制好运动量与运动强度，不要在疲劳状态下进行训练或比赛。

● 掌握正确的击球技术，切勿暴力击球。

● 避免在气温过低或湿度过大的天气条件下打球。

如果肌肉拉伤可采取以下措施进行处理：

● 轻度拉伤者或肌肉痉挛者，可采用针刺疗法。

● 肌纤维部分断裂者，先冷敷、加压包扎并保持肌肉放松，48小时后进行轻续的按摩。

● 肌纤维完全断裂者，首先进行加压包扎并固定患肢，然后前往医院就诊。

第三节　关节扭伤

扭伤是指关节周围的韧带、肌肉乃至骨骼的损伤。网球运动中，常见的扭伤主要出现在踝关节。急停或奔跑时，脚外侧先着地容易导致踝关节的扭伤；侧向的急跑或急停则容易导致膝关节的扭伤，而急停变向跑或发球时的背弓动作则容易引起腰部扭伤。

预防扭伤一般可采用以下方法：

● 加强易扭伤部位的肌肉力量。

● 对易伤部位进行保护性固定（如佩戴护踝、护膝等）。

- 选择鞋底合适且较为宽大的网球鞋。
- 任何时候都认真做好准备活动。
- 掌握正确的移动及击球的动作方法。
- 注意场地的平整程度。

如果球员的关节发生扭伤现象，可采用以下方法进行处理：
- 抬高受伤关节并立即进行冷敷，24 小时后进行按摩。
- 在伤情稳定后，可先把受伤关节在热水中浸泡 15 秒然后迅速放入冷水中浸泡 5 秒，如此反复数次。

第四节　网球肘

网球肘因多见于网球运动员而得名。网球肘的症状主要表现为，前臂肌肉的两端肌腱之间，尤其是靠近肘部外侧和内侧肌腱上端的骨附着点产生红肿和疼痛。一般来说，网球肘的产生初期，肘关节附近会出现酸胀和轻微疼痛，用力背伸手腕和前臂向内、向外旋转时，局部疼痛感加强。

网球肘如果没有得到控制，症状加重时，局部疼痛会加强，并由肘部向前臂扩散。当用手端提重物，或用双手拧毛巾时，局部疼痛会显著加强，在肘部的外侧或内侧有明显的压迫痛点。如果症状严重到做徒手挥拍都很痛时，就得停止任何肘部的活动，立即就医。

一、产生网球肘的原因

1. 从击球动作分析，挥拍姿势不正确，用力不合理，是造成网球肘的主要原因，具体表现为：

（1）反手击球时，没有有效地运用身体力量而让手臂过于发力，肘部过于急速伸直。

（2）正手击球时，没有靠转腰、转肩的力量，而用手臂强直打球，即直臂打球。

（3）一味地模仿职业球员的暴力打球动作，而没有根据自己的身体条件特点，选择恰当的击球方式。

（4）打球时不能经常击中甜区，击球时肘部常常远离身体腋下。

（5）对于一些比较容易打的"软"球，过于暴力地回击。

2. 从机体的生理特性分析，打球时肘部所承受的冲击和震动是造成网球肘的根本原因。每个人的肌肉、关节、韧带的运动能力都有一定的极限。当击球动作的力量、旋转超过了手臂的正常承受能力时，长期练习，就会使前臂的肌腱纤维因反复过度牵扯而劳损，形成网球肘。有时，也因为网球拍的减震效果差，穿弦磅数过大，增加了手臂的负担，从而形成网球肘。

二、网球肘的治疗

当形成了网球肘时，根据症状的轻重，疼痛程度不一，各有不同的治疗方法。

早期症状，疼痛较轻，可采用按摩和理疗的治疗手段效果较好。继续打球时，要在肘部缠绕弹力绷带或戴上护肘，这样可以减轻疼痛的发生。如果疼痛减轻，就可恰当、慢速、多次地做橡皮带的恢复练习。

急性发作期，疼痛剧烈，应以静养、休息为主。绝不要临时绑上绷带或戴上护肘继续上场打球，因为那只会使病情加重。在有条件的情况下，最好使用冰敷来缓解疼痛，但要注意冰敷时间以 10～15 分钟为宜，不要太长，以免冻伤皮肤。

一般急性发作期，待疼痛减轻后，可缓慢地做些适当的练习，但应注意，在受伤后的三个星期内保证不重复做造成损伤肘部的动作，以后可逐渐练习改进过的技术动作，两个月后方可参加正常练习。

一般慢性网球肘的治疗，多采用手臂的各种伸展运动练习来缓解伤痛。

三、网球肘的预防

1. 加强手臂、手腕的力量练习和柔韧练习。

2. 练习时应注意，运动的强度要合理，不可使手臂过度疲劳。

3. 平时打球前，要充分做好热身活动，特别是手臂和手腕的内旋、外旋、背伸练习。

4. 每次打球后，要重视放松练习。最好是按摩手臂，使肌肉更加柔软不僵硬，保证手臂肌肉紧张与收缩的协调性，减少网球肘的产生。

5. 有效地使用弹力绷带和护肘，对慢性网球肘的伤情扩展有一定的限制。

6. 根据自己的击球特点，选择软硬适当的球拍。不同击球方式的爱好者如不慎重选择较硬或较软的球拍，都有可能造成网球肘。

7. 选用甜区大、重量轻、拍柄合适、穿弦松的球拍，也能有效地减少网球肘的产生。

8. 一定要纠正错误的击球动作，这是根治网球肘的最好方法。

单手反拍击球时，一定要靠转体、转肩的力量带动手臂去打球，而不是靠手臂的、类似乒乓球的反手"拨"打球。正手击球时，应避免手腕、手掌的翻转动作，特别是不要直臂打球。

第五节　肌肉酸痛

许多网球爱好者都有过这样的体会，当周末尽情地在网球场上潇洒挥拍后，第二天总觉得浑身肌肉酸痛。这种肌肉酸痛一般发生在运动之后的 1～2 天，并且有时会持续好几天才能自然消退，恢复正常。这种现象因为不是发生在运动过程中，或运动后立即产生，所以也把这种肌肉酸痛称为肌肉延迟性疼痛。

虽然肌肉酸痛不是严重的运动损伤，但是在每次打球之后，都有这种情况发生，毕竟对日常的工作和生活有一定的影响。为了避免这种不必要的痛苦，在此特别向大家介绍几种对付肌肉酸痛的方法。

一、肌肉酸痛的原因

通常职业选手或水平较高的业余球员，由于能保证有一定的打球次数和运动强度，使肌肉不断地得到锻炼，提高了身体素质，所以很少发生这种肌肉酸痛的现象。但对于一般的网球爱好者，因每个星期只在周末打一次球，或一两个月才打几场球，不能保证打球的次数和频率，就难免在每次打球之后感觉浑身肌肉酸痛了。

造成肌肉酸痛的具体原因是，当较长时间不打球，或某次打球的运动量突然增加很多，使肌肉对偶尔的上场打球和大运动量没有完全适应，从而引起局部肌肉纤维及结缔组织的细微损伤，以及小部分的肌肉细微产生痉挛所致。由于这种肌肉细微损伤和痉挛是局部的、少数的，相对于整块肌肉来说，仍然不会影响完成动作。肌肉一旦产生酸痛后，经过肌肉内部细微组织的自我修复，还会提高它的质量。如果接着在一定时间内，肌肉质量尚未退化，继续打球，就不会再发生肌肉酸痛了。

二、容易产生肌肉酸痛的人

肌肉酸痛是人体的一种正常生理反应。对于不同的人群，如果做相同的运动，并保持相同的运动量，那么有的人就会出现肌肉酸痛，有的人则不会。一般来说，容易产生肌肉酸痛的人主要有以下几类。

1. 打球次数少、打球频率低的人

一般没有定期运动习惯的人，比定期打球且次数较多的人容易产生肌肉酸痛；长期不运动而打球的人，也肯定会因肌肉的起初不适应而出现酸痛；平时经常打球的人，因为运动量、运动强度的突然增加，同样会造成肌肉酸痛。

2. 女性比男性容易肌肉酸痛

虽然女性和男性在运动生理上没有太大差异，但相对来说，女性的运动素质一般比男性差，如肌肉力量、耐久力等。所以，同样在网球场上挥拍击球，女性更容易肌肉酸痛。

3. 年纪较大者

一般来说，中老年人比年轻人更容易产生肌肉酸痛。因为同样的运动负荷，对年轻人可能感觉较低，但对于中老年人就可能很高了。因此，同样在网球场上活动，中老年人更容易出现肌肉酸痛，并且由于新陈代谢较慢，消除肌肉酸痛需要的时间更长。

三、预防肌肉酸痛的方法

1. 上场打球前，需要充分热身，特别是对击球用力的局部肌肉、韧带要充分活动开。

2. 打球结束后，一定要做好放松练习，并适当地做些肌肉再伸展练习，提高韧带的柔韧性。

3. 如有条件，在打球活动后，可以去游泳，彻底放松全身肌肉。

4. 保证打球的合理计划，尽可能地做到每周打球 2～3 次。如条件有限，也要保证每周用其他运动方式来刺激肌肉活动 2～3 次。

5. 在网球场上，尽量避免全力击打球。

6. 避免练习时间过长，肌肉过度疲劳，当感觉到确实有些累时，就要停下来。

7. 刚上场打球时，一定要由近到远、由慢到快地增加速度和力量，待身体完全适应后，方可进入正常练习状态。

8. 打球时，应注意多喝水，多做深呼吸，可增加肌肉的持久力。

四、肌肉酸痛的对策

在已经出现肌肉酸痛后，为了不影响日常生活和工作，可采取以下对策来有效缓解和消除肌肉酸痛。

1. 对酸痛的局部肌肉进行热敷，可促进血液循环，提高新陈代谢，加速肌肉酸痛的缓解和消除。

2. 按摩局部酸痛肌肉，使之彻底放松。

3. 对酸痛局部进行静力伸展练习，保持"较劲"的伸展状态 2 分钟，放松 1 分钟。反复练习，每天坚持 3～4 次，可较好地缓解肌肉酸痛。

4. 适当口服维生素 E，也是有效的对策。

5. 利用电疗、针灸等手段也可以适当地缓解肌肉酸痛。

第六节　小腿抽筋

许多网球爱好者，在练习或者比赛中，都发生过小腿抽筋的事情。而且有些人在初次发生小腿抽筋之后，在小腿的同一位置还会经常发生抽筋的现象，好像成了习惯性抽筋。面对这种现象，该如何处理和预防呢？

小腿抽筋，学名叫腓肠肌肌肉痉挛，是小腿的腓肠肌发生不能控制的强力收缩所表现出的一种生理现象。

当小腿抽筋现象发生时，首先应保持冷静、放松，不要太紧张。然后原地坐下，伸直膝关节，自己用同侧手拉住脚尖，慢慢地、静力向后拉；或者由同伴帮助，握住脚尖固定，自己双手放在身后，撑住地面，防止身体后移，同时慢慢用力向前蹬、伸小腿。切忌用力过大、过猛而损伤肌肉。在有条件时，可用热毛巾热敷小腿，促进血液循环，加快恢复正常。

预防小腿抽筋的方法主要有：

1. 上场打球前，一定要充分做好热身准备活动，特别是腓肠肌的伸缩练习。

2. 下场时，应做好肌肉的放松活动，防止肌肉僵硬，造成肌肉紧张与放松不协调。

3. 加强身体素质的锻炼，提高肌肉的耐久力，防止因一般疲劳而抽筋。

4. 控制好运动量，不要使肌肉过度疲劳。

5. 在冬季室外打球时，应注意保暖，不可因穿衣服太少而使肌肉迅速冷却。有必要时，可戴上护腿或穿上网球袜来保护小腿。

6. 在夏季打球时，尤其在长时间的运动后，应注意多喝水和运动饮料，及时补充体内的水分和电解质。

7. 经常发生小腿抽筋的网球爱好者，上场之前除了充分地伸展小腿肌腱外，还要对小腿肌肉做些适当的按摩。

第七节　扭脚

网球场上最常见的一种损伤，就是扭脚。在网球运动中，前后左右的跑动以及快速启动和急停十分频繁。当脚扭伤之后，我们该怎么办？该如何根据伤情及时地处理？又该如何预防和保护自己的脚踝？脚踝受伤之后，该如何恢复等，这些问题，都是大多数网球爱好者比较关心的话题。在此，一一向大家作出相应的说明。

一、扭脚的症状

有些比较严重的扭脚，当时就可以听到较响的韧带撕裂声，之后踝关节内开始充血、肿胀，并且脚踝疼痛剧烈。在踝关节韧带损伤处，有明显的压迫痛。

二、如何处置

扭脚的当时，首先要控制关节内充血，即抬高踝关节，并立即冷敷。如果特别严重，应及时送到医院就诊。

对于一般的扭伤，应在 24 小时内禁止在扭伤部位有任何活动。扭伤处要迅速冷敷，防止关节内继续出血、肿大，并减轻痛苦。若使用冰块冷敷，则应用毛巾包住冰块，不要直接将冰块放在脚踝上，防止冻伤皮肤。若在水龙头下用冷水冲洗扭伤处，则应保持踝关节的适当高度。

还有一种有效的消肿方法，在伤情稳定以后，取一盆较热的水和一盆凉水，分别把受伤的踝关节浸泡在热水里 15 秒，然后迅速移至凉水中 5 秒，再反复更换，利用温度的变化产生的热胀冷缩，促进踝关节的血液循环，使肿胀最快、最有效地得到恢复。

脚踝扭伤之后，在没有彻底痊愈之前，需要经常裹上护踝或弹力绷带来保护踝关节。

三、扭伤的原因

网球场上扭脚的原因主要有：

1. 踝关节力量较差，打球跑动时起动和急停动作过于短促、用力。

2. 身体出现疲劳现象，尤其是脚踝的疲劳；精神状态不佳；疲劳未彻底消除。在这些情况下，仍然在球场上强迫自己进行激烈打球。

3. 准备活动不充分，踝关节的韧带未得到充分伸展，就迅速进入激烈的运动状态。

4. 思想麻痹大意，常做一些无谓、盲目、多余的危险动作，如跳过球网。

5. 对打球环境的不适应。如球场太硬、太涩，或者不平整，以及网球鞋不合适等。

6. 打球的运动量过大，脚踝的紧张时间过长。

四、如何预防脚踝扭伤

1. 平时应注意脚踝周围肌肉力量的练习和踝关节的柔韧性练习。

2. 加强安全意识教育，不要在疲劳状态下打球，不做危险性的动作。

3. 认真做好热身运动，上场打球时应由近到远，由慢到快，运动强度逐渐加大。

4. 要穿合适的网球鞋，网球鞋应轻便、舒适、大小合适、有弹性，并与场地相适应。

五、扭脚之后，如何积极恢复

对于网球爱好者来说，扭脚之后，为了尽快痊愈，不让自己停止打球的时间过长，同时也为了日常生活的需要，一定要重视脚踝扭伤后的康复练习，尽早地恢复到原来状态，保持原有的网球运动水平。

一般来说，扭脚之后，积极恢复要注意以下几点。

1. 尽快利用各种方法去淤血、消肿胀。

2. 根据具体伤情，在损伤早期的一定时间内，应禁止踝关节的任何活动，保持静养状态。

3. 待伤情有所好转，症状有所减轻之后，就要尽量进行踝关节的功能练习。如缓慢地开始做踝关节的屈、伸、内绕环、外绕环等静力或阻力练习。

4. 根据功能练习的效果，判断踝关节的具体恢复情况，适当地、循序渐进地上场练习，这有助于踝关节的恢复。刚开始上场练习时，一定要戴护踝或弹力绷带来保护踝关节。打球时，运动的强度要小，运动量要少，应从网前原地慢球练习开始。

第八节　网球场上的中暑

炎炎夏季，网球场上的温度更是"高烧"不退。而有些"发烧友"级的网球爱好者，因按捺不住手脚"齐痒"，不顾高温酷暑，仍然坚持不懈地在场上练习。但某些体质较差的爱好者，就有可能产生头晕、头痛、胸闷、皮肤灼热干燥、体温升高等现象。严重者还可能出现恶心、呕吐、虚脱、抽筋、呼吸短促、心率失常，昏迷甚至危及生命。这种症状就是中暑，是由于在高温环境中长时间运动，造成体温上升，大量出汗，并引起皮肤毛细血管扩张，使回流到心脏的血液流量减少，导致血液循环衰竭和身体排热失调，使体内大量的热量无法有效散发。

中暑后的处理，首先应判断中暑的程度。如轻度中暑时，应迅速停止练习，离开球场，走到阴凉通风处休息、静卧，把头部垫高；同时喝些凉水，松解衣服，额部做冷敷，降低头部温度，用温水擦拭四肢，水温要逐渐降低。有条件的，还可以喝些十滴水或葡萄糖生理盐水等。另外，还可对中暑者进行适当的肌肉按摩和足底涌泉穴按摩。如果重度中暑，情况严重者，除进行临时紧急处理外，还应立即送往医院急救。

预防中暑，要做到以下几点：

1. 在炎热的夏季打球时，应适当减少运动量和运动强度，不要在高温下长时间地活动。

2. 在室外练习时，应戴上浅色帽子，穿浅色单薄宽松、吸汗、透气性好的运动衣。在室内练习时，应注意通风，同时也要注意不能在较闷热的环境中过量练习。

3. 应及时补充水分并喝些淡盐水。

4. 平时要加强身体素质训练，要尝试在较热的环境中练习，逐步提高身体的耐热、排热能力。

5. 不管在什么时候，只要稍感不适，就应立即停止练习，进行休息。

第九节 预防肩部损伤的伸展运动

网球运动中，由于发球和高压球技术动作的非常规性，经常做这些日常生活中很少用到的动作，会对肩部增加想象不到的负担。特别是一般运动素质的爱好者，在学习发球和高压球技术时，一定要做好肩关节的伸展运动，避免受伤。

通常来讲，肩部损伤的主要原因，首先是使用肩关节的技术动作超过了正常的生理范围；其次是肩部的关节、肌肉、韧带负担过重，表现在运动量过大、运动强度过高；最后是准备活动不充分，尤其是肩部的伸展运动练习不够。

我们在学习发球和高压球技术时，由于技术动作的难度和强度要求，只有做好肩部的伸展运动练习，提高肩部的肌肉、韧带、关节的力量、柔韧性和灵活性，才是最有效的预防肩部损伤的途径。

其他方面，还应注意，如果肩部已受过损伤，在做动作和肩部伸展运动时，一定要小心，以循序渐进为原则，慢慢地增加力量和动作的幅度。如有条件，在放松按摩的同时，可进行热敷，最好是能在较热的淋浴下冲烫肩部。在冬季的室外球场打球时，更要注意身体的保暖，特别是肩部的保暖，千万不要一上场就脱衣服，应等稍微活动开以后，在身体有些发热的情况下，再适当地脱些衣服，并确保不会让肌肉挨冻受凉。

肩部伸展运动练习有：

1. 极力向前、再向上伸展肩部。

交叉双手，掌心向前，尽量前伸，保持 15～30 秒；双手交叉，掌心向上，尽量上伸，保持 15～30 秒，分别依次做 2～3 次。

2. 一手由上向下，另一手由下向上，尽量在背后拉住双手，互相用力拉，同时慢慢弯腰轻振。然后两手交换，依次练习。

3. 面对墙或挡网1米左右直立，双手手掌向前平放在墙上或挡网上，要充分伸直肩关节，保持上体与地面平行，双手略高于头部，再慢慢用力下压。

4. 背对墙直立，扭转上身，将最近的一只手侧举到与肩同高的位置，用手顶住墙，用力撑住，再慢慢回转肩膀，到极限时，坚持数秒后放松，再做另一侧肩的练习。

5. 伸直右肩，用左臂托住右臂肘部向后拉，保持上体向前不动，极力至最大限度时，坚持数秒后放松，再做另一只手臂的练习。

第十节　身体伤痛自我疗法

打网球本身确实是件快乐的事，但如果因为方法不当造成身体疲劳、肌肉酸痛，甚至造成运动损伤，并影响到正常的工作和学习，就太不值得了。那么，如果出现了这些令人不快的身体损伤时，应该如何使这一负面影响降低到最低程度呢？换句话说，我们需要掌握一些简单易行的消除疲劳、解决伤痛的方法。本节将向大家介绍十种常见身体伤痛的自我疗法。

一、手腕疼痛的自我疗法

1. 按摩外关穴和内关穴

外关穴在手背横纹向上三指的尺骨和桡骨之间，内关穴与外关穴相对（见图10-1）。

2. 坐下，将伤痛的手和前臂放在同侧大腿上，放松手腕，用另一只手握

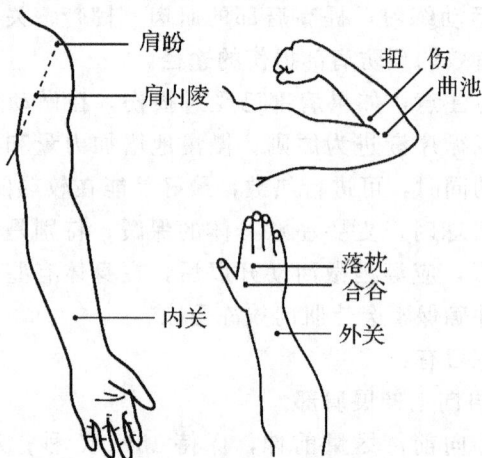

图 10-1　上肢局部穴位

住，并不断反复来回揉捏，连续让手腕被动地伸、屈和转动。注意用力要适当。

3. 放松肩膀和肘部，尽情地抖动手腕。

二、肘部疼痛的自我疗法

1. 重点按摩曲池穴。

2. 放松手腕，揉捏肘部四周的肌肉和韧带。

3. 向前伸直手臂，掌心向前，手指向下，用另一只手握住手指，慢慢静力后拉，并同时将疼痛手臂的手掌根向前推顶。坚持数秒钟后，再做掌心向前、手指向上、用另一只手后拉的动作。

三、腰部酸痛的自我疗法

1. 按摩肾俞穴、大肠俞穴（见图10-2）。

肾俞穴在腰背后的第二、第三腰椎外侧两指处，大肠俞穴在肾穴下方第四、第五腰椎外侧两指处。

按摩方法是，两手叉腰，挺直身体稍向后仰，同时用两个大拇指分别顶住左、右两侧的同一种穴位，由轻到重、缓和地按摩。

2. 挺直身体略向后仰，两手握拳，顶在腰部的肌肉上，不断上下、左右揉动；或者握拳让虎口对着腰部，不断地上下、左右拳击，力量要适中。

3. 急性腰部扭伤，应按摩前臂的扭伤穴和人中穴。扭伤穴，在稍屈肘部、半握拳、掌心向内、曲池穴与腕背横纹中间连线的靠肘部四分之一处。

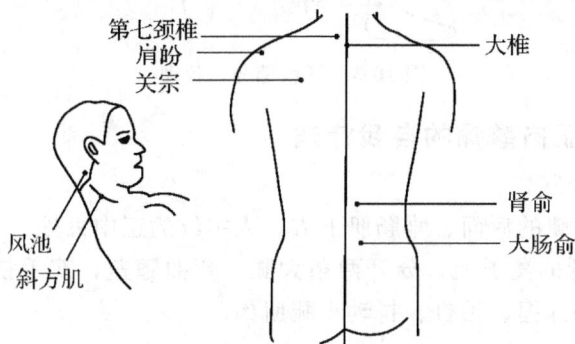

图 10-2　肾俞穴、大肠俞穴

四、背部酸痛的自我疗法

1. 坐下，两手放在两腿上，向后耸肩，向前挺胸，坚持数秒，放松再做。

2. 直立，两手在身后握住，同时向下向后直臂伸出，坚持数秒，放松再做。

五、大腿肌肉酸痛的自我疗法

1. 坐在椅子边缘，将需要治疗的腿放在外侧，弯曲膝盖，指向外侧，放松大腿。用手掌或拳头不断揉捏、拍打、抖动大腿肌肉（见图10-3）。

2. 扶墙，单腿站立，放松抖动，前后甩晃另一条大腿。

3. 坐在稍低的凳子上，伸直大腿，用手掌或拳头不断拍打、揉捏和抖动大腿肌肉。

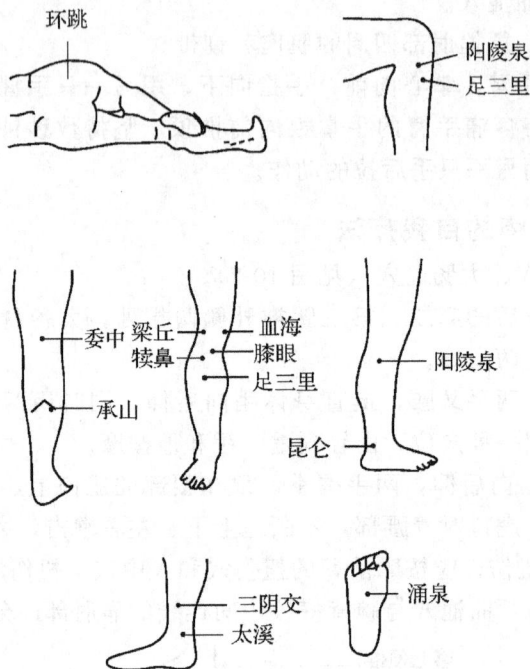

图 10-3　下肢部分穴位图

六、小腿肌肉酸痛的自我疗法

1. 按摩承山穴

承山穴在小腿的后面、腓肠肌下方、人字纹的正中央处。

2. 坐在稍低的凳子上，分开两条大腿，弯曲膝盖，双手挤压、按摩小腿肌肉，或用单手揉捏、拍打、抖动小腿肌肉。

七、膝盖疼痛的自我疗法

1. 分别按摩膝眼穴、犊鼻穴、血海穴、梁丘穴、委中穴、阳陵泉穴、足三里穴（见图10-3）。

膝眼穴是专治膝盖疼痛的主要穴位。它在屈膝垂足时的髌骨下稍靠内侧的凹陷处。

2. 在床边坐下，将膝盖疼痛的腿伸直放在床上，双手不断揉捏、按摩膝盖。

3. 用手指尖在膝盖的痛点处、朝一个方向刮动，用力要均匀，避免刮破皮肤。

八、脚底筋疼痛的自我疗法

1. 坐下，将脚踝架在另一条大腿上，用食指的指关节顶住脚底的涌泉穴，不断揉动。

涌泉穴在脚底心的凹陷处，是足底前的三分之一与后三分之二的交界处。

2. 坐下，将一条大腿架在另一条大腿上，放松脚踝。做上伸、下屈、内绕环与外绕环等不同的放松脚底的动作。

在以上各种穴位按摩时应注意，用力不要过猛，应由轻到重，以感觉到酸胀的效果为宜，坚持数秒后，再逐渐减轻用力，略加轻轻揉动。找准穴位的关键是感觉到"得气"的酸胀反应。

第十一节　网球场上其他常见运动损伤及处理

1. 腱鞘炎

腱鞘炎是指关节周围的肌腱，由于运动量过大而引起的一种不适应炎症。腱鞘炎多发生于腕关节、掌指关节、踝关节后部以及肩关节前部等部位。

预防腱鞘炎主要有以下方法：

● 运动前后做好充分的准备活动和局部放松活动。

● 运动后对易产生腱鞘炎的关节进行按摩和热敷。

● 合理安排训练，避免局部过度负荷。

● 对腱鞘炎的处理可参照网球肘的处理。

2. 踝部扭伤

（1）原因：运动中剧烈变向，或者鞋子不合适，网球场上表面起伏不平，或忽然踩球所致。

（2）症状：踝部剧烈疼痛。

（3）紧急措施：冷敷，包扎医疗绷带。

（4）预防和治疗：正确地选择鞋子，加强肌肉练习，运动时戴护踝。伤后 48 小时内用冷敷，48 小时后根据受伤程度，决定是否采用热敷、按摩等方法治疗。

3. 膝关节疼

（1）原因：膝关节韧带紧张过度，比赛地面坚硬，先天膝关节脆弱。

（2）症状：紧张剧烈运动或负荷过重时疼痛，伴有水肿。

（3）紧急措施：用冰块冷敷，使用消炎软膏、超声波、缠绷带方法。

（4）预防和治疗：准备活动应充分，加强关节力量练习，纠正技术动作，加强膝关节的保护，选择合适的鞋子、护膝。

4. 肩关节痛

原因：肩关节的肌肉、韧带、关节囊等负荷过重，多是由于发球、高压球用力过猛造成的。

症状：肩关节在发球、击球、高压球出现疼痛，并使手臂痉挛。

紧急措施：停止比赛，短时间固定肩关节。

预防和治疗：平时加强肩部肌肉的训练；赛前准备活动；提高发球、击球、高压球的技术动作。出现损伤后，采用超声波疗法、消炎药物等。此损伤很少做手术。

5. 肌肉痉挛

原因：体力不支、天气变冷而引起的肌肉僵直；或者大气太热、出汗过多而使盐分损失过多所致。

症状：痉挛部位的肌肉突然伴随疼痛和无法控制的僵硬感。

紧急措施：拉伸痉挛肌肉。

预防和治疗：打球时间过长；多带些含有盐分的水、饮料等。损伤后注意休息。

6. 踝部韧带拉伤断裂

原因：运动中的剧烈变向或者鞋子不合适或者网球场地表面不平，或者踩球所致。

症状：踝部剧烈疼痛。

紧急措施：冷敷、包扎绷带、找医生。

预防和治疗：正确地选择鞋子；加强肌肉训练；运动时带护踝。出现损伤后，用冷水泡；喷"好得快"制剂；点金门、申脉、昆仑、悬钟穴；采用推抚法。

7. 半月板损伤

原因：屈膝制动击球，抢占最佳位置，变向，膝关节伴随旋转动作。

症状：半月板突出、变形、剧烈疼痛。

紧急措施：找医生。

预防和治疗：充分准备活动、使用护膝、加强膝关节力量练习、选择合适的鞋子、规范技术动作。长期休息、使用消炎制剂或做手术。

>>> 复习思考题

1. 网球运动常见有哪些损伤？

2. 怎样预防在网球运动中损伤？

第十一章　网球运动的营养与饮食

第一节　网球运动营养的概念

　　人体为了生存和生活必须摄取食物，以维持生长发育、正常的物质代谢和生理机能等生命活动。摄取、消化、吸收和利用食物中的养料以维持生命活动的整个过程称为营养。食物中对机体有生理功效的成分称为营养素。人体所需要的营养素约有几十种，可分为七大类：蛋白质、脂肪、糖、矿物质、维生素、水和食物纤维。它们各有独特的营养功用，在机体代谢中互相又有密切联系。糖、脂肪、蛋白质主要是供给机体热能。矿物质、维生素、水和食物纤维主要是调节生理机能。

　　营养和体育运动都是维持和促进人体健康的重要因素。营养是构成机体组织的物质基础，普通人只要日常膳食平衡即可。体育运动是增强人体机能的有效手段，两者科学配合，可更有效地促进身体发育，提高健康水平和运动成绩。只注意营养而缺乏体育运动，会使人肌肉松弛、肥胖无力，机能降低；进行体育锻炼而缺乏必要的营养，体内消耗的物质能量得不到及时的补充，也会使人的机能减弱，并可促发营养缺乏症，影响健康。所以，要想获得良好的比赛成绩和锻炼效果，必须重视营养。

第二节　网球比赛能量供给特点

　　一场网球比赛要求在高强度的运动中持续数小时，网球选手需要具备良好的有氧和无氧能力以保证高水平的竞技状态。及时、有效地补充营养和体力恢复是保证运动员运动能力提高并取得成绩突破的重要因素。在网球训练和比赛中，运动员要不断地克服身体阻力和惯性，进行起动冲刺、急停、跳跃和频繁地完成各种各样挥拍击球的技术动作，这一切都要消耗人体的能量物质，若蛋白质消耗严重会出现肌纤维横断面积明显减少、专项运动能力下降等问题。为适应热环境，机体排汗量增加，造成机体水分和无机盐不同程度的丢失。机体水分和无机盐代谢失调可引起机体运动能力下降、肌肉痉挛及心率失常等。因此，运动中和运动后及时补充水分和营养物质十分必要。

一、网球比赛的能量供应特点

从网球比赛整个过程来分析,这项运动属于混合性供能,短时主要是以磷酸原(ATP－CP)供能系统为主,当对手实力相当,持续时间加长时,糖酵解(乳酸能)供能系统也参与供能,运动间歇(局间休息、"死球"状态等)时主要是有氧代谢供能。

二、能量供应的生理学基础

肌肉活动的能量直接来源是三磷酸腺苷(ATP),把 ATP 再合成的能源物质按无氧供能和有氧供能分成了三个系统,即磷酸原系统、乳酸能系统和有氧氧化系统磷酸原供能。在运动生物化学中,磷酸原主要指三磷酸腺苷(ATP)和磷酸肌酸(CP)。由 ATP 和 CP 为肌肉收缩提供能量常称为磷酸原(或 ATP－CP)供能。磷酸原供能的时间较短,在大强度运动中,维持 6～8秒,但输出功率是最大的。糖酵解供能。糖在无氧的条件下,分解成乳酸,同时释放能量的过程,常称为糖酵解,由糖酵解产生的能量,使肌肉做功,这种供能称为糖酵解供能。糖酵解供能的高峰期为 45 秒,输出功率仅次于磷酸原供能。

有氧氧化系统。ATP 再合成来自三大营养素的有氧氧化,在氧气充足的情况下生成大量能源,无导致疲劳副产物。有氧供能系统分解放能速度较慢,能量输出功率最低。

随着网球比赛中力量、速度的不断发展,运动员在比赛中要取得较好的成绩必须具备良好的体能,保证各种动作的完成有充足的能量供应。网球比赛运动强度大,运动时间较短,组成的每一回合运动时间多是在 10 秒以内,运动后心律即刻高达 200 次/分,每争夺 1 分往返击拍的平均持续时间为 4～12 秒。10 秒内运动员要完成一系列的移动、抽击、截击等高强度技术动作,机体必须在短时间内利用高效率的供能系统,此时的能量来源主要是磷酸原(ATP－CP)供能系统。但是当对手实力相当时,每回合时间超过 10秒,达到数 10 秒,如果运动强度大,此时的能量来源于磷酸原(ATP－CP)和糖酵解(乳酸能)供能系统,并造成乳酸堆积。在整场比赛中,ATP－CP系统在每次提供能量后是没有足够时间得以完全恢复的,如果每次高功率负荷活动后的恢复时间少于 2 分钟,则后续的相应活动就需要依赖糖的无氧酵解提供能量再合成 ATP;若间隔时间超过 2 分钟,则以糖、脂肪的有氧氧化提供能量再合成 ATP。所以网球运动员要具有良好的有氧代谢能力,良好的有氧代谢能力是完成 3～4 小时的大运动量比赛的保证。

三、运动员比赛期间的饮食营养补充

比赛前如果体内有足够的糖原储备，赛前一餐应在比赛开始前 2~3 小时内完成，食用提供 500~1000 千卡能量的体积小、重量轻、易消化的碳水化合物食物。比赛当日不宜进食自己不熟悉的食物或改变已习惯的饮食。高温环境比赛时应在赛前补充 500~700 毫升水，不服用咖啡和含酒精饮料。

比赛时间较长，能量消耗较大时，可中途摄取容易消化的半流食物；饥饿时可以补充香蕉（100 克香蕉中含有大约 22 克单糖、多糖，382 毫克钾，36 毫克镁）。比赛中大量出汗迫使机体需要摄入大量的水和电解质，特别是镁和钠。肌肉易于抽筋的选手应采取预防措施，在基本饮食中或在比赛前阶段准备含镁高的食物和矿物质。

比赛时的饮料补给：（1）以 1:1 合成的水果汁（含维生素 C、钾以及 9%~12% 的糖）和矿泉水的混合物。矿泉水中富含镁，含盐低。水果汁和矿泉水也可分开饮用。（2）各种电解质饮料。比赛中每隔 15~30 分钟补充 100~300 毫升水，每小时不超过 800 毫升，补充水的量一般为出汗量的 1/3~1/2。

四、运动员比赛后的饮食营养补充

赛后饮食仍应是高糖、低脂肪、适量蛋白质的易消化食物。运动员体内水和电解质大量流失，需要及时补充富含矿物质的水或饮料。运动后出现疲劳，机体内大量自由基生成，导致细脑膜脂质过氧化损伤，因此要补充抗氧化性质的天然食物。此时的饮食营养安排措施如下。

（1）运动后体重每下降 1 千克补充水分 1 升。

（2）以高碳水化合物饮食（土豆、大米、面条）为主，使肌糖元较快恢复。

（3）摄入适量的蛋白质，相应地减少脂肪的摄入（可食用去脂奶制品、低脂肉类）。

（4）增加体内的碱储备。

第三节　网球业余爱好者的营养与补充

网球作为一种良好的全身性运动，逐渐成为越来越多以休闲、娱乐、健身为目的大众化的运动项目。一方面，网球运动不但可以有助于改进身体形态和机能，而且还有助于培养人的灵敏性和协调性。但是，从另一方面讲，良好的营养是进行运动的基础和前提。所以，为了更好地促进锻炼，顺利完

成不同技术要求的动作，要十分注意科学的营养补充。

一、初练网球时的营养要求

开始学习网球时，主要以技术学习为主，运动量和强度不会太大，一般无须专门额外补充营养物质，运动后可多吃新鲜水果、瓜类、各种蔬菜及豆制品等，这些碱性食品有助于消除疲劳。待掌握一定技术后，如果跑动多，体力消耗大，可多摄取肉类、鱼类、豆类等富含蛋白质的食物。蛋白质是增强体力不可缺少的营养素。同时多摄取碳水化合物，例如米饭、面条、馒头等。碳水化合物一经摄入，能很快转化为能量。糖类的摄取要控制，过多摄入糖类就会在体内变成脂肪，有碍于网球运动员塑造良好的体形。

二、肥胖体质的锻炼者营养要求

脂肪是人体不可缺少的成分，在人体的生命运动和体育活动中起着重要的生理作用（见表 11-1）。体脂要适当，一旦体内的脂肪堆积数量大于身体重量的正常比例，就意味着你已步入肥胖者的行列。肥胖会造成器官功能和代谢的障碍，并诱发出许多慢性疾病。

表 11-1 不同年龄男女的脂肪百分比 　　　　　　　　单位/％

年龄/岁	男性	女性
20～29	21.6	25.0
30～39	22.4	24.8
40～49	23.4	26.1
50～59	24.1	29.3
60 以上	23.1	28.3

注：选自 Powers. s. k，Total Fitness，1999.

人们通常依据脂肪含量与体重的比例来决定是否肥胖，其标准值是：男性脂肪含量超过体重的 25％，女性超过 30％，就说明他或她是肥胖者。研究发现，肥胖还与饮食、运动、心理、社会、文化等环境因素有关。其中，导致肥胖的主要原因是缺乏锻炼，而不是伙食及其他。身体肥胖的人通常吃得并不多，往往比其他人吃得要少，但是他们活动却相当少。缺乏锻炼或活动少是造成身体肥胖的主要原因。肥胖体质的人开始打网球，应摄取脂质少的植物性蛋白质补充体能。因为从蛋白质的营养价值看，虽然植物性蛋白质总体上比动物性蛋白质低，但最适宜用来控制人体脂肪。豆制品中含有充分的植物性蛋白质。

三、脂肪少的锻炼者营养要求

身体偏瘦的人也许吃得并不少，但动得多。身体脂肪少的人，可稍多摄入肉类、鱼类等动物性蛋白质。动物性蛋白质的营养价值高，另外，富含脂质。但要特别注意的是，由于肉类食品中的胆固醇含量高，所以不要摄取过量。

四、想强化肌肉、增加体能的锻炼者的营养要求

对于想通过打网球来强化肌肉、增加体能的人来说，身体需要较多蛋白质的补充，尤其是动物性蛋白质，而其中易于被消化吸收的牛肉最佳。多吃铁质和钙质多的食物，瘦牛肉、猪肉、羊肉、鸡、鸭、鱼及海鲜等富含铁质，牛奶、骨头汤、各种豆类及豆制品富含钙质。

第四节　网球运动员的营养补充与饮食

一、准备

1. 运动员应确信在开始打第一场比赛时，由于在训练期间摄入了高碳水化合物和低脂肪的饮食而存储了丰富的糖原。

2. 流体：运动员在比赛开始的前一天必须摄入超量的饮料。

3. 运动员应该在训练期间养成固定的饮食习惯。赛前不要有什么改变。

4. 必要时，运动员应随身携带一个冷冻的方便饮食盒，不应总是依赖准备好的方便伙食。

5. 如有可能，运动员应事先了解赛地的餐饮设施。

6. 头一天晚上，运动员应有充足的睡眠。得到良好的休息和放松，将有助于防止可能影响食欲和引起肠胃不适的焦虑。

二、赛前的饮食

1. 赛前两天

赛前两天，运动员应逐渐增加碳水化合物摄入的总量，以确保储存丰富的糖原。

2. 比赛前一天晚上应摄入的食物

比赛前一天晚上运动员摄入的食物十分重要，应吃以碳水化合物为主的食物，例如面食、土豆、米饭、面条和谷类（忌用脂肪含量高的奶油、调味汁）、附加沙拉的蔬菜，最后吃水果拼盘。

三、比赛当天的饮食

比赛的当天，运动员应争取了解何时到达赛场，然后根据下面的准则制订其最佳就餐计划。

赛前进餐最好在比赛开始前2～3小时。运动员应该知道提前多长时间进餐而不影响其水平的发挥（可通过训练期间的试验做到这一点）。

1. 上午第一场比赛

● 用一顿量少而富含碳水化合物的早餐。

● 麦片加低脂牛奶。

● 烤面包/面包加果酱、橘子酱或蜂蜜。

● 水果汁/鲜水果。

赛前这一顿饭，通常是早餐，量应该少，但综合碳水化合物应丰富，如麦片加脱脂或半脱脂奶；香蕉、烤面包/面包加低脂黄油、植物黄油和蜂蜜、果酱、橘子酱；干果。进早餐是很重要的，因为早餐前人体的血糖含量低。

2. 中午第一场比赛

除进早餐以外，运动员在上午应有一顿小吃：鲜水果或干果。如：香蕉、苹果、梨、面包、松饼、蛋糕等。

3. 下午第一场比赛

吃一顿最少而富食碳水化合物的早餐、一次小吃和一顿提前的午餐；午餐可从下面的食物中挑选：

● 三明治/面包加香蕉、鸡肉、火鸡肉。

● 面团/米饭加面包。

● 低脂酸奶、低脂布丁。

● 低脂牛奶饮料。

注：传统的含蛋白质极为丰富的肉排等赛前进食易影响运动员成绩的发挥，因为人体需要12～18小时才能消化一份肉排和其他类似的含脂肪丰富的肉类。

四、选择运动包携带的小吃

对于现役网球选手，获得足够和必要的热能是很重要的。加餐时摄入碳水化合物食品，有助于运动员在训练和比赛过程中运动肌得到能源补充。运动员应争取在训练和比赛后的30～60分钟内有一次加餐。

加餐和饮料像运动员的球拍一样重要。所以，运动员们应在他们的运动包里携带小食品和饮料。运动员进入场地前后没有补充必要的小吃就意味着他将疲劳且不能发挥他的最佳水平。

摄入低脂肪的碳水化合物食品对运动员来说是很重要的；好的食品有鲜水果和干果、素饼干、低脂肪三明治。有些谷类小吃含的脂肪量低，但应首先参考脂肪含量的说明。运动前避免进食巧克力等食品。

1. 高能小吃

以下列出的是高能低脂的小吃。它们适合于比赛期间或比赛后，以及两场比赛之间食用。

- 新鲜水果——香蕉、苹果、梨和无籽葡萄等。
- 干果——杏、无核小葡萄干、干枣、香蕉、葡萄干。
- 香蕉、蜂蜜或果酱三明治/面包卷。
- 面包卷、松饼和水果蛋糕。
- 如果要抹黄油，则抹少量的低脂黄油。
- 咀嚼谷类口香糖。
- 饼干。
- 早餐麦片和低脂奶。
- 烤土豆或家用奶酪。
- 低脂布丁、面食沙拉或大米沙拉。
- 低脂酸奶——加干果或其他配料与牛奶一起做成牛奶冰激凌。
- 运动饮料或稀释的果汁。

2. 消化慢的小吃食品

在从这些小吃中大口吞食任何一种食品以前，争取选用其中一种喜欢吃的高能食品。下面都是些高脂食品，需要限制这些食品的摄入。

小食品——每天最多只能选用其中的一种：

- 炸土豆片（28 克）。
- 1 份标准分量的蜜饯巧克力食品（50～60 克）。
- 1 小袋炒干果或素干果（28 克）。
- 1 份冰激凌（75 克）或 2 勺冰激凌（120 克）。
- 1 份炸面饼圈或 1 份奶油蛋糕（50～75 克）。
- 2～3 份小蜜饯食品（每份 20 克）。
- 2 份巧克力饼干（每份 25 克）。

食物——每周进食不能超过一次：

- 炸鸡或油炸食物。
- 炸土豆片、油炸土豆或蛋奶饼；

在家时选用低脂食物，即使是油炸土豆片。

3. 运动员的午餐

一场比赛中为运动员提供的午餐可包括：

- 粗面粉夹心面包，馅可用金枪鱼肉（用盐水或水浸泡的罐装鱼）、低脂家用奶酪、鸡肉或火鸡。
- 肉、生菜，如番茄、莴苣等。
- 鲜水果，如香蕉、梨、橘子、甜瓜等。干果，如杏仁、热带果仁。
- 纯奶质酸奶或低脂水果味酸奶（调味品分开包装）。

记住不可在面包上抹太多黄油。

4. 两场比赛之间的饮食

运动员在打完一场比赛后，应尽快进食和喝饮料以补充能量，准备下一轮比赛。

应选择的食物：

选用含糖饮料（如市场上的或家庭制作的运动饮料）。除饮料外，从运动包小吃食品单中挑选一种清淡的食品（如水果、冰镇小果子面包、饼干）。除饮料外，挑选一种更丰盛的食品，如三明治及运动包小吃食品单中的其他食品。

完全恢复肌肉糖原的贮存大致需要 20 小时。所需时间取决于：

- 碳水化合物的消耗量——在头 2 个小时每千克体重至少消耗 1 克，还与此后每 2 个小时的消耗量有关。
- 摄入的碳水化合物的种类——碳水化合物属综合的还是单一的。
- 何时消耗碳水化合物——在头 2 个小时内。

在每天的饮食中，应坚持正常均衡固定的饮食，亦即富含碳水化合物和低脂的饮食。

5. 出门在外的饮食

当运动员参加比赛时，应力求保持他们的饮食习惯。关于这方面的建议包括以下几点：

- 尽量多带食品和饮料。
- 坚持吃自己习惯吃的普通的饭菜。不要试图吃任何特殊的东西。
- 选用淀粉含量高或低脂食物：土豆、米饭、面食和面条，但不加油腻的调味汁或调味品。
- 用白面包/面包卷代替油炸土豆片。
- 选用烧烤、水煮或烤的食物，不吃香肠、馅饼、油炸食物等。
- 多要一些面包、面包卷或土豆（不是炸土豆片）和一些碳水化合物含量丰富的食物。
- 多吃不加黄油或油腻的调味品的生菜和沙拉。
- 用鲜水果、酸奶等代替奶油蛋糕和油腻的布丁。

- 尤其是乘飞机外出比赛时，要多喝饮料。
- 在当地的饭菜中选用低脂的含淀粉的食物。

6. 营养在网球比赛中的实际运用

主要营养物包括：碳水化合物、脂肪、蛋白质、维生素、矿物质和微量元素、食物纤维、水。

- 碳水化合物是网球运动员的规定饮食中最重要的成分。
- 运动员应十分注意脂肪的摄入量，但要记住，脂肪是规定饮食中的重要成分。
- 蛋白质也是不可少的，但是缺乏蛋白质的现象在网球运动员当中并不多见。
- 要知道，当运动员摄入过多的蛋白质时，它就会作为脂肪积存在人体内。
- 高水平运动员应避免摄入酒精，认为它是一种利尿剂并可能损伤肝脏。
- 临近比赛时，运动员应增加多种碳水化合物的摄入量。
- 进食时，运动员应坚持吃他们常吃的普通饭菜，多吃蔬菜、多喝水是必要的。
- 水合作用在网球运动中是一个被低估的问题。教练员在训练过程中应该用传授技术或战术同样的方式来传授水合作用的特性。
- 运动员在比赛前后及其过程中都应喝水。运动员应在感觉口渴以前喝水。
- 水是运动员所需的最重要的营养物之一。
- 天气越热，比赛的时间越长，运动员就越应多喝水。

第五节　网球运动中的补水

一、补水的意义

水的营养功用非常大。水是机体的重要成分，水占成人体重的50%～70%，所有组织都含有水，如血液含水90%，肌肉含水70%，骨骼含水22%。水参与物质代谢的过程，水是良好的溶剂，食物的消化、吸收、生物氧化以及排泄都需要水。水的比热大，在体内使体温保持稳定。水的蒸发散热（排汗）是调节体温的一种重要方式，蒸发1克水可散热0.54千卡。水的流动性大，在体内形成体液循环，运输物质。水可以保持腺体正常分泌。

正常情况下，体内水分的出入量是平衡的。体内不储存多余的水分，也不能缺水。多余的水分排出体外，缺水若不及时补充，就会影响机体机能。

摄入水分不足或排出水分过多（出汗、腹泻等）时，可使机体失水，进而影响人体正常生理机能。

表 11-2　失水对人体机能的影响

失水程度/%	机　能　影　响
2	强烈口渴，不适感，食欲下降，尿少
4	不适感加重，运动能力下降20%～30%
6	全身乏力，无尿
8	烦躁，体温和脉搏增高，血压下降，循环衰竭以致死亡

在网球运动中，影响体液丢失的因素包括环境的温度和湿度、运动的强度、适应环境的能力、体型的大小、服装和排汗量等。

一名运动者怎样才能知道他的饮水量是否充足呢？

通过尿液颜色检查，正常的尿液应该经常呈稻草色且量大，如色黄则可能是失水的表现。

体重检查，如运动前后体重变化大，则代表体液丢失大。

运动中或运动后，捏住手背皮肤检查。一旦松开手，皮肤很快恢复，则代表正常；如果皮肤保持在被捏时的状态达数秒钟或更长的时间，则代表缺水。

轻微的失水能破坏运动员的能量供应并降低运动员运动水平的正常发挥。在某些情况下，口渴的感觉可能是失水的一种征兆，不要等到口渴才补水，及时定量地补水是必要的，在练习和比赛前后及其过程中都应通过及时喝水进行补水。

二、网球比赛前后有效的补水方法

（1）一场比赛前

训练或比赛的前一天，运动员应提早开始喝水，一场比赛前的数小时内，少量且频繁地摄入水分也是必要的。研究已经表明，为保持水合作用，一名运动员在赛前2小时应摄入 4～6 杯饮料，赛前 15～20 分钟应摄入 2～4 杯饮料。

（2）比赛过程中

比赛过程中，运动员每比赛 15 分钟就应喝 1 杯饮料，如必要，还可更频繁些。但应避免过量地喝水。

（3）比赛结束后

一场比赛结束后，还应继续喝水，运动员应补水至感到舒服时为止。

（4）结论

关于网球运动中补水的主要点可归纳如下：

● 喝水对于运动员运动能力的发挥十分重要。

● 运动员在一场比赛的前后及其过程中都应喝水。

● 运动员不应等到感觉口渴时才喝水。

● 天气越热，比赛时间越长，运动员越应该通过多喝水及时补水。

>>> 复习思考题

1. 简述网球运动营养的概念。

2. 简述网球比赛能量供给特点。

3. 在网球运动中怎样补水？

参考文献

1. 陶志翔．网球运动教材．北京：高等教育出版社

2. 陶志翔．网球．北京：北京体育大学出版社

3. 汪浚．网球全程点拨．北京：人民体育出版社

4. 网球天地．北京：中国体育报业总社

5. 应圣远，王加强．网球．北京：北京体育大学出版社

6. ［美］波利泰里尼著，陈毕欣译．波利泰里尼网球手册：跟网坛"教父"学网球．北京：人民体育出版社

7. 唐小林．网球运动教学与训练．北京：人民体育出版社

网
·
球